U0128173

新立法論
後憲政法學之構成

廖義銘 ——

著

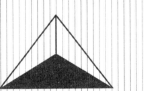
巨流圖書公司印行

國家圖書館出版品預行編目（CIP）資料

新立法論—後憲政法學之構成 / 廖義銘著. --
初版. -- 高雄市：巨流圖書股份有限公司，
2023.01
面；　公分
ISBN 978-957-732-685-0（平裝）

1.CST 立法

572.6　　　　　　　　　　　　　111021252

新立法論—
後憲政法學之構成

著　　　者　廖義銘
責 任 編 輯　李麗娟
封 面 設 計　余旻禎

發 行 人　楊曉華
總 編 輯　蔡國彬

出　　　版　巨流圖書股份有限公司
　　　　　　802019高雄市苓雅區五福一路57號2樓之2
　　　　　　電話：07-2265267
　　　　　　傳眞：07-2233073
　　　　　　e-mail: chuliu@liwen.com.tw
　　　　　　網址：http://www.liwen.com.tw

編 輯 部　100003臺北市中正區重慶南路一段57號10樓之12
　　　　　　電話：02-29229075
　　　　　　傳眞：02-29220464

郵 撥 帳 號　01002323 巨流圖書股份有限公司
　　　　　　購書專線：07-2265267轉236

法 律 顧 問　林廷隆律師
　　　　　　電話：02-29658212

出版登記證　局版台業字第1045號

ISBN 978-957-732-685-0（平裝）
初版一刷・2023 年 1 月　初版二刷・2023 年 7 月

定價：420 元

自序

　　身為一個臺灣人，生活在臺灣社會，我對臺灣的未來，是充滿未知與好奇的；而這樣的好奇，對於已邁入知天命年歲的我而言，卻是迫切！因為，我是一個臺灣人，同時也是一個必須為自己未來的退休生活作好準備的大學教授。

　　我原本規劃的退休生活之收入，因為立法院裡多數黨立法委員們的決議，足足少了三分之一，而且更重要的是，現在臺灣的立法院可以讓我的退休金減少三分之一，未來的立法院還不知道會讓我的退休生活再減少些什麼？這是我無法預期的，因為，未來立法院裡的多數決，將決定一切，而不是某種我從事的法學教育中所認識的公理或原則。

　　因此，我在大學擔任「立法論」這堂課的教學，特別認知到「立法論」這門課，關係到的不只是學生的畢業學分，更關係我和學生們真正的未來。因為，我們的未來，都是由立法院裡折衝樽俎、各種算計出來的多數決所決定的。

　　然而，在立法委員的民選制度下，我們卻容易以為，立法院裡的多數決，是我們可以選擇的。但其實，我們雖然可以在立法委員選舉的投票箱裡決定自己投的票，卻永遠不知道我們所選出的立法委員會在什麼利害考量下做出什麼樣的決定，以至於讓我們在莫名奇妙的黑箱中，便可能被剝奪好不容易掙來的財產，和極度寶貴的自由。

　　因為，吵吵鬧鬧宛如市集的立法院裡，如果每天都是一齣戲，那麼這齣戲無論各種角色由誰扮演，其情節最後都是基本相同的，那就是不斷地上演著少數不得不服從多數，而多數則必輾壓少數！而這個劇本，可不是

在政治舞台上的演藝人員們為娛樂觀眾隨意拼湊完成的，它可是立基於二百多年來受政治學和法學領域共同崇尚的功利主義哲學。

「讓我們為最大多數的民眾爭取最大的利益！」

這樣的呼聲，在當前我們所生活的民主世界中，處處皆可聽聞。這句口號，在強調功利與實效的資本主義社會中，理論上也顯得無懈可擊。英國哲學家邊沁（Jeremy Bentham, 1748-1832）在二百多年前，創作了功利主義哲學，並用這句口號，作為其道德與立法之最高原則，成就了二百年來，人們思索立法實務上應有之理論與方法時，最容易打動人心並消除歧見的完美答案。

然而，在我們真實生活的現實世界裡，和眼下真實看到的社會經驗中，卻常見政治家與立法者們在「為最大多數人的最大利益」服務的口號下，讓一切侵害少數人財產、剝奪少數人自由的政府作為，都可以堂而皇之地冠上法律與「依法治國」的頭銜而肆無忌憚地為之。而所謂「最大多數人的最大利益」，在政黨政治與議會政治的實際運作下，其實，可以更精確且符合事實地界定為是「最有權勢的政治團體所要維護的最大既得利益」。

因此，在我過往於大專院校教授「立法論」的二十年歲月中，從我自己切身的所苦與所感，到親友同胞的種種遭遇，都讓我逐漸地體認到，以「多數人的多數利益」為核心的立法論，不宜更不應成為在立法上的絕對真理，因為，它是那麼地符合一般人在權力與利益的角逐過程中，所必然流露的「從眾」人性；並且，它又是那麼理所當然地適合作為統治者遂行其個人意志的絕佳理由。

但在我的記憶中，有某些高光時刻，某些立法者、決策者、或會議的出席者、乃至於列席者、旁聽者，當她／他們不畏世俗大眾的眼光、不懼強權多數的霸凌，堅定地為少數不在場的人之利益發言或奔走時，她／他們一往無前的無畏精神，卻總令我動容。因為，說不定在我所不知道的某

些時刻,尤其在我無權、我失勢、我人微言輕、我的小小利益與多數人的利益相較時微不足道時,也有這樣的人在為我的利益發言,甚至奔走。

於是,在教授「立法論」二十年後,我將「立法論」區分成兩種,而這兩種,便用簡單的「新」與「舊」來區分。

「舊」的立法論,是傳統上以邊沁的立法論為宗祖,其核心在強調「最多數人的最大利益」之重要性;而「新」的立法論,則是對此「舊立法論」的深刻檢討與反省。

又「新立法論」認為,在現在與未來社會中,「最多數人的最大利益」的重要性,已經不需要再於學術研究或高等教育領域中去倡議與標榜;相反的,重新認識少數之存在及為之努力的意義與價值,讓我們的社會能有更多人基於同理心、基於正義感,而願意敏銳、勇敢地為少數人所迫切需要的微小利益而努力,才是在高等學術與教育領域中討論與傳授「立法論」之終極目標。

因此,我將此書簡單的定名為「新立法論」,以標誌本書乃是以對「舊立法論」反省為主要內容,以及對未來立法論教學的新期待、新盼望。而我的新期待與新盼望裡,尚包含一點對讀者的殷切期許,那就是請讀者不要因為書中的某些立論或主張,而將我個人貼上某種政治上的顏色或標籤,紅橙藍綠、統獨左右的區別意識,在本書作者心中,毫無學術思辯上的意義!唯一有意義的,是對巨流圖書公司李麗娟經理在本書出版工作上之多方協助的感謝,以及期待您在閱讀此書後,也許有一天,也在某個高光時刻,請您不要站在強者那邊,去欺負弱者。

於高雄一心二路家中

2022/12/14

目 錄

後憲政之代議政治與直接民主　143

立法品質論　155

三種立法決策模式　163

惡質立法　179

緒 論

一切的法學，其本質上都是立法論！

因為，法學的宗旨，在於發現法律、歸納法律、推衍法律和闡釋法律。而法律的發現、歸納、推衍與闡釋，其實便是立法。只是，對我們大部分的人之認知而言，都認為立法是立法部門中立法者的工作。但對於本書而言，要引導讀者思考的是，若理解到「一切的法學，其本質都是立法論」，並肯認此一命題，對於讀者而言，有什麼益處？本書將用新的立法論之視角來回答上述這個問題。

若認知到一切的法學，其本質都是立法論，我們便可以因而從立法論的視角，來重新檢視法律；或從立法論之觀點，來審視法學的應有內涵與價值。而從立法論的視角，來檢視法律，並審視法學應有的價值，可以得到一點最大的好處，那就是，我們可以從而對法律的本源，有更透徹的了解；而我們也可以從法律的本源之透徹了解中，去矯正法學中可能被扭曲的內涵，以及重新正確發揮法學應有之功能。

法學之功能，在於界定何謂「法律」？ 法律若以現今一般世俗社會之看法，即為國家立法機關所制定公布的名之為「法律」之條例文字，則其實並不需要法學。因為，由此對法律的表淺而狹隘之界定所衍生出之法學，其實充其量只是「法條文字解釋學」，而法條文字之解釋，若真有其學問之內涵與價值，則除非法條文字本身，具有某種天啟性、先驗性、神秘性，以及神聖性，以至於必須發展出知識上、學理上之體系，來解除法條文字之神秘、體現法條文字之神聖。

但法條文字，以目前臺灣及大多數世界各世俗性國家而言，都只是由立

法提案之草擬者所起草，經立法機關人員所決議通過之世俗文字，其如一般人們所使用的語言文字一樣，並不具有特殊之先驗性與神聖性，而僅有隨使用者之意圖而有不同意義和功能的工具性而已。

因此，法學若要具有其真切而高尚之價值，則其不能只是法條文字解釋學而已，而必須真正具有界定「法律」之功能！而要實踐界定「法律」之功能，則首先必須預設一種前提，那就是「法律」之應然存在，而不是實然之存在。

所謂「法律」之應然存在，是指法律應該以能夠體現某種價值體系之功能而存在，它不應該只是一種以語言形式存在，而無任何具體實質功能或價值之文字體系；而它的功能，也不應只是一般的語言文字之傳遞訊息之功能。法律，若僅有傳遞其製作者、締造者所欲傳遞的訊息之功能，那麼，便不需要法學。例如，法律之功能，若只是要傳遞執政黨領袖對其民眾所欲傳遞的治國理念之功能，那麼，便不需要實質有意義的法學；法學院也無須再做任何法學之研究，而只要法界上下、全民一心地學習黨主席的法治思想即可。而黨主席的法治思想，散見於其各種講話、論述之中，對這些講話與論述，實不需學術工作者及思想家們的研究與教學之投入，而只需各種類型的傳播媒體工作人員之吹捧與宣傳。

同樣的，若將「黨主席」改為立法機關，也是同樣道理。若法律的功能，只是在傳遞立法機關內部，同一黨籍且佔人數多數的立法者對其民眾所欲界定的公共利益之功能，那麼，也不需要實質有意義的法學；法學院更無須再替一些每幾年就改選的立法者所界定的公共利益，做嚴謹認真的研究，只要法界上下，全民一心地觀看多數黨立法者的作為與言行，便能很容易地認識到他們所認知的「公共」，是以誰為代表，並能體察他們所認定的「利益」，是誰的好處。

法學，應是去探索對普遍眾生皆為有益的法律之內涵，而不只是去彰顯統治者或立法者的意志；以此為目標之法學，即成為立法論，因為，為

實踐此目標，首先必須省察法律之立，其所由與所其本。而省察法律之立的所由與所本，便是立法論。

然而，在當今之世俗世界，省察法律生成之理由與基礎，卻無可避免地將落入一矛盾難解之境，那就是除了現存極少數以宗教立國之國家之外，法律就其形式與外觀而言，確實即是立法機關之決議、執法機關及公民大眾之遵守與執行，以及裁判機關於法律之遵守與執行遇到爭議時之裁判而已。法律之現實如此，因此，法學之內涵，不外乎是對立法機關決議程序之理解、行政機關人員與一般社會大眾遵行法律之基礎或理由之認識，以及爭議裁判機關判決方法之分析，這些內涵，似乎也是法律實然存在之面向，而未有法律應然面向之深掘。

但其實，於現今全球化之世俗社會中，法律之制定、遵守、執行、及遇有爭議時之裁判，分別由不同的部門之人員，在不同的組織和體制下運作，這種權力分立之架構，可以說是一切法學之所以有其價值之基礎。也就是說，若不是法律至少由三個部門的人員在不同的組織與制度中分別去體現，法學便不具有獨立發展與教育之價值。

憲政法學

當代憲政法學，便是基於以上之理念，而強調現代世俗社會中，法律之制定、執行與裁判，應由三個不同的政府部門分別實現為基礎。如果法律之制定、執行與裁判，是由政府部門中之某特定組織或人員來進行，或得由政府部門中之某特定機關或人員為最終之決定，亦即權力定於一尊，則當代法學，即無實質存在之價值，更無於高等學術研究機關、學府進行研究與教學之需要。

當代法學做為高等學術學門之一項重要領域，其基礎來自於法律之制定、執行與裁判，分別由三個完全不同的機制，各自擁有完全不同的組織與規範，其成員有完全不同的甄選程序與出身標準，因此，並未能有定於

一尊的權力或權威來源，可以成為法律內容與其所承載的價值體系之基礎。所以，學術圈、思想界，便可於此權力分立之空隙中發展出有意義且具實用價值之法學，供法學之制定者、執行者與裁判者參考引用。

因此，本書認為當代法學，可名之為「憲政法學」，所謂「憲政法學」係指以憲政為基礎而發展出其實質內容與價值之法學；而此所稱之「憲政」即是將法律之制定、執行與裁判，交由三個不同的部門、機制與其成員分別執掌的最高性與常態性政治安排。

「憲政法學」之價值，乃在於當今一般世俗性國家之憲政安排，無論是總統制、內閣制或混合制，亦無論是為中央集權制或聯邦分權制，且不論其對於公民所擁有的人權之內涵，及所設定之基本國策方向為何，基本上，都有某種形式的將立法、行政與司法三權予以分立之制度安排。無論世界各國這種三權分立憲政之運作現實如何，本質上，吾人所稱之當代「憲政」，其與人類政治史上其他時代之政治安排，最主要差異，亦為「憲政」之主要特徵，即在於權力之分立。

因為權力之分立，使政治之權威無法實質地定於一尊；而由於政治權威無法實質定於一尊，因此，無任何機關、團體、人員能夠對法律之造成與解釋，做定於一尊之權威性確認。於此之際，於高等學術研究與教育機構中，法學方得以產生。

法學，在三權分立之憲政基礎下發展，產生了具有保障人民的自由與尊嚴之功能，使人民在法律的保護下，得以不必屈從於政治力之壓迫，亦毋需對社會上之強權與惡霸有所恐懼。這樣的法學，才具有其應獨立發展，並於培育高等人才之大學殿堂中向學生傳授之價值。

後憲政危機

然而，今天的我們，雖然生活在一個號稱是民主自由的憲政國家，但其實，我們正在面臨後憲政（post-constitution）危機！

　　所謂的「後憲政危機」，是指那以三權分立為核心，用以保障公民權不受政府無端侵擾的英美式憲政，已然過去；三權分立憲政中最為關鍵的立法權、行政權與司法權之分立與制衡，已經因為網際網路、反恐怖主義、兩岸政治關係惡化與新冠肺炎，而大大方方地告終。

　　西方憲政思想家口中的「後憲政」現象，是指以三權分立制衡為架構、以人民生命、自由及財產之保障為主要價值、強調政府之權力受有限制為核心的憲政，已然在形式及實質上崩裂瓦解的現象，並且於崩裂瓦解的過程中，並未有太大之衝突或爭議，而是在無聲無息的政治現實中逐漸形成[1]。

　　「後憲政」現象之形成原因相當複雜，並無法用某特定之因果關係來予以解釋或描述，但基本上，「後憲政」現象之產生，最主要的是因為當前世界政治之全球化、網路化，以及因此而被相當強化的民粹化，使得原本架構在政治精英對於權力分立制衡以防止權力腐敗的共識，於政治與經濟發展的現實中被逐漸地消磨。

　　取而代之的，是一般市民大眾於網際網路上所發表的意見，以及這些網路意見所聚合而成的某種公共意見。這樣的公共意見，並不重視政治的權力是否受有合理的限制，而更期望政府能極為萬能且敏銳，來對網路上所聚合而成的公共意見，做正確無誤的回應。而這種觀念，更在所謂的「回應式公共政策」[2]的學理之推波助瀾下，取得了相當堅實的正當性。

---

[1] Lawrence Lessig, Post Constitutionalism, 94 MICH. L. REV. 1422 (1996). Available at: https://repository.law.umich.edu/mlr/vol94/iss6/4; Rett R. Ludwikowski, The Beginning of the Constitutional Era: A Bicentennial Comparative Study of the American and French Constitutions, 11 MICH. J. INT'L L. 167 (1989). Available at: https://repository.law.umich.edu/mjil/vol11/iss1/6; Mikie Kerr, Constitution Corner, Friday, August 30, 2019, Constitutional Corner: We live in a post-constitutional society, Available at: https://www. westhawaiitoday.com/2019/08/30/opinion/constitutional-corner-we-live-in-a-post-constitutional-society/

[2] Camilla Stivers, The Listening Bureaucrat: Responsiveness in Public Administration, *Public Administration Review*, Vol. 54, No. 4 (Jul. - Aug., 1994), pp. 364-369.

此外，「後憲政」現象更因為網際網路傳輸容量與速度高度進步，社群媒體被廣泛使用，全世界大部分之人民都以社群媒體為日常主要之與他人互動交談之工具，而積極之政治參與者，也運用社群媒體來與其目標之民眾溝通互動。而政府之主要政府首長以民選產生者，其候選人使用網路社群媒體，即可快速、大量且成本低廉地向社會大眾表達其意見，並從而獲取其支持，於是政治積極參與者個人之意見，便能夠完全跨越原本由憲法及下位階之法律所構成之各種制度，而直接訴諸於民眾，使得民眾所需要之公共利益或人權之保障，可直接從社群媒體上獲得主觀之滿足，而不需要再透過司法救濟之途徑來救濟，也不需要再經由實際參與立法程序，來主張其利益。

於是，所謂的「後憲政」現象可歸納為以下三點特徵：

首先，對於權力集中所可能產生之腐敗，不再以行政、立法與司法三權之分立與相互制衡來予以防範，而是以網際網路上網民意見之結集與批判為主要力量。

其次，民眾生命、自由、財產之保障，不再靠政府權力之所有限制，而是政府能高度敏銳地回應民眾之需求。

第三，民眾基本人權之內涵，不再侷限於生命、自由與財產權之保障，而是由社群媒體上高聲量之意見所無限展現之內容。

臺灣的後憲政現象

臺灣近年來之政治實務上，後憲政現象亦十分明顯，由於臺灣與英美等兩黨制國家一樣，國家中央與地方之行政首長，乃由選舉產生，並且選舉中僅有大黨之候選人能取得民眾之信任投票，因此，如同英國之保守黨與工黨、美國之共和黨與民主黨之對立，臺灣目前政治局勢，也由所謂的藍營與綠營兩大政黨勢力之對立所主導。

藍、綠兩大政黨勢力為奪取每兩年舉行一次之中央與地方行政首長及

民意代表選舉上之勝選，於是無論於選舉當年或非選舉當年，藍、綠兩大政黨陣營於公共政策上皆相互攻擊、反對與批判；為得到選舉時選民之支持，藍、綠兩大政黨陣營之從政人員，更迷信所謂「民調數字」及「網路聲量」之作用力，於是於選舉時與平時，皆紛紛使用能以最低廉的成本即取得所謂「網路聲量」的社群媒體，來表達其對於敵對陣營的公共政策與作為之反對與批評意見。在上述的政治實務之現實中，便產生一種強大的驅力，將臺灣的憲政推向「後憲政」。

臺灣的「後憲政」現象，同樣表現有三：首先，行政、立法與司法的權力分立與制衡之政府架構上，目前實際上分立且相互制衡者，只有藍、綠兩大陣營，而沒有行政部門、立法部門與司法部門間之相互制衡。

其次，在行政與立法之間，由於行政部門人員之升遷與任命，乃由同時兼為政黨領袖的首長所任命；而立法部門中立法委員之選舉，無論由各選區選民選出者，或是依政黨選數比例產生之不分區立法委員，其當選皆以政黨之支持或要件。因此，當身兼政黨領袖之國家行政首長個人之意志，期望同時能透過行政部門與立法部門來執行時，便在行政的政務主管之任命與立法委員之提名上，提名能完全服從於政黨領袖之從政人員。於是，由於行政主管與立法委員之產出，皆由國家行政元首之意志為最終之決策，因此立法部門與行政部門便因此失去相互監督制衡之基礎。除非，立法院中之多數政黨，與總統為敵對政黨，否則，臺灣憲政下立法權與行政權之分立而制衡之格局，是不可能實現。

第三，在行政與立法部門人員，因任命與提名皆掌控於身兼政黨領袖的國家元首手中之時，司法部門之重要決策部門，其主要人員，如司法院院長、副院長、大法官，其提命與任命也由身兼政黨領袖之國家元首做最終之決策。因此，被身兼政黨領袖之國家元首提名之司法院院長、副院長及大法官，便形同國家元首之法務幕僚，其工作主要在於實踐總統於司法領域上之政治判斷與決策。於是民眾之基本人權，透過司法權進行救濟，

而對抗行政權或立法權之濫用，這種三權分立而制衡之憲政理想，即被忽略，取而代之者，是認定總統之選舉政見、對民眾之承諾及其政治判斷，是應透過司法權之行使而展現之民粹性思惟。

　　在今天，我們看到原本應為全體國民認真執掌立法權的國會，堂而皇之地運用各種操弄媒體與政治的手段，將其權力連同責任交給行政機關和司法機關。而行政機關和司法機關的決策者，在公然地越權之時，其權力來自於憲法的賦予，卻未受到憲法的約束。

　　雖然我國憲法，如同美國憲法一般，將決定國家重大事項的立法權，賦予立法院，也就是我們的國會。但我們的立法院，卻不斷地制定一些充滿曖昧文字、語意不清、空白授權的法律，將讓那些不必為其決策與行為負責的官僚人員在她／他們的日常工作中進行實質的立法。於是，現在約束我們的大多數法律，其實，都是行政機關的官僚人員所制定的，當我們真正遇到什麼重大的社會問題，例如總統的意見，通常就是問題的答案。而執掌司法權的司法院與各級法院，在這一切中又處於什麼位置呢？當握有黨政決策大權的總統有其明確的法律政策上之意見時，司法行政首長們便如同活在過去威權時期一般，扮演著執政黨的司法黨部。而我們的大法官們，也確實透過其位尊權重的解釋，來對立法院的不負責任的空白授權背書[3]。

　　我們的大法官們向來樂於用「國會自律」原則，來讓執政黨所佔據的

---

[3] 例如，在司法院釋字 702 號解釋中，大法官們認為立法委員們所寫下的「行為不檢有損師道」這個詞彙的語意，並未有不明確的問題，因為可以「…經由適當組成、立場公正之機構，例如各級學校之教師評審委員會…依其專業知識及社會通念加以認定及判斷；而教師亦可藉由其養成教育及有關教師行為標準之各種法律、規約（教師法第十七條、公立高級中等以下學校教師成績考核辦法、全國教師自律公約等參照），預見何種作為或不作為將構成行為不檢有損師道之要件。且教育實務上已累積許多案例，例如校園性騷擾、嚴重體罰、主導考試舞弊、論文抄襲等，可供教師認知上之參考。」因此，大法官們便認為，有了行政權的補充，以及老師們應有的自我學習，立法諸公們的立法，即使寫出像「行為不檢有損師道」這樣的詞彙，也「與法律明確性原則尚無違背」。

國會，能肆無忌憚地越權，然後再將所越之權，用簡單易懂卻毫不明確的法律條文，草草地授權給行政部門，然後讓行政機關能夠在幾乎沒有司法監督的情況下解釋法律和執行法律。於是，經由司法部門的保證，我們的各級行政部門之作為，便可以盡情地迎合其所認知的社會大眾之多數意見，或事實上是迎合政務決策者的政治利益。

我們稱以上的現象，即為所謂的「後憲政」，在這「後憲政」格局的發展下，我們的政府債務支出不斷地攀高。我們政府和民眾所花掉的錢，遠比我們所賺來的多太多，因此，我們的子孫將註定在「後憲政」時期，承擔我們的債務。

憲法，約束全民，也約束統治者，過去或許曾經有段時間，國民、政治家和法官們確實也認真地對待憲法及其所保障的法治系統，但是，時代發生了變化，正如同美國第 28 任總統威爾遜（Woodrow Wilson）所曾講過的，「憲法的制定並非像緊身衣一樣適合我，它的彈性正是它的偉大之處。」當然，這有其道理，但是當我們進入憲法其實只是一紙具文的新時代時，我們反而更要認真地思考三權分立憲法，其當初願景，是否還有其價值。

以三權分立制衡為核心的憲法，其目標在於實現一個人類最偉大的願景，那就是我們與生俱來即享之自由平等，因三權之分立與制衡而受到保障。為了保障我們的自由與平等，我們創建了政府，他們的正當權力來源於被統治者，也就是我們每一個人的同意。而我們的憲法條條與章節安排，更將人民的自由平等權力擺第一；法律的制定擺第二；再來才是政府的運作。

被政治家直接改寫的憲法

然而，當今臺灣的政治家們並不滿意於民權第一、法律第二、政府居後的憲政安排。他們出身於民主開放時代；他們因政治取得工作機會；他

們在選舉中實踐自我。於是，儘管他們在所表達出來的意見中，總是迷戀民主、熱愛法治，但是他們更習慣於透過政治的方法來分配他人所擁有基本力，並且運用立法而不是經由司法訴訟來解決他們所認知的社會和經濟問題。然而，他們並不知道，他們正在顛覆憲法。

於政黨政治與選舉政治猛烈發展下出身的政治家們，為了回應民意對社會問題的迫切需求，於是由立法機關設立了越來越多的行政部門機構，並賦予它們立法、行政和司法職能，來實踐有感的施政。在施政有感的要求下，行政機關自己的決策成為法律，並且得到做為執政黨司法黨部的部分法院體系之背書。

從選舉的戰場中獲得比對手更多選票而取得權力的政治家們，認為快速而有感地回應民眾的需求，是憲法賦予他們的使命，於是他們重視如何將其手中的權力運用到極致，而不拘泥於憲法上三權分力的僵化規定。而正是這種思想，把我們帶到了今天，讓政治壓倒一切。

在這政治壓倒一切的今天，訴諸於司法部門透過裁判來解決問題，反而成為問題的邊緣；只有製造這個問題的政治家們集中的國會，才能自己解決這個問題。然而，要做到這一點，我們自己必須減少對政治家的要求，同時降低對大有為政府的依賴，重新檢視我們每個人自己若成為自己的立法者，我們要選擇站在什麼位置？尤其是在實際上已然失去三權分立憲法為我們保障基本權利的後憲政時期，我們應如何看待自己所擁有的微弱立法權？

網際網路上的權力分立

在過去，位居立法高堂的政治家們，無論其名稱為何，也無論其出身為何，更無論其如何取得政治家之地位，對於其他未居立法高堂且未掌握立法權之一般民眾而言，他們擁有一個非常獨特的特權，就是他們掌握了許許多多別人所未能擁有或難以取得的資訊，而因為擁有些資訊，使他們

確實因為得到立法者之權位，而與其他人不一樣。

　　過去位居立法高堂之政治家們，他們較其他人，可有機會接觸到其他國家的立法者或政治家，也更有機會在龐大的政府資源之輔助下，取得其他國家的立法之狀況。而擁有這些資訊，過去那些身為立法者的政治家們，較能輕易地說服其選區裡的父老兄弟，並得到他們的認同，甚至於崇拜。

　　而在過去，這些在立法高堂上討論各種法案和國家大事的政治家們，她／他們也知道許許多多資訊，只有和自己一樣在立法高堂裡的同僚們才知道。那些你來我往的理由、那些討價還價的價碼、那些折衝樽俎的智慧、那些魚死網破的可能，都只有我們這些可以彼此尊稱為是紳士或偉大的政治家的立法同事們知道。於是，在那被稱之為國會的立法高堂上，關在密室裡決定著國家大事、討論著法律條文、分配著人民納稅所累積的大筆國庫預算的立法者，便會形成某種只屬於他們自己的文化，以及在表現於此文化中的各種議事準則及行為規範。

　　人們在過去，對於這些屬於立法高堂上的議事文化，只能透過片斷的電視新聞影片，或親身參與者或風聞者所透露出的資訊，來理解所謂的國會、認識所謂的立法。但今天，這一切都變得完全不一樣了！因為，有網路，讓我們每一個人都可以主動透過各種不同的管道，去挖掘那些原本被三權分立的憲政體制與信仰此體制的媒體或思想界包裝精美的立法權之真實內幕。而執掌著立法權的國會議員們，由於她／他們取得立法者的位置，是靠著選民一張又一張的選票之加總，並且在總數上勝過其他競爭對手而取得，因此，他們對於民眾期望用網路來挖掘他們在立法殿堂內外的總總精采表現，也似乎頗能欣然接受。因為，媒體加上網際網路後，他們就可以讓他們原本在立法殿堂裡枯燥乏味的立法討論工作，變成是在政治舞台秀場上的表演作秀。

　　認真的議事討論與認真的秀場表演，完全是兩回事；而網際網路的快

速與大量介入立法之實際運作後，立法者的工作之主軸，從過去的議事討論，轉變成秀場表演。

議事討論與秀場表演的參與者，都希望能夠在議事或秀場中，取得對自己最為有利的結果；然而，在議事的討論中，對參與者而言最為有利的結果，是其結果本身，只要決議的內容有利於己，則在大多數的情形下，人們會選擇做出必要的行為，來使有利於己的結果能夠產出，而此必要的作為，乃包括妥協或閉嘴。但是對於在秀場中作秀表演而言，對參與者而言有利於己的，並不是其表演的結局為何，而是在表演的過程中，有爆滿的觀眾捧場叫好，然後在下次演出時，繼續買票觀看。當立法殿堂上的立法者們，他們的工作從議事討論轉變成秀場表演後，她／他們所扮演立法者者角色，就不再在乎劇情結局是喜是悲，而在討論事討論時，是不是能夠吸引觀眾爆棚地關注，以及是不是能得到觀眾熱烈的掌聲。

當然，媒體與網際網路進入的，不只是公部門中的立法機關，連行政機關、司法機關，及私部門中的每個民眾之家庭與隱私領域，也都被人們主動或被動地邀請進入了。

行政機關的政務決策人員，在政黨政治的常軌中，多是由憑藉著選舉勝出而得到政治權力的主子之任命，而取得其政務官之決策權力，於是，在人情之自然與政利益之算計下，無論是內閣制或總統制國家，行政部門的政務首長之工作重點，也跟前述在立法者一樣，因為媒體與網際網路的介入，而使其工作場址，從領導行政官僚的辦公處所，變成是要得到媒體觀眾支持喝采的表演空間。若以日常的公務行政來說，就是公務機關裡執法的公務員，在面對民眾以公文來函或面對面的申請案件時，本來其任務應是以公僕的角色，在依法行政的前提下為當事的民眾解決問題；而因為媒體結合網際網路進入了公務機關的辦公室後，公務員在受理民眾的申請案件後，所考量的不再只是依法行政與如何解決案件問題，而是這個案件是否有可能在網路上曝光而增進上級長官的信任，或造成網路酸民的不

爽。

　　同樣的，在網際網路與媒體的無限傳播能量之鋪蓋下，法庭和檢察官的辦公室，也不再是少有閒雜人等來七嘴八舌的類無菌空間，而是一個網路社交媒體上的留言意見，可能比兩造雙方當事人的律師或檢察官提出的證據，更具有證據力的現場真人秀製作場域。

　　在網際網路與社交媒體可以如細菌或空氣般毫無阻隔地進入人體的時代裡，傳統上讓三權得以劃分乃至於從而分立的長城，原本是用各種資訊的壟斷與獨佔，做為黏合劑，使此構築此一長城的磚石泥瓦得以堅固，而今，此一黏合劑因為各部門所壟斷與獨佔的資訊，都變成只是網路上可免費取得的、可快速傳輸的、可一再複製的訊息，而不再具有黏合力。

　　於是，三權分立的實際，只剩下是個可以被不斷添加新的解釋之政治學概念，而不再是個能向民眾保障政府不會濫權的現實政治制度。

　　而當我們的憲政制度，不再能保障我們的政府不會濫權時，我們一般尋常百姓，又該如何面對政府呢？其實，網際網路與媒體，也為這個問題，給了數以千萬億計精采絕倫的答案，而這些答案的總結，可以說只是一句話，那就是人人都要成為立法者。

人人都是立法者

　　但立法工作並不是立法委員或及助理人員所壟斷的工作，立法工作是每個人的人生都必須做好的工作。因為，自律而後律人，可以說是每個人一生中，在人群裡能夠與他人有良好互動及自我實現之關鍵條件。自律而後律人，便是立法。自律與律人之間，若未有其關聯，那麼，自律便是道德修煉的學問，而律人則只要靠著拳頭、武力和與人數即可。

　　而自律與律人之間，若有直接之因果關係，例如，自律為律人充分且必要之條件，亦即本書所言之「自律而後律人」，那麼，「自律而後律人」如何成為可能？回答這個問題，便是立法論做為一門有意義之學問的

宗旨。

在舊的立法論時代，論者即認為，禮貌這種規範，能為議會創造出一種最佳氣氛，使立法協議容易達成，而這種禮貌，表現為彼此信賴、謹言慎行、君子協定、尊重隱私、言行一致…等[4]。但這種禮貌，在立法之現實場域中，是否都能夠實現？又其實現之條件如何？其實，在舊立法論時代，對這些問題，向來都不甚重視。因為，舊的立法論中，並不重視人性之必然，與立法之實然之間的關係。

每一個人，都因網際網路與社交、新聞媒體而可以成為立法者，每一個人，也都必須成為立法者。因為，科技的進步讓我們原本無法得知或難以得知的資訊，送到了我們的眼前，但是，科技的進步也讓原本我們所不必承擔或無法承擔的風險，直接撞進我們的家裡，甚至我們的書房、我們的床邊。

那撞進我們家裡的風險，在國際新聞上稱之為恐怖分子，在社會事件中稱之為歹徒，他們都在我們無所防備，也實在難以防備的時候，攻擊我們自己和家人，甚至於攻擊我們的信仰和我們的生活方式。

這來自於國際新聞上的恐怖分子，可能我們的肉眼看得到，摸得著，但也可能連科學家的超高倍數顯微鏡，都難以追蹤他們的身影。但是，他們同樣都讓我們因恐懼而失去自由，甚至可能因過失而喪失生命。而那眼看得到、摸得著的恐怖分子，帶著口罩和一身的防護，掩蓋他們的身分，用迅雷不及掩耳的攻擊行動，在我們群聚的地方傷害我的身體與心靈，並讓許許多多與他們毫不相干的人，因此失去自己的生命或自由；

而那肉眼看不到、摸不著的恐怖分子，則在我們沒有戴著口罩和一身的防護時，以它們被人們統稱為「病毒」的名字，用也同樣迅雷不及掩耳

---

[4] Foley, Michael. 1980. *The New Senate*. New Haven: Yale University Press.

的攻擊行動，在我們群聚的地方傷害我們的身體和心靈，並讓更多與它們有直接接觸關係的人，失去自己的生命及享受健康的自由。

在面對那些確實很恐怖的恐怖分子之威脅時，全世界的人類，都只能偷偷地寄望自己的國家有成熟、體貼比恐怖分子更強大、更厲害的政府，來幫我們將恐怖分子抵擋於家門之外，或當他／它們入侵我們時，能同樣迅雷不及掩耳地將其殲滅。

但是，成熟、體貼的政府，恐怕必如我們所熟悉的小鎮紳士般，平時斯斯文文、客客氣氣地，講話做事總是合情合理、不做不錯；但在遇到危急大事時，卻不免顯得畏首畏尾，並且總是手忙腳亂地尋找各種方法和說辭，來掩飾自己的畏首畏尾，而不是匆忙魯莽地尋找各種武器彈藥，來防護小與制敵於先。

要對付恐怖分子，甚至要比恐怖分子更厲害、更強大；該出手時就出手，制敵於先，就必須和恐怖分子有類似的行為模式，政府也是如此。當我們期待政府強大且厲害時，我們就必須容許政府裡的決策者、公務員，能夠思考像恐怖分子一樣慎密、行動像恐怖分子一樣有力，並且萬一出事遇難，也願意像恐怖分子一樣為我們犧牲自己，以保全大家的性命。

於是，過去那些備受政治學家、法學們推崇的三權分立憲法之思想啟蒙者、條文起草者和制度推廣者們所一再提醒人們的格言：「權力導致腐敗，絕對的權力導致絕對的腐敗！」在大敵當前之際，便不再重要，取而代之的，是「讓權力產生力量，讓絕對的權力產生殺敵的致命力量！」這種不需要哲學家、政治學家和法律學家多加闡釋民眾自然便懂的內心期盼。

於是，我們每一個人，都成為恐怖分子與致命病毒所形塑的後憲政時代中的立法者，只是我們所行使的立法權，其技術上非常容易，就是鼓勵我們所選出來的代議士，透過正式的立法權之運作，代表我們來要求行政部門要在我們面前是成熟體貼的紳士，在敵人面前卻是敏銳狡猾的戰士。

　　後憲政時代裡有新的憲政，而這新的憲政中，同樣也有過去我們所熟知的三權分立與制衡，並且，在這三權中的決策者和執行者，同樣也在她／他們的工作崗位上，認真地履行著她／他們的任務。只是，這其間的分立，不再是真正的分立；而這此中的制衡，也不是為使彼此的權力無法濫用而相互制衡，而是在全然不同權力運作之境地裡，本於全然不同的目標而進行著似制衡的工作。當然，對於近現代西式的憲政體制中最為獨特的立法權而言，其網際網路加上媒體，遇上恐怖分子加上致命病毒，對其運作之本質與現實，造成的改變最為巨大。

舊立法論

　　今天，我們有網際網路，有恐怖分子，還有造成全球大流行的新冠肺炎病毒，但這些並不是今天的特產，過去，也曾有漫天謠言、混世魔王和黑死病等等，把人類的悠久文明，攪和得從不曾真正平靜安詳過。

　　在洛克、孟德斯鳩等思想家創作三權分立思想、富蘭克林（Benjamin Franklin）、傑佛遜（Thomas Jefferson）等人起草美國憲法的時代，一直到網際網路出現的時代裡，思想家和政治家們所面對問題之險峻，絕對不亞於現在。人民在那些時代裡，想必也期待政府能夠成熟體貼，且厲害而負責。因此，過去的平民百姓與今天一樣，也必然會期待代議士們能夠代表自己，在議會中行使各種職權來確保政府對內的體貼與對外之強大。因此，過去的三權分立憲政，與今天一樣的，是那在中央政府或地方政府施行的三權分立，是屬於平民百姓心頭想像中、盼望中的三權分立，那樣的三權分立，只要其結果能讓自己的實質生活能過得滋潤而愜意，或讓自己原本滋潤而愜意能夠維持，基本上便是運作良好的三權分立。

　　於是，在那樣的時代中的三權分立憲政，西方便從 17 世紀開始，產生了那樣時代中的立法論。而那時代的立法論，至少由兩種觀點所構成，這兩種觀點主要構成了後世以成文憲法為基礎的「舊立法論」。

　　「舊立法論」的第一種觀點認為，立法便是制定法律的工作。立法者，便是提出法律與制定法律的人。將立法視為是制定法律，便使其有別於執行法律。這樣的觀點，主要是洛克和孟德斯鳩所提出的。洛克認為：「立法權必須為社會的每個部分和每個成員制定法律，制定人們行為的規

則，並在法律被侵犯時，賦予其執行權」[1]。

　　孟德斯鳩取材自英國的憲政經驗，則對立法、行政、司法三權分立，提供其理論之基礎，並且其理論於後來的美國憲法中得到實踐。他對立法權的界定，與洛克如出一轍地簡單扼要：立法，即制定暫行或常態的法律，及修正或廢止既有的法律[2]。因此，法律是立法所「制定」出來的，制定法律成為立法者專屬的任務，而也因此使立法者的存在成為正當而合理。

　　「舊立法論」的第二種觀點則關注於立法在制定法律此一功能上之本質，自從立法被界定為制定法律後，思想家們就關注於立法者在行使立法權時，是基於什麼樣的理由、信念、或利益考量。自由主義思想家在 19 世紀裡，特別重視這方面的研究。例如 Bagehot 便強調，一個好的立法機關之組成，只能由人民自由選舉產生的民意代表所組成。兩個世紀以來，世界各國由民選民意代表組成立法機構的不斷增加，便見證了此一觀點的重要性。

　　然而，民選立法機關所產生的各種問題，也備受關注。許多學者觀察民選立法機關運作的各種現實，而認為政黨的作用更必須予以關注。這其中最知名的思想家，是 Bryce，他在 1921 年出版的《現代民主》一書，便精確地分析了政黨的作用，以及利益團體所帶來的影響。當時，他便認為，「對民選立法者具尊嚴與品德的影響力量，已經式微了」[3]。雖然，立法機關在整個現代民主憲政體制中，仍是非常重要的一環，但是，Bryce 早在 1920 年代便認定，立法權已經式微。

　　因此，縱觀 20 世紀，「舊立法論」之發展，主要環繞在三個主軸：一

---

[1] J. Locke, *Of Civil Government: Second Treatise,* 1689. Chi., Ill.,1955. Ch13. p. 125.

[2] Baron de Montesquieu, *The Spirit of the Laws,* intro. F. Neumann, 1748. New York, bk. Xi, ch. 6.

[3] James Bryce. 1921. *Modern Democracy.* New York: The MacMillan Company.

是認定立法的基本任務，乃是制定法律；二是立法之精神已經從 19 世紀以來即日漸衰微；三是此一衰微的理由主要在於政黨與利益團體之興盛。

而那樣的舊時代中的「舊立法論」，基本上有其特定的「典範」，那就是所謂的「美國典範」。所謂「美國典範」是指立法論的發展，建立在一種幾近於迷信的基礎上，那就是美國的立法制度，是世界各國立法體制的發展上，最完整、最豐富、最值得效法、也最值得學習和研究的立法制度。

由於過去百年來，美國的國家實力之發展，使得其政治學研究也一直引領全世界。早期的美國政治學，多在對政治現實的描述性研究。然而，自從 20 世紀中前葉之後，美國政治學便逐漸取向於公共事務的實務之研究，以及科學性之研究。而在此發展中，行政體系對立法的影響，吸引最多政治科學研究學者的關注。而自大約 1950 年代之後，由於政治學上行為科學的影響力，近乎壟斷政治學研究之主流，因此，立法論被視為是政治學教科書裡的一個章節，它的焦點也就從立法制度的研究，轉移到立法過程中相關行為人的行為與相關的經驗研究上。

然而，由於認知到立法乃是由個人的行為之集合而成，因此「舊立法論」之研究，便從對個人的利益之研究，逐漸朝對群體的立法行為之研究發展。而量化研究的工具之發展，更挹注了此一發展之能量。1960 年代之後，在立法程序中的立法行為之研究，佔據了美國立法論發展的主流[4]。

「舊立法論」的發展，尤其是立法行為之研究，乃是發展於美國，於是「舊立法論」之研究，也集中在美國，而形成了「美國典範論」。在「美國典範論」下，美國學者運用相關的知識與量化研究工具來研究美國國會，而成為立法論研究之最大宗。美國國會有許多現存的資料，可以成

---

[4] Meller, Norman. 1960. Legislative Behavior Research. In: *Western Political*. Quarterly, XIII. pp. 131-153.

為美國立法學研究學者的取材來源，例如各種法案投票的人紀錄；此外，美國國會也開放讓研究者可以就近觀察國會議員們的行為等。因此，對美國的立法之認識與研究，成了立法論的主流。

然而，由於缺乏有力的比較性研究，因此，美國國會運作現實的獨特性，反而使其不足以做為全球世界為研究立法論的典範。要發展立法論，若真要以美國為某種學習的典範，就必須要有更適切的比較性研究。然而要如何完成此研究呢？在立法論的研究上，由於從截然不同的各國政治環境中，去找到大量可以比較的資料並於正確地分析與計算，仍相當不易，因此，立法論的普遍理論及立法模型之建立上，相當不易。

在不同的國家，立法論的發展都因其國情，而有不同的面貌，有些國家的立法論能成為獨立的學科，有些國家的立法論則是在政治學的領域，甚至是法學或歷史學的範圍之內。例如同為西方民主國家之典範，英國的立法論之發展，便完全不同於美國。但同樣的，由於英國獨特的地理、空間位置和有限的資源，使其難以與他國作理想的跨國比較研究。

而在立法論的研究方法上，質性研究也產生和量化研究同樣的問題。對許多國家而言，質性研究所需要的相關資料，都相當有限，並且過時，或是根本並不存在。除了美國、英國及西歐等國家之外，大部分第三世界國家、開發中國家，都少有適足的資料，來做對其立法機關的質性研究。大部分國家的立法機關之運作，都有如英國國會一般，具有相當的獨特性，因此大部分的立法論之研究，都以學者自身所在的國定之獨特背景為其主要內容。在這種情況下，吾人雖可知有許許多多的立法機關，但對大部分世界各國的立法機關之真實面貌，卻所知甚少。

但由於現今世界各國的政治體制中，由獨立的立法機關行使立法權，已高度普遍，今天，關於「立法」，大多數人都會認為它是政府體制裡的一個重要環節，這個環節在世界各國，都有許多不同的名稱。例如，國會（congress）、議會（parliament）、國民會議（national assembly），等

等。而在許多國家，則有其特殊的專有名詞，例如，前蘇聯的「最高蘇維埃（Supreme Soviet）」、中國大陸的「全國人民代表大會」、西班牙的（Cortes）、挪威的（Storting）、愛爾蘭的（Oireachtas）、丹麥的（Folketing）、波蘭的（Sejm）等。世界各國政治體制中關於立法的不同名稱之多元，也如同「立法」一詞的多元意義一般。

　　然而這些立法機構，無論是什麼名稱，基本上，其設計都是為了決定國家之重大政策。在這些機構中，國家的政治菁英齊聚一堂，來討論國家重大政策之取捨與走向。

　　在這些立法機構中進行立法工作的政治菁英們，可能是民選的、也可能是世襲的、更有可能是政府或政黨所指派的。但無論其成員如何產生，立法機關的定義，並不是依其成員的出身背景或產生方式而決定，而是由其所組成之功能而界定。

　　因此，關於討論立法權運作的文章，也不在少數。但大部分關於立法之文獻，多是以特定國家之立法機關為主題。尤其較多的是對特定國家的立法機關，或是兩國或多國的立法機關之比較研究，而這些比較研究，其研究之基礎，則多僅是依據立法機關所製作的文獻。而這方面又以對美國或西歐的立法機關與立法制度之研究為大宗。將立法視為特殊的制度，並就其本質做深入研究之理論性文獻甚少。因此，立法論研究上，至今仍少有創新之典範。

　　爰此，本書所稱「舊立法論」之「舊」，主要是因為其研究之主題與宗旨，對於新的時代而言，已是陳腐老舊的無用話題。「舊立法論」之研究主題，有立法機關的功能；議員甄選過程的研究；議員角色行為與態度研究；立法過程中質詢與辯論之研究；及立法機關幕僚支持之研究[5]。

5　參見朱志宏，1995，《立法論》，臺北市：三民，頁 17-52。

　　這些「舊」的立法論之研究主題，並未有什麼不妥，只是因為其不具有與時俱進的研究目標之正確設定，而使其成為陳腐無用的內容。在「舊」的立法論中，探討立法機關的功能，但對於立法機關之功能，的確設定了狹隘立場，那就是立法機關只要能迅速而大量地制定各種法律或決策，似乎因此而回應了社會的種種需求，便是實踐了其良好的功能。

　　而對於議員甄選過程的研究，則舊的立法論，同樣也有其特定的立場，這種立場，簡單地說，就是只要是民眾選出來的議員，就會是能夠為民喉舌的好議員，因此，立法論的研究，便著重在如何讓議員的甄選過程或方法，能夠真切地反應選民的好惡。

　　然而，只要認真地檢視我們的選舉過程，以及選舉過程結束後選出的民意代表之素質及其行為表現，我們就可以確知，民選的立法者並不可能透過任何形式的選舉規範與程序之設計，即能確保其絕對或相當程度地忠於選民的好惡；甚至於，更進一步說，選民於選舉一位民意代表中投票那時的價值判斷，與其後來對立法政策的價值選擇，也不可能有邏輯一貫的判斷；亦即，所謂的「選民」根本沒有其實質的內涵，因此，其更不可能存在著具有實證內容的價值體系，因此，著重於民選立法者的甄選過程或方法之舊立法論，其實是建立在虛無飄渺的假設性基礎上—也就是透過制度的設計，讓民眾在選舉中表現自己的意志，然後選出自己所同意的立法者，從而此立法者的立法行為與抉擇，亦能為民眾所同意，而這種虛無飄渺的假設性基礎，即使可以存在於傳統政治學或立法論的教科書裡，也應被新的教科書予以檢討。

　　對於立法者的角色行為與態度研究之舊立法論內容，也同樣存著這樣的問題。舊立法論的內容，對於立法者的角色、行為與態度之研究，與所闡明的學理，基本上立基於一種假設，那就是立法者對自身角色的內在認知，與其外在行為之間，有直接且直線性的關聯，而基於此關聯，舊立法論便可以嘗試建構出許多透過立法者外在行為的觀察與規範，來掌握其內

在價值判斷之理論。

例如，舊立法論可能做如此的研究：研究立法者在立法過程中，媒體所拍攝記錄下的發言與投票，然後對照其出身之選區或專業領域，然後得知什麼樣的選區或職業背景之立法者，會有什麼樣的發言，然後從其發言中界定其政策選擇上的傾向，於是得到一種關於立法者出身背景與其立法價值取向關係之理論。

但學習這種舊立法論，便讓人容易產生可被界定為是「標籤化」的刻板印象，例如，農民出身的立法者都較重視農地保護、建商出身的立法者便往往會為建設開發的利益而破壞農地…等等。然而，正是這種「標籤化」的刻板印象，使我們社會大眾容易在對立法者進行評價時，迷失於被扭曲的真相中；並且，也正是這種「標籤化」的現象，使真正在政治工作上有能有有抱負的人，可能因畏懼輿論的盲目，而不願以政治事業為職志。

舊的立法論，也重視對立法過程中的質詢與辯論程序、實質及規範之研究。這種舊立法論之內容，是大多數人對於立法論應有之內容的初步理解。這種舊立法論的內容，同樣建立在某種特定的知識論假設上，那就是假定，當人們學習到完整的立法過程之質詢與辯論程序之實務與規範後，人們將較為懂得如何操作立法的質詢與辯論程序，並運用其規範；而人們愈懂得如何操作與運用立法之質詢與辯論規範，愈有利於人們的參與；而愈多人願意參與立法程序，愈有利於議會民主之健全發展。簡而言之，便是「認識有助參與、參與促進健全」。

然而，愈多的認識愈有助於參與、愈多的參與愈能促進決策之健全，卻同樣是一項毫無基礎、毫無可能的迷思。

立法過程，絕對不像任何不切實際的教科書所寫的一般美好，它冗長而瑣碎，它消磨參與者的時間與精力；更重要的是，在立法過程中，參與者個人的私心與偏好，通常會毫無保留地鋒芒畢露，而即使參與者為基於

某種禮貌或規則，或個人在他人面前所想要維護的形象，而將自己的私心與偏好，用某種方法來掩飾，那掩飾過程中，也非常容易顯露出其語言或行動上的不真實，而那種不真實，對其他人來說，可以用「嘴臉」來形容，而見多了那些參與立法過程中掩飾私心自用的「嘴臉」，恐怕並不會有任何人更因此而樂於基於理想或公益之心來參與立法程序。

更有進者，若確實有更多人因為認識了立法程序對自己的私人利益之重要性，而因此參與立法程序，也並不會因而能使立法程序之運作更加健全。因為，到目前為止，我們人類社會，無論是實務界或是學術界，對於什麼是健全的立法程序？尚無法有全面的共識。我們可能認為，立法程序中的參與者都能知無不言，言無不盡，完成依自己的利害考量，自由地、毫無約束地發表意見與做成決定，便是健全的立法程序。但其實，若確有如此之立法程序，但其結果卻是一事無成，或是參與者共同做出了有害他人的決策，那麼，這樣健全的立法程序，卻做出對第三人或社會大眾有害之決策，恐怕，也無法被承認為是健全。

也就是說，舊的立法論傾向於完全從程序和過程中表現在外的行為，也就是以形式主義來看待立法程序之良窳，這種形式主義傾向，使舊的立法論其實並無其對於社會秩序之建立與維持、社會問題之平撫與解決等之實質有效之價值。因為，對社會良善秩序之維護有益或能實質解決社會問題之立法，並然需講求立法結果之實質內容。而舊立法論的形式主義傾向，使立法程序的實質結果不受關注，即容易使立法之參與者與社會大眾，久而久之習於立法之形式主義，從而當社會問題產生、或社會秩序受到破壞時，並無能有實質有益的立法論，供立法者與社會大眾以資參採。

最後，舊的立法論也熱中於所謂「幕僚支持」系統之研究，易言之，便是立法的幕僚組織如何設計及其人員如何安排之研究。而在舊的立法論中，對於立法幕僚系統之研究，多採取一種立場，那就是認定立法之幕僚體系，若有龐大的人員編制，加上對這些人員給予精緻的專業分工，必然

有助於立法者立法工作之推動。基於這種立場之舊立法論，對於一般立法工作從業人員而言，都是極具吸引力的，因為，這種立法論之結論，能夠給予立法者更多的支持理由，來擴大其自身的預算，聘請更多的助理人員，並且這些助理人員也可以得到更高的工作報酬。

然而，這種在政治實務上最具有吸引力的立法論，卻不見得在立法實務上，能給社會帶來同樣具有吸引力的結果。因為，立法幕僚支持系統無論其人員之編制規模如何，亦無論其專業分工之精細如何，立法幕僚系統所產出之所謂之「支持」必然以符合立法者之政治偏好為其目的。違反立法者個人或集體政治偏好之立法幕僚支持系統之產出內容，一旦未能被立法者之採用，便失去其影響力及作用力。而若立法支持系統之產出內容，僅僅只為符合立法者之個人或集體政治偏好，則其人員編制之規模與分工之專業，便並無立法論學理上有價值之意義。

本書認為，一切有關立法程序、方法、立法者行為、立法組織設計之研究，除非能具有矯正立法者個人或集體以不當之利益偏好而左右立法結果之效果，否則皆不具有客觀而有益之學理價值。

舊立法論：血腥記錄

因為，就在「美國典範」最有自信地發展之 20 世紀上半葉，便真實地上演了一齣符合「美國典範」，卻真真實實地害億萬生靈從而塗炭的「納粹奪權記」。這齣「納粹奪權記」，其最令「美國典範」的信仰者感到諷刺而難堪的，是領導血腥政權，犯下種族滅絕罪的希特勒，他領導的納粹黨取得當時德國的政權，可不是用槍桿子武裝革命登上權力的最高峰，而是依靠民選制度，由選民一票一票地把納粹黨推上執政地位；然後，納粹黨再依當時威瑪共和國憲法之規定，於三權分立制衡的架構下，取得立法權，然後再透過立法權的合法運行，將國家合法的殺人機器，交到希特勒一人手裡。

　　1924 年 12 月 20 日，將自己塑造成極端愛國者與政治受難者的希特勒走出監獄，他審視當時德國社會氛圍，他知道民主體制將有益於奮鬥不懈的他，於是他放棄街頭暴動來爭取認同的側翼型政黨都會走的路線，轉而開始以主流大黨的身段，試圖透過合法手段來取得政力。在他出獄那年 12 月的國會選舉中，納粹黨獲得 3%的票數，勉強取得了 14 個國會議席；4 年後的選舉中，納粹黨僅取得了 2.6%的票數，僅獲 12 個國會議席。

　　到了 1930 年，全球陷入了一次經濟大蕭條之中，德國也無可倖免的受到了嚴重的經濟打擊。危機總替野心家造就了最佳的舞台，希特勒抓準了這次機會，讓納粹黨在 1930 年的國會選舉中獲得了 107 個席位，成為了國會第二大黨。1932 年，希特勒參與了總統選舉，不過兩輪選舉中都只得第二高票，未能擊敗興登堡。儘管如此，希特勒率領的納粹黨仍在同年 7 月的國會選舉中獲得 230 個席次，成為國會第一大黨。由於納粹黨在國會中獲得大多數的議席，沒有納粹黨的支持根本難以在國會推動任何活動，於是，在當時德國政界人士相互的矛盾衝突之下，時任德國總統興登堡，依憲法賦予之權力，最終任命希特勒為總理，1933 年 1 月 30 日，希特勒正式成為德國總理。1934 年 8 月 2 日，總統興登堡病逝，由希特勒主導的內閣成功推動了一項法案，該法案將總統的權力授予了總理希特勒，使希特勒成為國家元首，令希特勒獲得掌控德國軍隊的武力，希特勒的獨裁統治正式拉開序幕。

　　納粹黨掌握國會多數後，開始修改政治制度和法律，而且都是以多數決通過，而所通過的法律，多建立在納粹黨所代表的多數民意基礎上，因而都有利於多數民眾，而只不利於少數反對納粹的特定族群及政黨。也就是說，納粹黨在國會取得多數席次之後，就理所當然地代表了德國當時的多數民意，而由代表多數民意的政黨來全面控制整個國家機器的運作規則，並削弱代表少數的反對黨之聲量，以使德國政界能走向團結，讓社會能在經濟潰堤後重建。在當時，恐怕連生活在德國的法學家，例如後來為留

學德國的日本、臺灣法學者崇拜不已的卡爾‧拉倫茨（Karl Larenz，1903年 4 月 23 日－1993 年 1 月 24 日）、卡爾‧施密特（Carl Schmitt，1888 年 7 月 11 日－1985 年 4 月 7 日）和哲學家，例如馬丁‧海德格（Martin Heidegger，1889 年 9 月 26 日－1976 年 5 月 26 日），都十分樂觀其成，因為，有了希特勒的領導和納粹黨的專政，當時德國民眾的生活是變好了、國家的尊嚴是提升了，而平常令人討厭的那些猶太人、吉普賽人、慣竊、流浪漢、殘障人士、低能兒所帶來的問題，是有人出面整治了。

離本書寫作的今天已經 90 多年的德國納粹奪權記，因納粹黨人對猶太人的屠殺政策，令人憤慨，至今，人們仍然對於希特勒以及納粹黨人的種族主義與屠殺惡行深惡痛絕。但是，對於多數民眾的情緒和對政府的殷切盼望，如何造就血腥恐怖的專制政權，人們卻已經不再多加思索其間的關聯性是否必然，更不再深思如何能從思想上和教育上，去切斷多數民意與專制暴政之間的臍帶關係。

當然，更重要的是，多數民意與專制暴政兩者間的關聯，是否真為本書所稱之「臍帶關係」？這個問題，更在學術界科學證據的重視下，被認為不是一個能夠得到好答案的好問題。於是，這便使本書作者產生一個不需要科學證據，更不需要追求好答案的問題，那就是：在人類的思想教育領域中，思索如何杜絕專制極權、如何防止苛刑暴政，究竟是不是一個重要的課題？以及，答案如果「是」，那麼，法學和政治學家在此課題上之角色為何？

或是，對本書作者而言，更重要的問題是：什麼樣的思想或見解，及法學家、政治學什麼樣的學術努力，才能真正有助於我們的社會於苛刑暴政尚未極端前，便指謫其錯誤；在專制極權還未茁壯前，便連根予以剷除？而深思這個問題，便引導了我們，重新去審視政權與學術之間的關係。

政權與學術

　　政權與學術之間的關係，從來都尷尬、曖昧到政治家不便理解、思想家不樂談論，但當他們在某種情況下被質疑或挑戰的時候，他們通常會毫不留情地相互切割，表現出彼此獨立而相互尊重的態度。正如同過去東、西方世界裡的封建王朝與宗教組織之間的關係一樣，他們都迫切地需要彼此，但卻又不能明目張膽地利用彼此，於是封建王朝總會在其權力可及的範圍內，提供一切相應的軟硬體設施，來方便宗教組織與之合作；而宗教組織則也會在其信徒可容忍的範圍內，創作一些教條或儀式，來便利封建王朝與其共同治理群眾。

　　當今政權其型態與治理方法，就其外觀上而言，雖與過去的封建王朝大相逕庭，但是視其本質，則兩者無甚大的差別，因為，無論在什麼樣的時代裡，治理的基礎必在人心；被治者能順服統治者的治理手段，便有善治之可能；被治者對統治者處處悖逆，則治理之動機再良善、目標再遠大、方法再精緻，都是亂世之肇源。而統治者要尋求被統治者的甘心順服，求助於本業即在於影響人心甚控制人心的思想家、教育家、宗教家之合作，便是當然。而思想家、教育家、宗教家，若能得到統治者的認同，甚至於尊崇，那通常便是代表其工作發揮了成果，其努力得到了肯定。

　　於是，無論今天的現代國家，或是過去的封建政權，統治者便多會思考如何將政權與思想家、教育家或宗教家分享，卻又不致於被取代，而其最好的方法，便是將日常性的、技術性的、無關乎統治者私人利益的立法權，部分交付給思想家、教育家或宗教家，或是在今天被統稱為「專家學者」的一群人。

　　但是，被稱為「專家學者」的族群，所能夠分享到的部分立法權，其政策價值與決策行為之取捨，必然只能是有益於統治者的治理目標之實現，而不可能與之對立，因此，從封建王國到現代資本主義共和國，只要

是專家學者在統治者之指派或協助下取得立法權，其於立法工作上之表現，必然是取向於為統治者之意志服務。

而「專家學者」們為輔助統治者踐行其意志而執行立法工作，又不能夠太過明目張膽，以避免使與統治者站在對立面之人士，視其為統治者之奴僕，而減損其身為「專家學者」之身分價值。因此，她／他們必須尋找到既能表彰其專家地位的工作方法，又能使其立法工作確能有助於統治者之治理的依據。為此，封建帝國時期的學者專家，強調「天視自我民視，天聽自我民聽」（《尚書·泰誓篇》）；而在現代國家，學者專家則以所謂的社會科學之方法，來找到「由統計數字所得出的多數民意」。

當今現代資本主義憲政國家施行之民主制度，其核心在於政府政務決策之首長乃為民選而出，而民選出身之政務首長由於其取得統治權之基礎，乃是其於選舉中獲得相較於競爭對手更高之支持選票數。他們為確保其取得政權之合法性與正當性，必然要堅定地宣稱，其於選舉中所獲得的支持票數，即代表對其信任與支持之民意；而支持票數之絕對高於競爭對手，或相對高於競爭對手，則代表其所獲得的信任與支持之民意，能絕對或相對地代表社會上的多數民眾。

他們如是宣稱，更需要有專家學者如是予以背書與認證，於是，現代社會科學家們，也以琳瑯滿目的各種量化的研究成果，來直接肯定民選政務首長最需要的三道社會科學之哲學命題，那就是：一、圈選你的選票，即代表信任與支持你的決策與為人；二、你所取得的選票數，即代表你所得到的信任與支持之民眾數；三、你所得的信任與支持民眾數，若較他人更高，或超過二分之一以上並且比他人更高，那你就是取得了民眾多數的支持與信任。

對於大部分當今於學術界或實務界工作的社會科學家、政治學家而言，以上三項命題，都不會被認為是值得懷疑或挑戰的命題，更不會如本書所言，將其視為是哲學命題。因為，若去懷疑或挑戰此一命題，無疑

的，便是從根本去懷疑和挑戰民主選舉制度的合法性；而若將其視為是哲學命題，則將使民選政務首長及民意代表們行使的權力之正當性，漂泊在難以得到明確答案的哲學思考疑雲之中。

而當以上這三項命題，未受到學術界的質疑，在政治實務界也不容其被質疑時，便出現了一門學問，基於此三項不被質疑與不容質疑之命題而發展出其豐富的內涵，這一門學問，本書即將其統稱並命名為「舊立法論」。它的最高價值，便是在讓以上這三項命題，永遠保持其不容被質疑的地位，並從而使宣稱「多數選票的圈選即代表多數選民的信任與支持」之民主政治，其政權之合法性基礎永垂不朽。

「舊立法論」此一宣稱，非常有利於思想家和政治家去發展實質有效的知識內涵，因此，當此一宣稱被視之為真時，又可以推衍出進一步的如下之四項命題 ：一、取得多數民眾支持的民意代表，其行使立法權，必能獲得民意之支持；二、取得多數民意支持之民意代表，其若屬同一政黨，則該政黨即亦取得多數民眾之支持；三、取得多數民眾支持之政黨，其於立法機關中依立法程序所做之共同決議，若能取得議會多數席次之支持，即是能夠符合多數民眾利益的法律；四、符合多數民眾利益的法律，便是好的法律，應有其全然的正當性及合法性，而得到全體國民之遵循。

這四項命題，可以說完整地說明了「舊立法論」全部的學理與知識之內涵，但這四項命題中的最後一項，卻可能可以轉變成一個問題，來向法學界提問：

符合多數民眾利益的法律，真的就是好的法律嗎？

這個問題必然能撩動敏銳的法學家之思想神經，因為，對於法學家而言，思索這個問題的答案，可能太過於簡單而不夠科學，也可能太過於科學而太不簡單。如果，簡單與科學，是檢驗這個問題的答案之標準的話。但是，如果檢驗此一問題的答案之標準，不是其是否夠簡易明白且具有科學依據，而是回答者回答此問題時是否真誠？以及得到此問題的答案之現

實目的為何？那麼，此問題便將成為法哲學和科學哲學上的知識論問題及價值問題。

所謂的法哲學和科學哲學上的知識論與價值問題，是指我們必須重新從知識的根源、形式及其目的，來探求此一知識本身的價值。

知識，必須有其對人類社會的正面、實質之價值，方有以「知識」之地位而存在人類的文明中，並且被傳遞或修正、補充。而當某知識被人們傳遞或修正、補充到反而失去其對人類社會正面而實質之價值時，這個時候，這種知識若繼續存在，並且被學術界、教育界予持續地發揮或吹捧，則代表這種知識，可能僅有利於掌握學術界或教育家資源分配之權力者，而非全體人類社會。而這樣的知識，必然有其教條化、意識型態化與真空化之特色。

進一步言，所謂的教條化，是指該知識愈來愈講求以簡明的格言式、祈使句式的語言來表達；所謂的意識型態化，則表現為高度重視該知識的闡釋者與傳遞者或機構之權威，並且逐漸以其權威做為該知識之正當性、有益性之基礎；而所謂真空化，則是指當該知識教條化與意識型態化後，該知識便如於真空環境培養出的巨型植物一般，被具有權威的闡釋者，與信仰其權威的接受者，將其與環境、土壤與空氣予以隔絕，然後設法予以複製、再複製，直到整個知識領域都能充滿這種可以在真空環境中人工製造而成的教條。

符合多數民眾利益之法律，是否即為好的法律？

若要避免此一問題之答案，也變成是教條化、意識型態化及真空化的知識，便必須重新檢視探索此問題之答案，究竟其目的為何？並且，於重新檢視的過程中，必須是真誠的、遠離權力核心的、不具有特殊利益訴求的。否則，在重新檢視此問題的答案後，可能又會創造出另外許多能夠被教條化、意識型態化與真空化的知識商品。

而當吾人真誠地、遠離政權核心、且毫無特殊利益訴求地思索此一問

題的答案時，便不可避免地要在心頭面對一條又一條從實務上、從技術上、從政治現實上傳來的問題，這些問題可以總結為以下的問題：

即使符合多數民眾利益之法律，確實便是好法律，但是，這樣的好法律，如何被制定出來？又如何確保一項法律的確能合多數民眾之利益？

銀色托盤

進一步地探索以上兩項問題，即進入立法論之思想領域。而「立法論」無論其被大學院校的教學研究領域，劃入政治學或法學的哪一學門，其價值同樣也建立在對人類社會有正面與實質之效益。而「立法論」要對人類社會有正面與實質之效益，則必須先認識到，其是否有可能不但沒有正面的實質效益，反而會產生負面顯著的惡果？誠實地面對這個問題，是「立法論」之發展與教學、傳遞上最為重要問題，因為，自古以來，「立法論」總是以其他不同的名稱、不同的形式被呈現出來，並做為當權者正當化其野心、合法化其私利之「銀色托盤」（silver plate）。那些講究華麗高貴的西餐廳中，侍者向高貴的客人端上酒菜時，總是置於銀色托盤之上，如此無論端上之任何酒菜如何地劣質寒酸，都會因那銀色托盤而顯得高貴無比，因而能賣得高價。

西方立法學者即曾有形容英美之立法程序，即有這「銀色托盤」之功能，亦即它能讓立法者無論向社會大眾端出的酒菜如何地劣質低價，都因為在立法機關裡經過了合法的立法程序，而顯得高貴無比。但統治者若利用立法人員在立法機關裡，經由立法程序之「銀色托盤」，而向社會大眾端上毒藥惡果，卻因這「銀色托盤」而使社會大眾以為此毒藥惡果亦是高貴無比，則這以全法的立法機關所踐行的立法程序所打造的「銀色托盤」，便是比毒藥更毒、比惡果更惡的器皿。

而吾人認為「立法論」之知識的首要價值，便應在於使此「銀色托盤」能夠有顯毒揚惡的功能！

立法論應有之價值

論到「立法論」應有使立法機關與其程序構成之「銀色托盤」，具有顯毒揚惡的功能，則必然須勇敢而誠實地面對其於當今社會中的尷尬性質。當今社會，對立法論造成尷尬局面的主因，在於民主政治與專制集權，似乎很難再以特定的政治制度或統治者的思惟來做分野。

在民主政治的運作中，我們也不斷地看到類似專制暴政的施政，在我們的新聞版面和實際生活中發生；而專制集權的政體，則更常用民主政治的外觀包裝得精緻完美，並且用令人稱羨不已的經濟發展和公共建設，向世人展現其優越。

而民主政治與專制集權，過去在政治學的教科書中，一直記載著諸多明顯的差異，例如，政府公職人員的產生方式、國家立法者之產生方式，以及國家公權力介入民眾私領域的範圍與界限……等。但是，這些差異從其程序與形式來看，是尚有些可資辨認之處，但若從其所產出之政策、法規範、公職人員之素質與言行等等，則民主政治與專制集權，便難以再有實質的差異了。而此一政治學上的尷尬現象，便造成立法論不得不有其新與舊之分。而新、舊立法論，也因為時代的演化與所產生的新的問題與新的需求，而必須有不同的價值。

如前所說，舊的立法論之種種重點內容，其實是建立在一項假定性的基礎上，那就是：在民主政治體制下，立法是由經選舉產生的立法者所執行之作用；而經由選舉所產生的立法者，於適當的立法程序之規範、立法支持系統之輔助下，便能夠形成有益於多數民眾的立法。於是，舊的立法論之價值，在於其是否能體現出所謂的適當之立法程序之應有設計，或妥善的立法支持系統之理想建構。

也就是說，舊的立法論之價值，在於維護與擴大現有的立法機關，於民主政體中之重要性，但對於民主政體中的立法機關，是否能有益於民主

政體的價值之維護與擴大，卻鮮有所問。而這便是本書認為，應有新的立法論，去體現新的立法論應有之價值的核心理由。

　　生活在民主、自由、開放社會中的人們，很容易忽略了一項事實，那就是民主、自由與開放的社會，是極度脆弱的、極易於傾倒的、更易於變質的；它必須要有一系列由主觀的思維和客觀的制度相互串連，來建構起堅強的防護體系，才能夠保障其不致於變質與被破壞。而本書認為，新的立法論，正應該有益於此防護體系中的主觀思維之構建。或者，新的立法論至少應該能在此防護體系有所縫隙時，適時提醒人們，此縫隙若未能適時之填補所可能帶來的災難。

　　也就是說，本書認為，若能有新的立法論，則新的立法論之價值，應在於能夠讓人們及早發現民主、自由、開放的防護網之縫隙，並能教導人們適時、適妥地予以填補。

　　而我們若將我們的政治經濟體系，視為一複雜而精細的有機體，而以人體來做比喻，則此民主、自由與開放社會的防護網之縫隙，也正如同人體內的癌細胞，它可能在我們體內無處不在，它微小多變、難以發覺，但當它對身體產生致命的作用時，卻成了人類生命的冷血殺手。

　　對於我們的社會而言，如果具有自由的、開放的體質，我們社會的體內便容易存在著同樣微小多變、難以察覺的因子，可能變異成癌細胞，而有一天對我們的社會產生致命的危害。因此，有價值的新立法論，其功能便不在於這些可能變異為癌細胞的因子提供養分，而是要促使我們的社會能像一個新陳代謝功能極佳的人體一樣，具有不使癌細胞變異，或能與癌細胞和平共處的健全體質。

面對開放社會之敵

　　奧裔英籍思想家卡爾·波普，被稱為「開放社會大師」（Master of the Open Society），他曾在名著《開放社會及其敵人》（*The Open Society and*

Its Enemies）一書中認為，「開放社會」的敵人是政治哲學上的極權主義思想；而極權主義思想的代表性人物，是兩位西方哲學與思想史上影響最弘大又深遠的哲學家：古希臘的柏拉圖和 19 世紀的馬克思。此二大哲學家之年代相差極遠，思想系統也大相逕庭，但是，波普認為其具有一共同點，而成為極權主義思想的宗師，此一共同點乃是「歷史必然主義」。

「歷史必然主義」認定人類社會的發展，都會循著一條歷史發展的法則，而必然走向預言的終點。這種必然主義的思想，具有相當之封閉性，但是卻在人們失去對自由與開放的信念與盼望時，成為了人們易於接受的信念與盼望，因而在政治的現實中，其向來具有某種吸引力和爆發力。然而本書認為歷史必然主義所產生的極權主義思想，其本身並不是開放社會真正的敵人；開放社會真正的敵人，是開放社會內部對極權主義思想必然的無視、輕視或漠視。

而揭發出開放社會內部為何對極權主義思想，必然予以無視或輕視，以及當極權主義思想被漠視時，在我們實際的政治生活中，是什麼現象或徵兆？即為本書要建構之新的立法論之主要宗旨。

人類之政治性與立法

尼采在《歡悅的智慧》一書中曾說：「哪裡有統治，哪裡就有群眾；哪裡有群眾，哪裡就需要奴性；哪裡有奴性，哪裡就少有獨立的個人；而且，這少有的個人還具備那反對個體的群體直覺和良知呢。」

的確，只要有人類的地方，便有政治；而只要有政治，便有立法。立法，是人群聚合成社會，社會期望穩定與發展的核心要務。只要是對社會的長久和諧與穩定有所期待，便需要仰賴良善的立法。因此，立法，可說是無所不在。

人類之所以異於禽獸，是因為人類為求適應地球上的各種環境之挑戰，於是發展出獨特的適應能力。其中，人類發展出分工精細的群居生

活,並且在群居生活中,更逐漸發展出群居生活所需要的人倫道德、社會規範。人類並運用各種有助於互動與記憶的語言文字,來將這些人倫道德與社會規範,予以延續與傳遞,這便形成了人類至目前為止,獨步地球,甚至是獨步宇宙的政治人性。

亞里斯多德因此稱人類乃是政治的動物。而政治,乃是價值的權威性分配;分配的方法,則是透過立法。

立法是制定規範來規範自己與他人的行為。無論由誰來制定,也無論所制定之規範其形式與內容如何,只要有制定規範之行為,便是立法。人類會基於生存與發展的各種理由,而制定規範約束自己,這是立法的一種形式,但這種立法的形式通常不致於表現於外,也不會流傳經年。這種立法約束自己的行為,我們通常稱之為道德。因此,道德的本質,也是立法。而人類更會基於生存與發展的各種理由,制定規範來約束他人。

在大部分的情況中,人們會認為,自己的生存與發展之關鍵條件,在於他人能夠自我約束,而使自己得到可預測、可掌握的生存空間。於是,制定規範來約束他人的立法作為,在人類的文明史中,其重要性向來都大於道德。

於是,我們雖了解道德的重要性,卻更了解到在人類的生活中,道德向來都受政治之左右,而政治左右道德的方法,便是透過各種型態的立法。在我們的日常生活中,道德的選擇是自由的;道德的價值取向是多元的;但我們在日常生活中所選擇的道德,則同樣受日常生活中的各種立法作為所影響。

例如,我們究竟是要儘速從學校畢業,進入職場?抑或是好好讀書,等學問充實、學位齊備後再進入職場?像這類大學生最重要的道德選擇,便深受國家與學校中由教育主管機關的公務員、老師和學校行政主管們所主導的立法工作所左右。教育主管機關的公務員、老師和學校行政主管們在各種不同的場合中,依據自己不同的權限與價值判斷,而制定了各種規

範同學們在校學習與生活內容的規範，讓同學們在進入社會之前，每天的日常生活中之主要部分，都必須遵守這些規範，這些規範可能是班級紀律，也可能是修業規則，也可能是課程設計，其無論為何，這些規範必然是經由一定程序的立法作為所產生的。

我們為什麼要受他人所制定的規範之約束？這個問題可以說是任何人都必須詳問與自問的問題，而這個問題也是我們學習立法論，所必須時時檢討、反省的問題。對這個問題的回答，可以從人類生存與發展的多重需要談起，但無論人們的需求如何，人類的生存與發展之各種所需，其滿足之條件都在於人與人之間的互助與合作。而為了互助與合作，人類就進入了組織化的生活。

組織化的生活，就是每個人都扮演著不同的角色，在人群中從事各種不同的分工，並為人群提供不同的貢獻。人們必須如此，才能夠相互合作；人們更必須如此，相互合作才能夠持續，並達到合作的目的。而人們在組織化的生活中，最重要的條件，便是要能遵守約束群體中每個人行為的規範。

在組織化的生活中，必定存在某些規範，約束著組織內的人們，讓她／他們因為遵守這些規範，而能夠適切地從事其分工、扮演好其角色。而這些規範的存在，一定是經由某種程序的立法作為。這些立法作為，可能是由某些特定人在特定時空條件下的作為，也可能是不特定的一群人在時間的累積與變化下，逐漸發展而形成的。而這些，都是廣義的立法之作為。

在公共事務上，有些事務屬個案性質，亦即只是發生在個別的人、或事、或地之事務；有些則是通案性質，亦即可能發生在不特定的每個人或不同情況之上。前者之公共事務，是為個案性質；後者，是為通案性質。個案性質之事務，通常須有特殊之條件，才使其具有公共性，例如其引起相當多數人之恐慌，或例如其引發相當多數人情緒之憤慨等。

具有公共性質之個案，其處理通常應講時效，或由具特定權威或資格之專門人士來處理，方能使其不致於嚴重危害社會秩序，甚至危及人類生存。這種以權威或專門人員來處理具公共性質之個案，便是人類文明自古以來在政治領域中的行政作用。

人類政治生活中的行政作用，原是針對個案事件之處理，後來發現人群生活中有許多個案，因人性中之某些共通因素而常見，且因人群和諧生活與生存發展，而不容許其再次發生及多次發生。於是對個案之處理，便衍生成對通案之防治，於此，人類政治活動中對個案處理之行政作用，便衍生出對通案之防治的立法作用。

立法，乃是從行政作用衍生而出的對通過人群通案之公共事務的防治與規範作為。而立法獨立於行政之外，並且逐漸發展成獨立的學科領域，乃是西方三權分立憲政思想發展並於近現代世界政治史中，逐漸成為主流政體的結果。

從眾心理

我們研習立法論，必須對那些在不同條件下，以不同的形態和程式所形成的立法作為，都有所認識與學習。然而，我們學習立法論，更必須了解到，在人類必須過著組織生活的天性中，卻也有因為此一天性，所產生的重大問題，而此重大問題，會反而回過頭來威脅人類自身的生存。而此一天性，也就是人類組織生活所需的從眾性（conformity）。

而極權思想之源，其實是來自於社會多數人的從眾心態。

一個開放社會的內部，多數人的從眾心態，若能給我們帶來莫大的有形和無形利益，那麼，我們便不能只是在批判的社會學之思想上，給予其負面的評價，而必須正視其對於你我人生所帶來的真實影響。

從眾，是人類組織生活所必須，若人類的天性中不具有從眾性格，那麼，組織化的人群也就難以產生，人類也就會類似天上雄鷹、地上老虎一

般，以孤傲的姿態，在天地間與大自然搏鬥。然而，人類的天生體能，便雄不如鷹、壯不如虎，根本無法真正地在天地間憑著自己的原始本能而生存，於是人必須合作，必須群居。而無法憑一己之力生存於天地間的人類，也因此發展出適群居所必要之天性，那就是從眾性。從眾，是一種人類生存於群體之間所具有之性格，其簡單的字面意義，便是指人們具有「服從於眾」的內在心理取向。而所謂「服從於眾」，就是眾人所行，吾亦行之；眾人所好，我亦好之；眾人所惡，我必惡之；眾人所取，我同取之。

從眾，其所呈現之社會現象，以更令人易於理解之辭彙理解之，便是「流行」。就人類生活的共通重大面向而言，食、衣、住、行、育、樂，全有流行；而且對各種流行之追逐，更可稱是我們日常生活的重要內容。而從眾所產生之流行，即使在社會科學的學術篇章中，多半被賦予負面之評價，但是，從眾而追逐流行，卻幾乎是我們每一個人都會有的行為，無論我們自己是否對此有所知覺。甚至，我們大部分的人都會在自己無察覺的情況下，做了跟隨流行的從眾行為。即使是高官大員或專家教授，亦是如此。

例如，當網路上很多人喜歡用酸言酸語來諷刺或批評自己所不喜歡的人、事、物時，那些要透過選舉中得到較多票數，才能得到自己工作的民選公職人員們，便也跟著網路上的流行，用酸言酸語來提出自己的主張。

又例如，當小本經營的企業家流行運用在社媒體上開直播，來推銷自己的產品與服務時，並且也確實有許多成功的小本企業家因此獲益羨人，那些已經因為在選舉中得到較多票數而取得某種政治權力的人們，也同樣跟隨如此的流行，在夜深人靜的時候，模仿那些靠網路直播成功的小本企業家，也在社群媒體上開直播，與他們所認定的選民大眾所親切無距離的溝通。直播主流行在深夜對他們的顧客進行推銷，趕流行的政治家也就因此認定，能夠在深夜號召支持者永遠支持自己指鹿為馬並親民愛民。

　　從眾與流行，並不只表現在我們每個人對自己所穿的、所吃的、所玩的生活瑣事上，更對我們一生中所必須做的、必須犧牲的和必須捨棄的大事上，產生絕對作用。例如，當我們的社會流行刻苦耐勞、拼命賺錢時，國家沒有制定任何法律或施行任何政策，來禁止人們刻苦耐勞；但是，當有權力決定國家法律和政策的人，發現社會上的流行變了，變得流行多多放假、小小幸福時，便立刻制定了嚴格的法律，來讓那些想率領工作夥伴們繼續刻苦耐勞、拼命賺錢的人，受到懲罰。

　　在從眾的心理之下，我們會容易以為眾人所認為是對的，便是好的；眾人所認為是錯的，便是壞的。那些對人、對事、對物的好與壞之評價，不是基於我們自己真切的經驗與體會，而是源於我們主動或被動地讓自己的評價，受到大眾觀感的宰制。群體盲從意識會淹沒個體的理性，個體一旦將自己歸入該群體，其原本獨立的理性就會被群體的無知瘋狂所淹沒。所以，在群體之中，絕對不存在理性的人。因為正如我們前面所說，群體能夠消滅個人的獨立意識，獨立的思考能力。事實上，早在他們的獨立意識喪失之前，他們的思想與感情就已被群體所同化。

　　群體表現出來的感情不管是好是壞，其突出的特點就是極為簡單而誇張[6]。我們捨棄自己的獨立思考與判斷，來附從於多數大眾的看法，而我們總是不加思索地認為，如此可以給自己帶來許多好處，包括無形的好處和有形的好處。

　　無形的好處，主要是當我們附從於大多數人的想法時，我們會得到一份至為貴重的安全感，這份安全感來自於自以為自己站在了對的一邊，或走到了對的道路上。這份安全感，是我們人類終身所企盼的，因此，也引領我們多數人用一生的血汗去追求。

---

[6] 古斯塔夫・勒龐，2017，《烏合之眾：為什麼「我們」會變得瘋狂、盲目、衝動？讓你看透群眾心理的第一書》。臺北市：臉譜。

群體心理學的創始人，有「群體社會的馬基雅維里」之稱的法國社會心理學家古斯塔夫·勒龐，他曾經指出：人一到群體中，智商就嚴重降低，為了獲得認同，個體願意拋棄是非，用智商去換取那份讓人備感安全的歸屬感。孤立的個人很清楚，在孤身一人時，他不能焚燒宮殿或洗劫商店，即使受到這樣做的誘惑，他也很容易抵制這種誘惑。但是在成為群體的一員時，他就會意識到人數賦予他的力量，這足以讓他產生出殺人劫掠的念頭，並且會立刻屈從於這種誘惑。出乎預料的障礙會被狂暴地摧毀。人類的群體的確能夠產生大量狂熱的激情，因此可以說，願望受阻的群體所形成的正常狀態，也就是這種激憤狀態[7]。

這份安全感的價值是無形的，其功效也是無形的。它只能讓我們得到一種暫時的、心理的、表象的安全，卻無法真正保障我們的安全。除非，從眾所帶來的有形好處，能夠被實現。

附從多數大眾的看法，所能夠得到的有形好處，來自於社會中的多數大眾，在某些條件之成就下，會將讓你因附從於它，而報答以財富、權勢或名譽。

例如，當社會上大多數人喜歡看帥哥美女在政治角力的舞台上忘情演出時，你附從於社會大眾去整形美容，讓自己看起來符合流行的帥哥美女之長相，然後，你也跟著流行，忘情地在網路上或鎂光燈前表演。觀眾們愛看什麼？你以為觀眾們都愛看什麼，你就表演什麼。在那投票日到來那一天，你就可以得到觀眾用選票回饋給你的掌聲。而那聽似歡呼雷動的掌聲，便讓你可以得到駕馭國家機器的權力。得到了駕馭國家機器的權力，便得到了從眾所帶來的有形好處，例如高薪、眾人的巴結、和辱罵公務人員的合法機會…等。

---

[7] 古斯塔夫·勒龐，2017，《烏合之眾：為什麼「我們」會變得瘋狂、盲目、衝動？讓你看透群眾心理的第一書》。臺北市：臉譜。

正如同古斯塔夫・勒龐所指出的，群眾從未渴求過真理，他們對不合口味的證據視而不見。假如謬誤對他們有誘惑力，他們更願意崇拜謬誤。誰向他們提供幻覺，誰就可以輕易地成為他們的主人；誰摧毀他們的幻覺，誰就會成為他們的犧牲品[8]。

從眾所能得到的無形與有形之好處，豐盛到令多數之你我，趨之若鶩。於是人類社會甚至於開創出一種政治體制，稱之為「民主」，來確立其權威之價值。而在民主政治裡，我們用從眾的方法來選出執掌政權的一批人，也用從眾的心理，來讓執掌政權的這批人代表所謂的眾人。

從眾之「眾」，是指一般社會大眾，然而，「一般社會大眾」，卻是一個如空氣一般實質卻又空虛不得見的概念。

在過往的時代裡，無論東西方社會，也無論是科學技術發達程度如何的社會，都存在著許許多多會殺人的禮教。這些禮教，其發展之基礎，無不是人類的從眾心理。例如，對於男性與女性之關係，於結婚前、於結婚中，以及於結婚後，都有大量的規矩，這些規矩，其實也是眾暴寡的結果，因為這些規矩，大部分都並未能當事人帶來性情的自由與心情的愉悅，但是，卻都給了多數利關係人和無關緊要的觀察家或評論員們展現自己的關心與專業的好機會。

從眾心理，是人類組織生活的必要條件，而此必要條件之成就，便是使社會規範，能夠確實於人群中發揮其作用，也就是，對於本書所討論的主題而言，我們可以說，從眾心理，讓立法成為可能。

因為，從眾心理，使人們願意接受眾人所願意接受的規範；從眾心理，也使人們願意承認某些少數人，可以代表多數人；而從眾心理，更讓人們自我說服這樣做是對的，就是服從於少數人的統治，並告訴自己，被

---

[8] 古斯塔夫・勒龐，2017，《烏合之眾：為什麼「我們」會變得瘋狂、盲目、衝動？讓你看透群眾心理的第一書》。臺北市：臉譜。

少數人統治，並且心甘情願地服從，確實是對的。

　　立法，要成為可能，且具有實效，其必要之條件，乃是人類的從眾心態。但是人類的從眾心態，卻又使立法成為一項對人們的組織生活可能產生威脅的事，因為，從眾的極致，經常會產生眾暴寡現象。而立法論的首要任務，便是去避免人類的組織生活中，因人性的從眾心理所會產生的眾暴寡之現象。

強凌弱、眾暴寡

　　立法論，要能夠達到避免人類在立法上的眾暴寡現象，首先更要去提醒人們，眾暴寡現象在立法中的普遍性與隱身性。

　　在立法中，眾暴寡現象的普遍性和隱身性，是一體之二面，所謂其普遍性，便是在人類不分國家、種族、時代的立法中，到處都有眾暴寡的現象；所謂隱身性，則是眾暴寡的現象到處都有、比比皆是，但是我們通常看不出來。而因為其看不出來，因此，便更容易出現；反之，其之所以容易出現，便是因為它看不出來。

　　我們人類社會，是否真實存在著多數之人通常會欺負或壓抑少數之人的「眾暴寡」之現象呢？這個問題，吾人並無法用任何科學性的調查或實驗，來試圖得到符合真實的答案，但是我們卻可以從每個人日常的生活經驗中，去理解「眾暴寡」的普遍性。

　　在我們的日常中，對於極少數人的特異行為，我們會視之為「怪異」，或名之為「偏差」，例如好著奇裝異服者。我們正常人甚至於從肉眼接觸中，便很容易看出那些不正常者之不正常處。我們通常對於不正常者的言行，於與己無關時，是能夠容忍的，而此容忍，其實是出於與己無關，而非出於真心理解，更不可能由於真心接納。

　　例如，一位正常的異性戀者，於逛大街時見兩位同性友人牽手摟腰，狀似親密，可能只是多看一眼，然後不予評論；而正常的異性戀者，甚至

可能在各種場合，表達出對於同性戀的包容，甚至於對同性婚姻合法化的支持傾向。但是，當這位正常的異性戀者之子女，與同性友人牽手摟腰，形似親密時，可能就會在心中對這子女的這段友誼有諸多言語批判；而當其子女於某天公開出櫃，表明自己的同性戀身分，並決心與同性伴侶廝守一生時，這位正常的異性戀者恐怕可能將陷入懷疑自己人生的崩潰心境，因為他無法接受自己將擁有一個不正常的子女，以致於必須面對不正常的餘生。

正常者對不正常之人的歧視，是一種正常現象；而正常者自視為正確，並視不正常者為不正確，則是這種歧視的正常現象之一般原由。

人類基於群居生活的必需，而產生前述之從眾心理，而從眾心理，則進一步地產生了正常與不正常之分野。

正常之人具有正常之外顯行為，而適合於群居生活；不正常之人，則常表現出不正常的言行，而不利於長期的群居生活中所需要的和諧與發展。例如奇裝異服者，於陌生人眼中被視為不正常，而這種不正常，看在陌生人眼裡，更容易進一步轉化為對其懷疑與不信任的心理，甚至，可能成為對正常人的身家性命或重要利益之威脅。

於是，正常人必然會有許多行為與舉動，是對不正常之人對自己所可能產生的威脅之反饋，而這些反饋，有可能以消極與積極兩種形式產生。消極的，是去避開他；積極的，則是去了解他，然後，進步一地想矯正他。因此，古斯塔夫・勒龐認為群體只會做兩種事，錦上添花或落井下石[9]。

正常人對不正常人的消極與積極作為，其實，正是立法之源頭，並且，也正是強凌弱眾暴寡的理由，只是，做為一個源頭、一點理由，它通常是在不經意之中，被人們漸漸地滋養，而後壯大。壯大後，它就不再只

---

[9] 古斯塔夫・勒龐，2017，《烏合之眾：為什麼「我們」會變得瘋狂、盲目、衝動？讓你看透群眾心理的第一書》。臺北市：臉譜。

是正常者對不正常者的消極或積極之作為了，而是成為某種規範、某種倫理、甚至是某種教條、以及某種對犯罪的界定，於是從此產生了原始型態的實質立法。

因此，立法，其初始乃是人類從眾心理所導致的正常與不正常之二元對立結構。而此正常與不正常之二元對立，又會衍生出許許多多相關聯或相呼應的人類社會中的二元對立現象，並從而密密麻麻地構成了立法的實質。

除了正常與不正常之二元對立外，人類自古至今，無論中外，政治事務中的立法工作，其本質更源自於人類群體生活中許許多多「二元對立」之自然。而所謂「二元對立」之自然，就有關立法之實際運作而言，最主要的是「多數與少數」、及「自律與他律」之兩組對立。二元對立，乃是人類內在思惟的核心結構，我們每個人的心思，總是存在著：自己與他人、正常與不正常、善與惡、現實與理想等等之種種二元對立思惟。

而從上述的二元對立關係，我們可以進一步地省思在新的時代新法立法論之應有價值！臺灣近年來民主政治的發展，受到最多負面評價的環節，是惡劣的立法院之運作表現，但筆者個人卻認為，臺灣立法院運作之種種，卻也因為其豐富且顯著的各種亂象，使得它所發生的一切，可以成為人們反省與改良民主代議體制，極有價值的參考資料。

臺灣立法院的運作之種種問題，給我們帶來最重要的啓示，乃是與立法有關之理論或規範，若只有多數決與一般議事規則，則立法現實，將充滿亂象。而亂象充斥的立法運作，不只將傷害國家的形象，更有可能侵犯民眾的基本人權，甚至破壞社會經濟文化發展的基礎。

開會至上主義

對大部分的人來說，「立法」是屬於國家的事、政治的事、中央政府的事、立法委員們和他們助理的事；而法律的解釋，則是大法官的事、司

法院的事、或法學院教授們的事。但其實,立法與法律解釋,是每一個人每天都會遇到的事。

尤其是當你的工作有許多時間都在開會時,立法,便不但是你每天都會遇到的事,甚至是關係到你養家餬口的事。在許多人的工作經驗當中,開會,都是浪費時間、折煞生命、是剝奪工作的事。很少人能在開完會後,感覺到熱血沸騰、活力十足;更少人能在開完會後,看到正義的曙光或公平的到來。對多數人來說,包括筆者在內,開會都是議而不決、決而不義。

但是,在議而不決、決而不義的各種會議上,我們卻很少看到有人很認真而審慎地來面對這個問題,或試圖解決這個問題。大部分的人,不是用冷漠來表達自己的意見,就是用激烈的抗爭來使得會議更難議決,以及讓議決只符合自己的正義。而這樣的現象,即使是在一群學有專精的法學家、政治學家一起開會時,也是如此。

俗話說:「三個臭皮匠,勝過一個諸葛亮」,為何此一俗語成立?吾人若從開會的實務經驗來看,因為三個以上的諸葛亮若一起開會,他們各持己見、據理力爭、互不相讓,最後,難免是不歡而散,或頂多數數人頭、草草結束。舉世開會,皆是如此,何以故?原因無他,開會的目的,不外乎在為自己及他人制定規範與解釋規範;而制定規範與解釋規範,若決於參與討會者聲音之大小,或人頭之多寡,必無法定紛止爭。尤其,當會議的主持人或大多數的參與者,對會議的本質缺乏認識、缺乏對立法的應有意義之追求的智慧,認為只要在會議上講自己想講的話,或不講自己不想講的話,會議便有其意義,這個時候,會議的決策者、召集人、主持人便認為會議不會浪費大家時間,相反的,還會特別樂於召開會議;不僅如此,這樣的會議主事者,為了不要讓會議太早結束,還會要求大家做不必要的報告、提出沒有意義的意見、檢討不必解決的問題,以延長會議時

間[10]。

　　會議主事者或參與者，面對浪費時間與生命的各種大小會議，卻能無動於衷，其主要原因，則在於會議愈是無效率、無意義，便愈能分散主事者與參與者之決策責任。而不必為自己的言行負責，是當今社會大多數人期待的幸福之關鍵指標。不願意為自己的決策或言行負責的人，特別樂於開會。因為，透過會議，自己可以不必做決定，或即使自己做了決定，也可以轉化成大家一起做的決定。而大家一起做的決定，即使產生負面的、與預期相反的、錯誤的結果，也可以逃避自己的責任。我國公部門中，有大量的各種會議，會前會、共識會、工作會、審查會、委員會，一連串的會議，其表面上是應有的制定規範與解釋規範的功能，但實質上，只是為規避決策責任。近年來我國政治實務現場，當決策遇有爭議時，經常見到人們的評論是：「……之所以有此爭議，都是因溝通不良所引起的……」此一評論之前提，是認為只要溝通充分，則無論決策本身是否正當合理，都能免於爭議。但其實，這種觀念也是產生「開會至上主義」的主因。

　　抱持著「開會至上主義」的決策者向來都以為，一切的決策若有其爭議，主要都是因為溝通不足。任何決策，無論其是否合理、公正，只要能

---

[10] 對於這種現象，日本心理學博士榎本博明於其《カイシャの 3 バカ》一書（臺灣譯名：《別讓這三種笨蛋壞了你的前途》）中指出總是有些人特別喜歡開會，因為開會讓他們有「光是坐在那裡就已經有在做事的錯覺」！許多無能的主管都很喜歡用會議來「刷存在感」，因為這是在員工面前宣示自己官威的大好時機，只要會議上沒有比自己職位高的人或者客戶，就可以在會議上盡情的「講幹話」享受沒人敢反駁的滋味，滿足自己那可憐的虛榮心。對沒有工作能力、無法在工作上指揮下屬的上司而言，會議就變成唯一自己能指揮大局的貴重場合。因此，即使是無法理解工作內容的上司，也可以毫無顧忌地發言。再怎麼說畢竟是上司，沒有人會明確指出他抓錯重點或是思想膚淺，導致他自我感覺良好。他會自以為已經讓大家看到自己的存在感，對此感到滿足。會議之所以會沒完沒了，背後存在的是這種無能上司在會議中指揮大局的心態。於是，會議不再是做決議的場合，而是滿足「認同需求」的地方。原本會議應該是進行必要的探討或決策的場所，但對於「愛開會」笨蛋而言，卻是一個想盡辦法顯示自己很能幹的地方。因此，他們會漫無目的地為了議論而議論，其他人會越來越搞不清楚到底是為了什麼在討論。詳參榎本博明，2018，《別讓這三種笨蛋壞了你的前途》。臺北市：遠流。

有所謂充分的溝通，便可以化解一切的爭議。而開會，正是充分溝通的最佳方法。因此，決策要得到正當化，便必須多多開會；決策者的意志要得到大家無異議的接受，更必須多多開會；尤其，當決策者自知其決策必然會導致爭議時，更必須不斷地開會，直到一切的爭議都全然化解，而決策者的個人主觀意志，順利地成為規範的實質內容為止。

這樣一場又一場的會議，在號稱為自由、開放與民主的臺灣社會中之大大小小公、私部門，日復一日地召開。於是，只要任何還在職場上努力工作上的人，都難與開會斷絕關係。開會，若要避免無意義、無效率與無價值，其方法何在？一般人常以為，主要必須要嫻熟議事規則。

但是議事規則，卻是大部分的人從小學到大學都甚少接觸的學習內容，即使在大學裡的法學院或社會科學院，議事規則都是相當不受重視的領域。而為何議事規則的學習，對會議的召開是如此重要，乃至於對每個人的日常工作，都是如此重要，卻無法成為重要的學習領域？本書認為，其理由主要如下：在我國，沒有任何議事規則，具有實質的法律地位。

議事規則無用論

於本書前述的「舊立法論」範疇中，英美學者過去曾認為，任何組織和團體，為維持團體之存續，以及促進團體目標之達成，皆訂有團體成員之間正式或非正式的行為規範[1]，立法機關和其他團體一樣，具有確立成員相互關係的正式與非正式之議事規則，以及約束議員行為的不成文規範；尤其正式的議事規則與行為規範，能使立法行為具有一定的可預測性[2]。

而英美學者，也都很自信於他們自己國家的議會中之議事規範的積極效用，他們能看到他們國家的國會議員，只要是不懂得遵守議事規則，我行我素的，通常都被制裁，這些制裁，有時候是被國會正式的譴責，有時候則是被同僚們冷眼對待；言行有欠檢點的議員，通常得不到好的工作分配、被排擠於決策核心之外；而無法守議事規則的議員，他們的需求或提案，也經常被失蹤或被錯置[3]。英美學者甚至能總結道：認真學習議事規範並能身體力行之國會議員，必能得到各種應有的報酬；而習於悖逆議事規範的國會議員，則必然遭受各種懲罰，終至於喪失其於政壇的力量[4]。

但是本書認為，若依立法的實際經驗而言，形式性的議事規則不一定有助於立法過程的可預測性，因為，透過形式化的議事規則之運作，我們

---

[1] Cartwright, Dorwin and Zander, Alvin. 1953. *Group Dynamics Research and Theory*. Evanston: Row, Peterson & Co., Inc.

[2] Loewenberg, Gerald and Patterson, Samuel C. 1988. *Comparing Legislatures*. New York: University Press of America.

[3] Jewell, Malcolm E. and Patterson, Samuel C. 1977. *The Legislative Process in the United State*. 3rd edition. New York: Random House, p. 397.

[4] Fenno, Richard F. 1966. *The Power of the Purse: Appropriations Politics in Congress*. Boston: Little, Brown and Company. p. 52-67.

可以很容易地預測，必是掌控議事規則解釋權之人，能夠主導議事，並且使其意志得以成為立法程序的出品結果。因此，是有議事規則解釋權的人之意志控制了立法而不是議事規則本身。

我國各機關、單位的會議規則，基本上都屬於各該機關、單位的內部規範，並無一全國性的議事規範可資遵循或參考。即使是有，其實也並無其實質意義，原因無他，對議事規範之遵守與否，從未成為會議決議之有效條件。無論在會議進行中，議事規範如何地被違反，只要會議中的多數或強勢意見確定，便是有效的會議決議。這樣的事實，在我國，是上至決定國家重大決策的立法院，下至各機關、單位日常會議的普遍現象。而這便是議事規範不受重視、也無須予以重視的主因。

多數意見主導議事規則

既然多數意見與強勢力量，在形成決策的過程中，無論如何地違反議事規範，它都仍然是對的，那麼，誰又有必要在乎議事規範呢？在乎決策的人，所必須關注的，只有自己是不是屬於多數或強勢的一方，而不是決策的合理性與決策過程的正當性。而當自己不屬於多數或強勢的一方時，人們在乎的，只有如何能靠近或取得比多數更大的多數，以及比強勢更強的力量，來主導會議，或破壞會議。

於是，議事規範，如同大多數的法律一般，只是在決策過程中，被人們知悉卻不遵循的一些文字而已，至於這些文字，是否能對會議中的行為人產生約束力，便只能有賴於各行為人對自己的利益之理解，以及在開會中控制自己的情緒與言語的基本教養。

議事規範與原理未能受到應有的重視，其主要原因更在於，我國各級政府之決策，大多對議事原理與規範，公然地不予尊重，並以一而再、再而三的行動，來向社會展示此不尊重之態度，是一種聰明，甚至是一種智慧。例如，立法院為我國最高立法機關，亦是我國最高議事殿堂，其議事

運作之實況，每每成為全球政治新聞之笑柄，但是，立法院的種種，卻是我國民眾學習如何在民主法治架構中進行決策的主要示範場所。

立法院從過去的威權統治時期，到一黨獨大時期，到現今的兩黨政治時期，無論是革命內戰與威權體制下組成的老舊政黨，或是號稱創建臺灣民主政治先鋒的進步政黨，只要在立法院中取得多數的席次，便會完全以其多數之地位，而強勢主導立法。尤其在有嚴重爭議的政治議題上，更每每不顧全球社會的觀感，而僅以實現多數意志為目標。

國民從立法院的運作中學習到的法治觀是：政治的智慧，表現在有能力奸巧地破壞議事原理；而政治智慧的成果，則表現在能夠成功地踐踏議事規則。上述我國立法院政黨政治運作之惡習與亂象，讀者已毋須藉由其他實證資料來認識，僅從近二十年來的新聞報導，即能清楚明白。

大法官也這麼說

然而，這樣的立法惡習與亂象，在我國的憲政架構之下，似乎毫無被矯正與終止的機會，因為，身為憲政秩序最後守護者的司法院大法官，對於這種惡習，抱持著近乎無所謂的保守與縱容態度。我國大法官會議解釋，從釋字 342 號解釋起，就對立法院之議事運作，是否遵循議事規範與原理，抱持不介入判斷的消極態度。

釋字 342 號解釋，是發生在 1993 到 1994 年時的臺灣政壇。當時的多數黨，為突破當時在野黨的議事杯葛，強行通過其所擬定之法案，即首開惡例，在嚴重違反議事規範的情況下，宣佈系爭法案三讀通過。針對此多數黨嚴重違反議事規範的立法行為，當時的少數黨提請大法官會議解釋[5]。

---

[5] 於 1993 年間，立法院審議備受爭議的所謂「國安三法」，亦即「國家安全會議組織法草案」、「國家安全局組織法草案」、「行政院人事行政局組織條例草案」，當時在野黨立法委員認為立法過程明顯未經立法院完成二、三讀議決程序，即由總統發布，發生適用憲法之疑義，遂根據司法院大法官審理案件法第五條第一項第三款之規定聲請釋憲。大法官針對此案，並做出釋字第 342 號解釋。

而當時大法官抱持著一種「司法節制主義」,對於立法院內嚴重違反議事規範的立法行為,視為只是「有爭議之事實」,因此予以視而不見。該解釋文的大意是,立法院內的議事實況,雖然就法理上是應在不牴觸憲法之範圍內,依其自行訂定之議事規範為之,但是立法院究竟事實上有無按照自己所訂的議事規範來審議各種議案,除了非常明顯牴觸憲法的情況外,屬於其內部自律事項,應該由立法院自己來認定,司法機關對此沒有置喙的必要或餘地[6]。

這也就是說,司法院大法官們認為,立法委員們開會應依自己所訂的議事規範,但至於立法委員們有沒有真的依自己所訂的議事規範來審議各種國家大事,則是由立法委員們自己說了算。大法官們在本號解釋中所做的解釋文,讓學理上的三權分立和國會自律之概念,得到了憲法層次的肯定;大法官們也將美國、日本和德國這三個所謂法治先進國家的相關做法

---

[6] 其解釋文為:「立法院審議法律案,須在不牴觸憲法之範圍內,依其自行訂定之議事規範為之。法律案經立法院移送總統公布者,曾否踐行其議事應遵循之程序,除明顯牴觸憲法者外,乃其內部事項,屬於議會依自律原則應自行認定之範圍,並非釋憲機關審查之對象。是以總統依「憲法」第 72 條規定,因立法院移送而公布之法律,縱有與其議事規範不符之情形,然在形式上既已存在,仍應「依中央法規標準法」第 13 條之規定,發生效力。法律案之立法程序有不待調查事實即可認定為牴觸憲法,亦即有違反法律成立基本規定之明顯重大瑕疵者,則釋憲機關仍得宣告其為無效。惟其瑕疵是否已達足以影響法律成立之重大程度,如尚有爭議,並有待調查者,即非明顯,依現行體制,釋憲機關對於此種事實之調查受有限制,仍應依議會自律原則,謀求解決。「立法院審議法律案,須在不牴觸憲法之範圍內,依其自行訂定之議事規範為之。法律案經立法院移送總統公布者,曾否踐行其議事應遵循之程序,除明顯牴觸憲法者外,乃其內部事項,屬於議會依自律原則應自行認定之範圍,並非釋憲機關審查之對象。是以總統依「憲法」第 72 條規定,因立法院移送而公布之法律,縱有與其議事規範不符之情形,然在形式上既已存在,仍應依「中央法規標準法」第 13 條之規定,發生效力。法律案之立法程序有不待調查事實即可認定為牴觸憲法,亦即有違反法律成立基本規定之明顯重大瑕疵者,則釋憲機關仍得宣告其為無效。惟其瑕疵是否已達足以影響法律成立之重大程度,如尚有爭議,並有待調查者,即非明顯,依現行體制,釋憲機關對於此種事實之調查受有限制,仍應依議會自律原則,謀求解決。關於依憲法增修條文第九條授權設置之國家安全會議、國家安全局及行政院人事行政局之組織法律,立法院…曾否經議決通過,因尚有爭議,非經調查,無從確認。依前開意旨,仍應由立法院自行認定,並於相當期間內議決補救之。

和判決，引入解釋理由書中，讓國人看到，這三個我國法學界尊為至高無上的法學典範之國家，他們的國會開會，對於自己是否符合議事規範，也是國會裡的多數說了算[7]。這號解釋在我國施行三權分立憲法的進程上，有相當大的貢獻，因為，它讓該由國會自己決定的，就由國會自己決定；除非國會有非常嚴重的違憲行為，否則，司法機關對國會的立法程序，無論是否有違反議事規則，都給予絕對的尊重。

司法權對於立法權之尊重，在憲政的發展上，絕對是值得學術界肯定的！

但是，在現實的政治實務界，司法權對立法權之尊重，卻成了立法權的運作可以不受法律約束的正當基礎。因為，實際的狀況是，我國從釋字342號解釋將國會自律捧到憲法層次後，立法院便在國會自律權的遮蓋下，從來也未有實質的自律，而只有多數黨與少數黨之間，永無止盡的抗爭，無論多數黨與少數黨的顏色如何改變，更無論其立場如何對調。而在政黨永無止盡的敵對鬥爭中，議事原理與規範，被視為是無物；白紙黑字的議事規則，更可以被任意解釋。這樣的現象，當年輕人針對某特定議題，想要有更多的關心和參與時，他們就會很快地發現，立法院裡所謂的大人們，經常大剌剌地踐踏議事原理，或誇張地扭曲議事規則。

立法院的人大們踐踏議事原理、扭曲議事規則，當嚴重到令人難以忍

---

[7] 在本號解釋的理由書中，大法官指出：美國聯邦最高法院 1890 年裁判認為：法案經國會兩院議長署名送請總統批准並交付國務卿者，即應認該法案已經國會通過，無須審酌國會兩院之議事錄及有關文件。此係基於權力分立，各部門平等，互相尊重之意旨，司法機關就此等事項之審查權應受限制（見 Field v. Clark, 143 U.S. 649）。日本最高裁判所 1962 年裁判認為：警察法修正案既經參眾兩院議決，並循法定程序公布，法院唯有尊重兩院之自主性，不應就上訴論旨所指有關制定該法議事程序之事實加以審理，進而判斷其有效或無效（日本最高裁判所大法庭 1962 年 3 月 7 日判決）。德國聯邦憲法法院 1977 年裁判亦認為：議會之議事規範除牴觸憲法者外，有關議事進行及紀律等事件，均屬議會自律之範圍。法律在審議過程中曾經不同黨派之議員參與協商，提付表決時又無基本爭議，則於表決時，不論出席人數如何，若未有至少五人以上議員之質疑，而經確認其無決議能力，即於決議之效力不生影響（BVerfGE 44,308ff.）（參見釋字第 342 號解釋理由書）。

受的程度時，就會爆發出重大的政治事件。發生在 2014 年 3 月 18 日至 4 月 10 日期間的「太陽花學運」，其真正的導火線，正是如此。當時立法院的多數黨為強行通過「海峽兩岸服務貿易協議」，於是認定該協議已經超過三個月之審查期限，因此依「立法院職權行使法」第 61 條規定[8]，可視為已經審查，於是強行裁定審議中止，並立即宣佈散會。

上述立法院多數黨將「海峽兩岸服務貿易協議」視為行政命令，自行解釋立法院職權行使法之內涵，並扭曲行政命令審查之議事原理，其雖然引發極為嚴重的憲政爭議，但由於人們對於憲政法治的最後一道防線，也就是司法院大法官會議解釋，自釋字 342 號解釋後，便不再抱持著其能公正無私地捍衛法治原理之希望，於是，最後只能以立法院被學生運動人士暴力佔領、法治威信徹底崩壞之結局收場。

太陽花學運時，當時立法院的多數黨在兩年後的立法委員選舉中慘敗，而後成為立法院的少數黨；而當時的少數黨，則成為立法院的多數黨。但這兩個大黨，在其位置對調後，卻並沒有從而進行必要的換位思考，相反的，卻是用其當初一再批判對方的方法，來對付彼此。成了多數黨的少數黨，用當初其所指責抗議的多數黨之類似做法，來強行通過其所提出之法案；而成為少數黨的多數黨，則用其原來深惡痛絕的少數黨杯葛抗爭之手法，來表達其強烈的政治訴求。於是，議事原理繼續被多數黨和少數黨一同踐踏；議事規則繼續依多數黨的政治利益來自行解釋與扭曲。

誰是多數黨都一樣

曾經是少數黨的多數黨，在取得多數黨地位後，便忘記了當初其位處少數黨地位時，面對多數黨之霸道專橫，是如何地痛心疾首，但對於如何

---

[8] 「立法院職權行使法」第 61 條第一項：各委員會審查行政命令，應於院會交付審查後三個月內完成之；逾期未完成者，視為已經審查。但有特殊情形者，得經院會同意後展延；展延以一次為限。

運用對議事規範的曲解，來達到其立法上的政治目的，卻十分熟稔。

　　例如，於 2018 年 8 月，當時立法院多數黨欲強行表決「前瞻基礎建設」特別預算，曾經的多數黨，現在成為少數黨，卻可悲地用其為多數黨時所不齒的少數黨杯葛法案手法，提出一萬多案的修正動議，企圖癱瘓議事審查；而曾長期處於在野的少數黨，成了多數黨後，便用曲解的「一事不二議原則」[9]，來予以破解，使少數黨所提出的一萬多案的修正動議，一槌之下化為具文。

　　立法院裡的多數黨與少數黨，這樣的破壞議事倫理、扭曲議事原則，各自為其主張的政策堅決不讓，也各自為其所追求的政治利益充滿算計，當然是無法靠議事規範來解決爭議，但是，原本就對立法院裡的政治不感興趣的大法官們，又被曾經是少數黨的立法委員們託以重任，要為他們在過去的多數黨面前所受的屈辱，討回公道。今天的大法官，雖然與過去的大法官，是完全不一樣的一批人，但是，她／他們身處在大法官的位置上，無論其原來的身家背景如何，原來的職業訓練如何，她／他們都有屬於他們自己在大法官位置上的利益。此一利益，即是當面對政治上的壓力時，多數大法官都一樣，就是即使不能明目張膽地為提名其為大法官的掌權者服務，至少也要儘量減少得罪當權者，以尋求卸任或退休後自己身家的最大利益。

　　在這樣的考量下，立法院裡多數黨與少數黨的爭鬥，無論過程中如何地破壞了議事應有的倫理和規範，大法官們都會盡量地尋找各種正當理由予以視而不見，而這些正當的理由，從釋字 342 號解釋開始，就可以用「國會自律」這個難以被破解的口號性概念，來予以含括。但是，當「國會自律」這個概念，實際上早已與在臺灣的政治現實中，成為時事新聞裡

---

[9] 所謂「一事不二議」原則，規定於「立法院議事規則」第 37 條：「修正動議討論終結，應先提付表決；表決得可決時，次序在後之同一事項修正動議，無須再討論及表決。」

的笑話時，大法官們似乎察覺到用此概念來矇蔽自己的雙眼，可能會令自己和社會大眾都難為情，於是大法官在面對上述立法院就前瞻基礎建設特別預算審議之爭議時，用了自己對議事原理的巧妙解釋，來將立法院的議事爭議，直接擋在法治的大門之外。

多數的大法官認定，立法委員若未參與表決，亦未出席參與討論，即是未行使職權，而未行使職權者，不能參與連署提出大法官會議解釋之申請[10]。大法官甚至認為，為了保障少數，就必須將沒有參與討論和表決的人，排除在少數和多數之外，讓這樣的人不算數[11]。大法官認定，立法委員未參與立法院的表決，亦未出席參與討論，即是未行使立法委員的職權；這也就是說，大法官們認為，沒有參與開會的人，連少數都不是，而是不算數的人。這就好像你到公司上班，只要你沒有來參加開會，或開會完全沒有表示意見，你就不算有來上班，甚至不算公司裡的人。這樣，對嗎？

這樣的疑惑、這樣的問題，使本書作者認為，在我國，我們可能必須重新認識「立法論」，更必須重新界定「立法論」的功能。尤其，必須從憲政的原理與「法」的精神，來重新認識「立法論」。

當多數能夠決定一切的時候，以當今民主社會所偏好的詞彙來形容，我們可稱之為「一切以民意為依歸」，或「讓我們追求多數人的利益」。但是我們若用更符合社會與人性真實的語言來形容，則多數決定一切，又

---

[10] 司法院大法官第 1476 次會議議決不受理案件，2018/05/04，取自：http://cons.judicial.gov.tw/jcc/zh-tw/contents/show/tajs2ru4islm2ikw，最後瀏覽日：2019/7/26。

[11] 當時面媒體以「釋憲案限縮新解前大法官撻伐」為標題，做出頭版報導，其中的副標題刊載：「連署人未投票就剔除釋憲？對照文獻許宗力前後見解不一⋯」。司法院院長許宗力乃以個人身分發表澄清聲明，於該聲明中指出：我國允許三分之一立委聲請釋憲，目的在保護少數，因此並非任何三分之一立委均可聲請釋憲，而須以反對多數決議內容之立委為限，未反對多數決議內容者則不得聲請釋憲，才能吻合少數保護之意旨。原文網址：遭指前瞻建設釋憲案見解前後不一，許宗力發聲明澄清，Ettoday 新聞雲，2018/05/06，取自：https://www.ettoday. net/news/20180506/1164274.htm#ixzz5ukdR1zIJ，最後瀏覽日：2019/07/26。

可稱之為「強凌弱、眾暴寡」。強凌弱、眾暴寡，不是一門學問；其實踐更不需要學理。因為，人類的自然獸性，甚至大多數飛禽走獸的獸性，都會自然而然地任強者壓制弱者、容多數欺壓少數。既是如此，吾人常言道「少數服從多數、多數尊重少數」這兩句話，我們便容易分辨這兩句話所隱含的學問之含量。

「少數服從多數、多數尊重少數」中的第一句話－「少數服從多數」，其實並不需要什麼學問！因為，人類若完全不拘束其野獸般的性情，則少數便自然必須服從多數；人類歷史上，人群中的多數意志，斷不可能容許少數違逆之。例如，當人群中大多數的人從媒體上得知，某人是個作姦犯科的壞人時，這個大多數人所認定的壞人，如果到公開或正式的會議場合中發表他自己的見解，會議中的多數意見，豈能容之[12]？

多數人所認定的壞人，必是各種會議中的絕對少數，他們在會議的過程中，很難得到多數好人們的尊重；好人們會認為，讓壞人有機會講話，已經是的極大恩惠，況且壞人講的話必是惡言，不值得信任，因此，任誰都不願也不必予以尊重。會議中的多數好人們，必然會做出各種好的規定，來讓壞人的惡語惡行能夠儘快結束，並且該壞人能夠最迅速地得到制裁。因此，會議中的多數好人們，會強迫少數的壞人們服從好人們的決

---

[12] 我國於 2020 年 4 月間，就曾發生過某位處高雄之國立大學，該校一名教師於其所開設之有關「當代臺灣政治發展」課程上，邀請了一位極力主張臺灣與中華人民共和國統一的人士到校演講，該校校長於受到網路上特定政治意識型態的輿論之壓力後，即於公開信表示：邀請有恐嚇及組織犯罪前科且迄今仍以暴力威脅國家安全的人士來校分享政治願景，已逾越基本的學術倫理，身為校長的他，向所有同學致歉。然而，該課程教學計畫範圍是從臺灣之兩蔣時代到現代，目的在讓同學了解臺灣不同時代的政治發展，及不同政治傾向的新政黨的理念；該課程邀請非民進黨、國民黨之大黨，而是先後邀請了較小的政黨，如臺灣基進黨、臺澎黨、綠黨、中華統一促進黨等新政黨代表演講。但唯獨為臺灣多數主流之輿論所不能見容之代表到校演講，被該校校長視為是「逾越基本的學術倫理」，其理由是「在政治學相關課程中討論左右政治傾向與藍綠政治組織完全沒有問題，但邀請有恐嚇及組織犯罪前科、且迄今仍以暴力威脅國家安全的人士來校分享政治願景，已逾越基本的學術倫理。」

定，這是必然是，更是自然地。

　　大多數人於自己生活經歷中所學習到的是與非，會自然而然地告訴自己，少數，本來就應該服從多數，因為，多數通常代表著「對」；與多數站在一起，通常代表著站對了地方。相對的，少數之所以是少數，通常被多數認為，因為他們是「錯」的，或是錯誤地站錯了地方。

　　對的，去糾正錯的；正確的，去矯正偏差的；正如同清醒的，去喚醒迷失的；進步的，去革新落後的；強大的，去拉抬弱小的…

　　這一切，都讓少數必須尊重多數，成為一種義務、一種規範、一種必然、一種現象。而這樣的規範與必然，不需要有再多的學問與教育來闡釋之、來彰揚之，而只需要任其發揮、順其自然即可。只有「多數尊重少數」這句話，才有學問，也才需要學問的加持。因為人群中的多數，要能夠願意真正地尊重少數，必須找到其理由、必須得到其方法。而這真正能夠讓多數尊重少數的理由與方法，筆者認為，便是立法論應有的內容。

　　新立法論，正是一門如此必須杜絕研究者、教學者與學習者有錯誤觀念之學問。因為，以人類政治史的發展所給我們最清明的教訓來看，強凌弱、眾暴寡，可以說是人類群體生活中最悲慘、最苦痛、最應予以避免的現象。

　　然而，強凌弱、眾暴寡，便是源自於強者的專斷與眾人的自傲。因此，如何防止強者的專斷與眾人的驕傲，便是法學、政治學等社會學科的核心發展目標。立法論，則更應發展出於立法實務中，能夠防止強者專斷與眾人驕傲的功能。而任何一門學問，若要有防止人們專斷與驕傲的功能，則其於理論之建構時，便必須審慎，避免那有助於專斷的、排他的、歧視的價值觀，於理論之建構過程中，悄悄地滲入其知識內涵的發展範疇中。

　　立法論這門學問，在臺灣的大學裡，可以說是冷門中的邊緣學問。冷門，是因為對學生有實質利益的各種國考試之中，它佔了極少的分量，甚至於它在考試中的學科名稱，通常是以「立法技術與程序」為名。而這樣

的名稱，讓它在教授它的老師與學習它的學生心中，純粹僅有技術性的價值。

而純粹僅有技術性價值的學科，其技術內涵，必須確實能讓學習者於學得該技術後，可能活用於生活與工作上，因而能得到生活上的便利或工作上的獲益；而重要的技術性價值，更展現在對其學有專精之人，確實能比他人更容易成為該行業或該領域中之箇中好手。例如烹飪、修護、設計等等。但立法論以「立法程序與技術」為名而成為一門僅具純粹技術性價值之學科後，其反而失去其技術性之價值，因為，「立法程序與技術」這門課中所學的一切，在實際的立法程序中並無法活用，更無法讓對這門課學有專精之人，成為立法的專家。

因為，立法沒有專家，更不需要專家。立法只需要有形成多數意見或強勢力量，以及懂得替多數意見或強勢力量解釋議事規則的幕僚人員。而這樣的幕僚人員，不需要學習立法程序與技術，只需要略懂所謂的議事規則，以及在會議現場中察言觀色的能力即可。

議事規則的學習，毫無難處，只需識字；而在會議中察言觀色的能力，更無須於高等學府中學習，只需社會歷練；因此，大學教授們教的立法程序與技術，便失去其應有的技術含金量，它充其量，只是一門報考人數甚少的國家公務員考試中，考生不得不應考的科目。並且，這門少數考生不得不考的科目，其範圍十分狹隘；而其問題，則沒有答案。

因為，在立法的實務中，多數決說了算！

於是，千變萬化的多數決之各種決議，便讓「立法程序與技術」教科書的作者們辛苦累積所撰寫的各種知識或原理原則，成為只是過去的各種故事或虛無空談。例如，當「立法程序與技術」的教科書裡談到，立法委員於立法院審查法案時，依立法院職權行使法第某某條之規定，不得如何如何；或依立法院議事規則第某某條之規定，應如何如何時，其實，這些內容都毫無真實的意義。因為，立法委員們即使公然、明擺著、罪證確鑿

地違反這些規定，也並不會產生任何違反規定所之效果。只要立法院內的多數委員，並未對這些違反規定的行為，做出任何懲處或使其無效的決議即可。

於是，在「立法程序與技術」這科目上考了高分的學生，如果到立法院參觀，可能會對立法院裡的特殊氣息感到有趣，但若是到立法院工作，則一切都必須從頭學起；「立法程序與技術」教科書上所寫的那些理想的立法過程中應有的一切，都彷彿未曾發生在立法院過。於是，「立法程序與技術」，成了一門只能用來考試，卻無法用以實際的一門課。

而當一個社會中，沒有任何一門學問，可以給予從事立法工作或參與立法程序的人有意義的啓發與指引，便代表沒有任何一套有意義的價值體系，能做為分析或批判立法作為的參考標準。這個時候，在立法上的最高，同時也是唯一的標準，只有「多數」；誰是多數，誰能代表多數，或誰有掌握多數，誰便決定了立法過程與立法結果的終極價值。

然而多數，會以許多不同的型態出現；在專制封建體制下，多數決常以不能侵犯的權威與其對武力的專斷使用來表現；而在民主時期，多數決則是以贊成與反對的人數之對比來呈現。多數決，是立法之主宰者，無論是在專制封建時代，抑或是在民主法治時代，都主宰了立法的實質。當多數決主宰立法的過程與結果時，立法，便沒有任何值得學習的原理原則，因為，只有多數決之意志與其表現，才是立法之實質。

以多數決為主宰的立法論，若有其實質上值得探討或教學的內容，只剩下探討如何透過立法程序與組織之設計，來讓多數之意志能夠精確地呈現。但其實，吾人根本不需要去探索如何透過立法程序與組織的設計，來精確地呈現多數意志之方法。因為，多數所認同的程序，便是有效的程序法律；多數所能接受的立法程序，便具有正當性；多數所期望的組織，便是適當的組織；而多數所認可之決議，便成了法律；當法律有其疑義時，多數所選擇之解釋與補充規範，便是新的立法。

多數為什麼要尊重少數？要探討這個立法論的第一項核心問題，必須更進一步去分析如下的問題，那就是：在什麼樣的情況下，多數如不尊重少數，則對多數和少數皆將有所不利？或是更進一步地說，在什麼樣的情況下，多數很容易會侵犯少數的權利？或更進一步地要思考：究竟在什麼樣的情況下，如果讓多數無所約束地進行決策，最後必然會發展成對於少數權利益的侵害？

立法論，在一個民主政治日趨孱弱的時代裡，應有其實用的價值，此實用價值，應內含民主、自由與開放社會的守護力量與方法。民主、自由與開放的社會，究竟是不是值得人們竭力去爭取，以及爭取到後致力去維繫的社會？當然，這是見人見智的價值選擇之問題。這個世界上，過去、現在與未來，都確實有許多人，並不認為民主、自由與開放是值得追求與努力的生活型態。對這些人來說，生存，以及滿足生存的物質條件，比精神上的開放與行動上的自由更加重要。而當生存及生存所需的物質條件，重於精神與行動上之自由時，趨炎附勢、委屈自己，便並無不對。

而對樂於或習於趨炎附勢、委屈自己的人而言，立法論便毫無需要，因為，無論在任何的立法場合中，只要察言觀色，了解多數人或強權者的偏好，並設法讓自己與其為伍、附和其聲，即可取得自己的最大利益。而要讓自己附和多數人或強權者的偏好，並無須任何技能或學問。因此，我們可以理解，在一個以專制、封閉的社會中，沒有立法論或相關學問發展的空間，即使有，那樣的學問而僅能稱其為「立法技術學」而難稱其為「立法論」。而這種「立法技術學」的主要內涵，乃是為過去的多數者或強權所偏好之立法技術，變成為學習者必須代代相傳的文字技術。

「立法」若能夠成為一門學問；甚至成為一門值得在大專院校法律或公共事務相關系所中傳授的學科，它必然需要隱含著一項先決性的條件，那就是認同於對多數決的質疑之重要性。更進一步言，「立法」，若要成為一門有實質意義與價值的學問，值得人們探索與學習，並成為一特定的

學科，在大專院校高等學府裡傳授，甚至成為國家甄選公職人員或授與法律人相關職位證書之考試科目，則其內容必然是關於某些即使在多數決的否定之下，仍不能予以廢棄的法理原則；或在多數有意或無意的忽略時，仍必須予以維持並實踐的規範或準則。

「銀色托盤」立法與其驗毒功能

前面說過，英美憲政體制下的立法機關與其所執行之立法程序，猶如高級西餐廳侍者使用的「銀色托盤」，能將立法者所做成之決議，無論其質地貴賤善毒如何，用「銀色托盤」端出呈現到社會大眾眼前，都能顯得高貴無比。

然而，在古代，由於害人毒藥多為砒霜成分，即三氧化二砷；古代的生產技術落後，因此砒霜中多伴有少量硫與硫化物，其所含的硫與銀接觸，可起化學反應，使銀器表面生成一層黑色的「硫化銀」，因此，在古代，銀製餐器確有某種程度之顯毒功能。而立法機關中所踐行之立法程序，若有顯毒之功能，倒不失也是對社會大眾具有相當正面之實質效益。

但到今天，製造砒霜之技術進神速，提煉十分純淨，不再參有硫和硫化物，因此，銀製餐器也再無顯毒功能，正如同於今天，對自由、開放社會有毒有害的思想、政策，其通常亦如現代毒科技一般，只有更為進步的檢核化驗工具，才能使其毒性顯露。因此，在傳播各種資訊既快速且大量的網路時代，如何能製作出能夠有顯毒功能的「新立法論」便是本書之宗旨。

任何有毒有害之事物，必因一性質，亦即強將二矛盾不相容之事物予以結合，消滅其一而扶其他，使被扶植者假冒被消滅者而生存，於是，二項原來矛盾之物不再矛盾，二項原來不相容之事物反而融合成一。而這被融合成一的新生事物，即具有看似無害，實則有害；用似無毒，實而甚毒的性質。例如，我們人與人之間的日常互動中，不可能透過言語上羞辱某

人，來表達對某人之尊敬，若有人說要以羞辱某人，來表達對某人之尊敬，那必有惡意、必是欺騙；同樣的，納粹統治德國將基於種族之理由而侵犯少數民眾中之一部分的人性尊嚴，與維持社會多數民眾之公共利益二者，粗硬地透國會多數決議來予以結合，而制定出人類歷史上最殘酷的反猶太法案，即為將明顯的矛盾與不可相容予以融合，而成為有劇毒立法之明例。

當然，在人類近現代的政治史上，也不只有惡名昭彰的納粹德國，幹過這種硬生生地將不可相容的矛盾事物，用合法的立法程序予以融合而毒害民眾的事，連向來被政治學家視為是民主政治典範、被法學界視為是三權分立憲政典範的美國，同樣也幹過此事。

惡名昭彰的希特勒在他自傳《我的奮鬥》（*Mein Kampf*）中曾明白指出：美國是一個「在打造種族秩序方面取得重大進展的國家」。他可是參考注意美國的移民法案後，設計納粹德國的種族分類體系。因為，雖然美國致力於成為包容移民和各個族群的國家，並早在 1790 年即制訂「歸化法」（Naturalization Act of 1790），宣稱「任何外國人都能成為自由的白人」，但到了 20 世紀上半葉，也就是希特勒出生與受教育的時代，美國對待其他族裔的做法，卻讓他學到了前面本書曾提到的立法論上之「美國典範」之精髓。

而在這「美國典範」中，有美國 30 個州訂定的「反異族通婚法」（Anti-miscegenation Laws），這些法中即包括威脅異族通婚將面臨刑事懲罰的法條，並制定出嚴苛的「一滴血原則」（One-drop rule）以區別種族。所謂「一滴血原則」，即是認定一個人只要血液裡有一滴黑人的血，那他就是黑人；如果血緣上參雜一些非白人血統，就不能算是白人。然後，在「一滴血原則」的區別下，許多州並透過各種立法，否定非白人種族的公民權利，例如透過美其名為「識字測驗」（Literacy test）之考試，來排除平均教育水準較低的非裔族群，阻止他們獲得投票機會，如此便形同將黑

人在法律上的地位貶為次等公民；同樣的，針對華人、菲律賓人、波多黎各等族群，許多州也制定了類似的將其貶為次等公民的法案。

這些美國各州於 20 世紀初所制定的種族歧視法律，將種族歧視與平等權維護這兩項截然對立且不可相容的價值，予以巧妙地結合，都是州議會經由合法的立法程序，在多數決的基礎上之創作，於是，讓歐洲的種族主義者認定種族主義與民主政治可以完美結合，於是群起效尤。而這便是「美國典範」中的立法程序，可以具有「銀色托盤」的效果之實例，美國各州議會以合法的立法程序而端出的代表多數州民意志之立法，無論內含種族歧視的成分有多重，都因立法程序的「銀色托盤」之效果，而顯得光明且高貴。

於是，像希特勒這樣的野心人士，便深信議會政治與白人至上主義，可以在「銀色托盤」的襯托下，讓全德國人、全歐洲人、甚至全世界的人，都能夠欣然地接納其反猶太政策。於是 1933 年納粹上台掌權後，他帶領黨員打造國會議會這個「銀色托盤」，並且於 1935 年 9 月，納粹在紐倫堡舉行的黨員年度集會上，頒布了惡名昭彰的「紐倫堡法」（Nuremberg Laws）。該法剝奪了德國猶太人的帝國公民身分，並明令禁止他們與雅利安人通婚或發生性行為；而且，無論他們是否認同自己是猶太人或屬於猶太宗教團體，只要是擁有三個或四個猶太祖父輩的家族將一律被視為猶太人。在 1934 年這個法案的起草會議上，納粹司法部長提交了一份關於美國種族法的備忘錄。根據副本紀錄顯示，他們詳細地討論美國境內所有實施的異族通婚法條。而後來成為人民法院院長的納粹法官羅蘭德·弗萊斯勒（Roland Freisler）更表示，美國的判例「將完美地適用於我們」。

諷刺地是，納粹並沒有完全照抄美國的種族法，原因是當他們仔細閱讀美國各州的法律後，甚至認為其過分嚴苛。例如，他們對於強硬的「一滴血原則」感到不可置信，竟可以將一個外貌完全是白人的人劃歸為黑人，因此，他們認為美國的種族主義未免「太不人道」。一名納粹法官在

1936 年提到：「美國人只是『目前』還沒有開始迫害他們國家的『猶太人』而已。」

納粹沒有單純地複製貼上美國的法律，因為美國的種族法往往會用迂迴方式以逃避公然的種族歧視，例如他們技術性的阻止黑人投票；但美國的「反異族通婚法」卻一反常態地坦然，納粹便仿效的其立法，而將跨種族婚姻予以刑罰化。

第二次世界大戰時，美軍雖然英勇地登陸諾曼第並解放納粹集中營，同盟國最終擊敗了納粹的軸心國集團；然而，他們在國內實行多年的歧視法案，卻一直等到 1967 年民權運動時代才被擊倒，而基於種族的移民政策則是到了 1968 年才完全廢止。

以上這段歷史，在以「美國典範」為核心的舊立法論中，並不會被列入教科書的內容，更不被學者好好地研究，它只會成為一段在網路上找得到的關於二次大戰時期的政治史料而已，對於前往美國或德國留學鑽研法學或政治學的留學生而言，這段史料則不會出現在他們的論文中，更不會將它們帶回自己的國家，在後續的學術研究或教學中詳加分析與反省。

然而，這段被忽略的史料，卻在今天這個取得這段史料十分容易的時代裡，激發吾人對於廣義的立法論或新的立法論應有之理論基礎與其建構之目的，產生更深刻的反省，因為，這樣的史料讓我們不得不警醒，在政治學和憲法學上的「美國典範」，若將其視為是立法論教科書的主軸內容，則這樣的教科書曾經在 1920 年代教出一個德國納粹希特勒，是不是有可能在過去、現在和未來，在世界各國，教出更多更多類似於希特勒的人物？

必須有新立法論

於是，於今我們應能醒悟，立法論，無論其典範基礎為何？亦無論其新舊內容為何？若其教學、傳遞與推廣，有利於野心家之培植、有利於強凌弱衆暴寡的立法之推動，那麼，這樣的立法論，便應予摒棄；相反的，

我們更應須體察，立法論必須要有防範強凌弱眾暴寡的立法、揭發野心家的野心之功能。而此功能，則可以如下比喻之：強將二項或多項矛盾而不相容的價值予以結合的有毒物質，應在更為敏銳的「銀色托盤」之製作器材之檢驗下，顯露其毒性而予及早消滅殆盡。

立法結構二元對立論

在制定國家重大公共事務處理準則與規則的立法實務中，要驗出立法之結果是否有毒有害，最重要的，就是要檢驗出立法的整體過程中，包括人事安排、組織設計、資源配置與程序規範，是否有將不該且不能相容之矛盾事物予以融合，並用教條式的、意識型態式的知識或學理予以正當化及合理化。而結構二元對立論思想，乃有助於我們去發覺那些不應相容或不能相容之矛盾事物。

結構二元對立論，向來是思想家說明社會與人群問題常用的理論架構，在二元對立結構裡，思想家以此去解釋了人類許許多多的思想問題或社會現象，例如，柏拉圖認為，我們的世界乃是由「理念世界」和「現象世界」二對立的世界所組成。他認為，存在於我們人類的意念中之「理念世界」，才是真實的存在，其永恆不變，而人類眼、耳、鼻、舌所接觸到的「現象世界」，則只不過是「理念世界」的影子而已。在此二元對立世界的架構下，柏拉圖從而發展出其屬於理念世界中的理想國，成為西方古典政治哲學的傳世經典。又例如西方近代哲學家笛卡爾，也認為世界的本原是「靈魂和形體」。他認為這兩個實體，在這個世界中，是彼此獨立存在的。靈魂的屬性是思想，形體的屬性則物質。這種將思想與物質予以區別並視其為對立，即為典型的二元對立論。

西方結構主義思想家便認為，人類進行分類的基本原則，就是從「二元對立」的區別開始，用簡約之二元對立，如男女、天地、生死等，來解釋與體驗複雜多元宇宙與社會。也就是說，從結構主義之觀點來看，二元對立是人類「心靈的永恆結構」，其先於社會心理活動而存在。從各種代

代相傳的神話之解析中，便可看出，人類乃從語言的二元對立結構中，來反映出潛意識中對於自然生活的體驗。

結構主義思想家李維‧史特勞斯（Lévi-Strauss）即認為，人類的心性裡有著更為根本的模型，這個模型讓所謂的現代人與野蠻人並無二致，也就是在所謂野蠻／文明兩種區別的社會裡，都共享了這基本結構。愈是剝開表象下的結構，結構就愈抽象、愈內在，愈接近事物的本質，貼近事物的普遍規律。

在李維‧史特勞斯的觀點裡，結構是無歷史的，在觀察人類社會時，歷史改變的過程或改變因子並不是重點，結構內各元素的排列變化才是重要的觀察標的。各元素彼此間形成了複雜的關聯網路，而任何一個元素不可能在不影響到其他元素的情況下獨立發生變化。若說結構發生變化，不如說新結構是舊結構藉由改變元素之間的關係而派生出的舊結構、新形式，因此對於現有結構而言都可以回溯到原初的結構。結構也是無意識的，所謂的風俗、習慣、文化，都只是結構無意識運作出的結果，結構在無意識中操縱著人們的社會生活和行為，使這些社會生活沿著一定的軌道前進[1]。

進一步說，以語言活動為核心的人類社會運作中，任何結構都不是單一的，而是複合的。在社會各部分之結構中，可以處處找到兩個對立的基本組合元素，二元構成結構內部各部分間的並存、對立、相互影響及轉化之關係。二元之間的並存與對位，構成整體結構的運作與變化，並使整體結構產生其功能。二元的兩端做為結構的組合元素，其本身是靜止而無意義的，需要另一端的存在與碰撞，並有中介之環節使二元相互聯繫、相互影響和作用，從而產生持續而有意義之運作[2]。依結構二元對立之觀點，西

---

[1] 參見李維‧史特勞斯（Claude Lévi-Strauss）著，1989，李幼蒸譯：《野性的思維》。臺北：聯經。

[2] 索緒爾在他的語言學研究中，便把語言分為社會的語言與個人語言。按其意思，沒有對立面，任何因素的意義和功能都難以表現或說明。

方社會自從文藝復興和啓蒙運動後，人類文化逐漸為西方文化主宰。而西方文化的核心價值觀，則為「自我」與「他人」二元對立，並且此基本之二元對立結構，又演繹為不同的變體：例如思想／身體，男性／女性，人類／非人類，文明／原始等概念，並且賦予前者較高之價值與優越性，把後者貶低為落後、邊緣化的「他者」，從而建構了前者對後者統治的正當性邏輯。

二元對立論到了後現代時期，被許多思想家認為，這是對我們人類的思想和世界過於簡化的結果，而人類的思想與世界被過於簡化，是不對的、有害的。二次世界大戰、種族大屠殺，就是人、們的思想過於簡化的結果。然而，無論二元對立論曾出現過多少不正確或不適當的理論、學說，對於吾人探究立法的本質而言，二元對立論仍是十分有益的理論架構。因為，在人類的組織性生活中，無論其日常之事務有多繁瑣，也無論在組織中所必須處理的問題有多複雜，只要一旦進入了立法之需求，及其實質的程序中，無論是正式性的或是非正式性的立法程序，人們的思惟都會趨於簡化；人們於立法的實務中，思惟會趨於簡化，例如：利與不利、強勢與弱勢、多數與少數、個人與多數、個人與少數。

利與不利

首先，當人們思考到要制定規範來規範未來自己或他人之行為時，會比在任何其他時刻或場合中，更著重於自己於新的規範施行後之利益。

可以統稱為「法律」之各種規範、契約、準則、辦法，無論其名稱為何，一旦人們進入制定這些法律之實質程序中時，這些法律之效力，包括其強制性、恆久性與公開性，便會迫使人們不得不去思考，這些的法律一旦制定完成並生效，自己原本所擁有，或想追求的利益，是否將有所減損？

人們所擁有或追求的利益非常多元而複雜，包括有關生命的、自由的、財產的、名譽的…種種利益。人們的利益之型態雖萬萬千千，但在人

們的心中，實質上卻只有兩種不同的意義，那就是有利或不利。有利或不利，是人們對利益最簡化的二種解讀，其來自於經驗，也來自於情緒，其雖然非常簡化，但卻最為寫實。正如同人們的情緒一樣，只有兩種：一是好情緒；二是不好的情緒。除了好情緒與不好的情緒之外，再無其他情緒；而好情緒時，也不可能同時是壞情緒；壞情緒時，也不可能同時是好情緒。

　　無論人們是如何地體會自己的利益、界定自己的利益，任何的法律，一旦適用到自己身上，便只有兩種感受，那就是對自己有利；或對自己不利。既有利且不利，或既非有利亦非不利的情形，只有在理性分析他人的狀況，或將自己視為他人時，才有可能產生的非現實感受。在真實的世界中人們的現實感受，只有對自己有利或不利的兩種體會。

強勢與弱勢

　　在進入立法的實質過程中，人們除了對未來可能的規範，會感受到有利與不利的兩種論斷，同時，人們也會很自然地感受到，自己於是處於強勢的一方或是弱勢的一方。自己是居強或居弱，是一種人們內心的主觀感受，而非數學性或物理性之客觀事實。有些人即使與大多數人有相同意見，或與大多數人選擇相同之決策取向，也仍自認為自己處於弱勢的一方；相對的，有些人則即使自己是獨來獨往、孤軍奮戰，仍覺得自己是代表多數正義或天地民心。

　　居強與居弱的不同感受，會給自己在立法的場合中完全不同的決策與發言。有居強之感者，自認為自己之所以處於強勢之一方，乃是因為自己的意見或立場，乃是正確的、適當、對多數人有利的、並為多數人接受的，因此，自己站在多數的一邊，所以處於強勢之一方，是為理所當然。

　　而有居弱感者，則通常認為自己之所以處於弱勢之一方，乃因為自己的意見與立場，是正確的、有眼見的、對現在及未來的多數人有利的，只

是現在的強者未有遠見、不顧正義；且當今的多數膚淺而受強者威脅利誘，以致於失去理智判斷能力，因此，自己才會選擇站在少數之一邊，因此成為弱勢之一方，乃為情勢所逼。

居於強勢一方者，發言必理直氣壯，行事則無所顧忌，只要能保住自己居於強勢之利益，其他毫無所慮；而居於弱勢一方者，則發言同樣是理直氣壯，但行事則必企圖扭轉乾坤、由弱轉強。強者與弱者之間的對峙，形成人類政治活動之主要內幕；而強者與弱者彼此為維繫或擴張自己利益所做的鬥與爭，無論是出於言語或行為，其終結必決勝於聲量或暴力。人類於立法的事務中，涉及自己未來利益之定價與分配，其始與末，皆與自己居於強或處於弱，有絕對之關係。

總之，人類語言活動之二元對立結構人類的社會行為之一切形式，最初與最終都是以語言的形式來表現與記錄，因此，上述人們於攸關自己未來權益的立法場域中，必然出現的對己有利與不利、自己勢強或勢弱之對立感受；而於現實的立法行為上，亦以語言的形式來表現。是以對立法之研究，其本質上，也不能離開人類思想和語言中所呈現出之二元對立關係。

正如前述，對立法之研究，無法離開人類語言和思想的二元對立現象，因此，立法，究其結構而言，同樣是從外觀到內在，從形式到實質，都以二元對立為其基本結構。而吾人認識立法之二元對立結構，有其非常重要的價值，那就是，唯有從二元對立的結構中，我們才能夠真正認識立法實務過程中，人性的真實作用；以及在人性的真實作用下之立法，我們必須正視與檢討的問題。

而就本書之核心宗旨而言，本書認為，「新立法論」，可以說其核心之問題意識，便是來自於利與不利，及強勢與弱勢之間，無窮無盡的曖昧與矛盾關係。

多數與少數

此外，在實質的立法過程中，無論發生在何種形式的立法機構中，也無論是出現於何種形式的立法程序之中，在參與者或旁觀者心中最強大而堅硬的二元對立思惟，乃是多數與少數之間的對立。

在立法實務過程中，若全體參與者皆有一致之共識，對於立法所欲落實之決策或承載之價值，毫無歧見、完全共識，那就沒有多數與少數之分，但這其實，也就沒有再透過立法程序進行立法之需要。

立法者中之多數，經由制定法律規範來約束全體國民，包括支持多數決策的個人自身；而立法中之少數，則基於對立法程序規範之遵守，同意立法者中之多數所做之決策。立法者中之多數與少數，其於立法政策之意見上，存在著對立之關係，但此二者，彼此基於對立法程序規範之遵守，於立法部門做成決議時，又成為一體。其意義便是，立法部門之決策，若無多數對少數的接納，以及少數對多數的服從，那麼，便無可能產生立法部門之決議，立法之工作，也只是徒具形式、白紙空文。因此，多數能否接納少數、少數能否同意多數，乃成為立法工作最重要的二元對立之結構議題。

也就是說，多數對少數的接納，與少數對多數之同意，對於立法者能否做出有意義之立法而言，乃是充分而必要之條件。立法者之作為若完全依立法者多數之意志而決定其內容，則立法便無需要，因為此時，立法者多數本身的意志便是法律的基礎；立法者多數所持之偏好，便是規範的內容，立法者多數，可透過單方之控制指令，加上運用政府所持有之武裝力量等更有效的方法，來執行其意志，而無須再透過立法程序，來進行立法之工作。

因此，所謂立法工作，其本質，乃是在以立法者少數之同意為前提下，制定某種程度違反少數意志之工作。因此，立法工作之本質，有其內

在的結構性矛盾，而也因為這種結構性之矛盾，使立法成為一門人們不可忽略之學問。而這一門人們不可忽略的學問，要我們重新思考每個個人與多數及少數之間的關係。

個人與多數

我們每個人生而為人，自幼而長的社會化過程中，最重要的主觀思想上之變化，便是逐漸地認識到自己與社會上多數人之間的關係。

大多數的我們，從進入幼兒園開始了社會化的學習後，便逐漸地將自己化歸為多數的一分子。而我們每一個人，進入職場後，更多是積極地以自己的工作表現，來向他人證明自己乃屬於多數的一分子。

屬於多數的一分子，可以證明我們自己是正常的，甚至於在大部分的職場中，屬於多數的一分子，更可以證明我們自己是成功的。於是，我們大多數人都會在各種時機、各種場合下，選擇去站在多數的那一邊。

站在多數的那一邊，可以給我們帶來許多好處，而那些好處，使我們在任何與立法相關的場合中，都容易有知有覺或不知不覺的，用自己的行為來表達自己屬於多數的一分子。而站在多數的那一邊，對人們能夠帶來什麼好處呢？這個好處，就是人們的人性中最需要的一種感覺，那就是安全感。

安全感，是每個人生而為人最需要的一種心理感受，這種心理感受，主要表現為以下幾種認知：首先，是自己與大多數人的利益是一致的；因此，大多數人所有得到的利益，自己都也能獲得；然後，自己可以利用大多數人的力量來取得更多利益；最後，大多數人因此會幫我保護我的利益。

自己與多數人的利益一致，是人們從眾心理的結果，也是人們從眾心理的原因。當自覺到自己與大多數人的利益一致時，人們會從而肯定自己生存或努力的價值；當自覺到自己與大多數人的利益一致時，人們更會從

而肯定自己所抱持之價值體系之客觀價值；最後，當自覺到自己與大多數人生的利益一致時，人們也能因此肯定地去貶視或敵對自己所厭惡的價值。

例如，當你自覺到自己與社會上多數的窮人或勞工的利益一致時，你便會覺得你在職場上當個勞工，並月收入甚差，其實並不是什麼值得感到羞恥的，因為，大多數的人都跟你一樣的受奴役、大多數的人也都和你一樣無法在自己的財務上自立自主。而這樣的認知，便會更進一步地肯定了自己曾有的想法，那就是我之所以受奴役且財務不自主，是因為萬惡的資本家，也就是慣老闆們的邪惡，因為，我是如此認定，我發現有許多和我一樣的人，也是如此認為。然後，當我和許許多多與我一樣被奴役的人都同樣地認定，我們的悲慘人生是萬惡的資本家所造成的，於是，我就相信我們可以團結起來，對萬惡的資本家發出抗議之聲，並進一步地要求他們清洗他們的邪惡，或直接團結大家的力量，來懲罰他們的邪惡。

個人傾向於與多數之結合，乃是一般立法場域中最容易見到的微型結構，基於此微型結構，立法場域中便會不斷地出現參與者紛紛向所謂的多數人之利益靠攏之驅力。而此一驅力逐漸累積，便會形成在立法場域中，「多數」之自然擴張力道。

例如，在學校的行政會議上，對於教師們在校園裡的活動規範進行討論，究竟在傳染病疫情嚴重期間，教師們能不能在球場上打球？在這事關乎自己利益或清譽的小事上，大家似乎都很容易選擇沈默，終究，傳染病疫情如此嚴重，打不打球，小事一樁。

與自己有關的小事，雖與己有關，但因其小而無所謂，因此，沈默是多數人的選擇，因為，沈默使自己與大多數與會的老師們，似乎有了共同一致的利益，那就是在校務行政上，不偏不倚、中立、隨和、不得罪人的利益。

當個別教師用自己在小議題上的沈默，來表達自己與多數教師具有共

同利益時，會議的主持人面對大多數人的沈默，卻顯得十分尷尬，因為，在會議主持的場合中，主持人的最大利益，是得到多數人的贊同，而多數人選擇沈默是，主持人便必須將多數人的心聲，用自己親切並且也是不偏不倚、中立、隨和、不得罪人的話語來表達。

主持人說：「我想，大部分的老師都很有自律的精神，並且在疫情嚴重期間，大家應該也更需要運動健身，因此，是不是就容許老師們在沒有正式課堂運用時，還是能在球場上打球？」

在此校園行政的會議上，多數老師在與自己有關的小事上之沈默，以及主持人於此一片沈默中所表達的符合多數人利益之發言，正表現出立法實務場域中，一項最為堅固且影響作用最強的微型結構，那就是每個人心中多數利益與少數利益之二元對立，大多數的個人，在沒有其他外力介入，並且條件相當的情況下，會選擇用最為簡單、容易、成本低廉的方法，來向多數利益靠攏。

但是，正因為如此，而會產生多數與少數之二元對立。因為，當大部分的人都向多數靠攏時，自然地，便會出現顯然的少數。當大家向多數靠攏的同時，其實，也代表著多數人都不約而同地摒棄了某些他們認為較不重要的價值，例如，公平。當學校行政會議上，大部分的老師都用沈默，來表達向多數靠攏的意志之同時，其實，他們同樣用沈默，來表達對於教師與學生於疫情嚴峻期間，在防疫措施下的公平性之輕視。

而在國家的立法場域中，這樣的現象更是明顯。當自己所屬的政黨成為議會中的多數黨時，自己在議會中的投票與發言傾向，便會自然而然地忠於自己所屬政黨的立場。即使，忠於自己所屬政黨的立法決策，與自己過去於相同的議題上所主張者完全相反，亦毫無所謂，因為，自己過去的言行與選擇，與自己現在所處的位置及所需追求的利益，其分量與含金量相比，完全是小巫見大巫。

例如，當過去的自己，還是少數黨立法委員時，看到多數黨立法委員

不顧少數黨的訴求，而強行決議通過有利於自己政黨的立法決策時，自己氣憤不已，企圖以死銘志，於是在立法議場上做出各種斯文掃地的抗議行為，來表達自己對多數政黨的霸道行徑之不滿；後來，長期習慣於在立法場合上霸氣逼人的政黨，被選民唾棄而成了少數黨；長期與霸道的多數黨抗爭的少數黨議員，在選民唾棄多數黨之時，幸運地成了多數黨，並取得執政的權力。從少數黨蛻變為多數黨的過程中，立法者個人也從「自覺」為少數，而順利地「成為」了多數，這「成為多數」代表獲得了政治權力所能帶來的一切利益，而行使政治權力所能帶來的利益，乃成為多數與少數的二元對立結構之強固劑，讓位居多數者自認為自己將成為穩固的多數之一分子，而自己也會盡一切的努力，來與多數維持永恆的關係。

因此，過去的自己，常以為自己在多數與少數之間，總是遊移不定，但是一旦發覺現在的自己可以透過捨棄過去的自己，便能與現在的多數，站在同一陣線時，在立法的場域中，政治利益的沈重往往使自己選擇拋棄過去的自己，並默默地、或高談闊論地將之遺忘，以取得和人多的一邊站在一起的好處。

默默地離棄過去的自己，十分容易；高談闊論地背叛過去的自己，更時常能得到與多數站在一起的許多好處，於是，人們在立法決策的場域中，自覺或不自覺地背離位居少數的自己，而邁向與多數人群同利、共好，這成為吾人解析立法原理，真正必須透視，且應該予以透視的結構。亦即立法之結構，不能從立法行為的結果所呈現在白紙黑字上之內容來解析，而必須從人性在立法現實中的通常現象中予以透視。

而從人性在立法現實中的通常現象來看，個人並不一定總是能背離自己而與多數站在一起，經常，個人會在某種條件下，成為立法現實中的少數；而成為少數，或自覺為少數，則使立法之結構，在不斷地被固化之同時，也必然留下鬆動或易於腐蝕的部位。

個人與少數

　　人類所需的組織生活，使我們每個人的共通人性中，都有從眾之性格，但卻也是在從眾性格下的我們，會經常自覺於與眾人、與群體、與多數之遙遠。因為，所謂的「眾人」或「多數」其實是一個存在主義哲學下必須深思之概念，其存在並非因為其真實與具體之存在，而是因為人之知覺與意識。

　　當我們認知到「眾人」之存在時，那是因為我們以為「眾人」有其共同的心思、類似的行為、共有的價值、或共享的利益；而當我們以為「多數」之存在時，則更是以為這些具有共同的心思、類似的行為、共有的價值、共享的利益的「眾人」，其數量遠超過那些不具有共同心思、行為上有些怪異、價值觀與他人不同、以及無法與他人共享利益之人的總合。但其實，「眾人」是由每個單一個人所組成，而每個單一個人的思想、行為、價值與利益，若真予以數學性的加總組合，並不會真正形成一個能夠從特定的符號、象徵或外觀，而能清楚辨識的具體事物。

　　所謂的「眾人」，其實，是我們每個人心中意識流的想像，而這個想像，只有在當我們必須運用它時，才會產生具體的內涵，因此，「眾人」的意義，並非由其實質之內涵而決定，而是由其運用之目的而決定。也就是說，「眾人」做為一項語言符號之概念，其應由「語用論」之觀點而視之，而非由「經驗論」或「實證論」之立場。

　　「多數」做為一項語言符號上之辭彙，其意義亦與「眾人」一般，必須從「語用論」的觀點，才能夠理解其內涵。也就是說，當在人們運用語言進行溝通的各種場合中，有一些人強調自己的價值判斷，與大多數其他人一致，因此應處於較高或較優之位置時，這個時候，若有人反對他們的主張，他們便會強調其價值判斷，乃代表多數人的心聲、表達多數人的意見。也就是說，「多數」這個概念，對於使用它的人而言，其隱含著較高、

較優且較強的主觀價值判斷。

因此，相對於「多數」而言的「少數」，便不只是形容較少人數的算術上之概念而已，而在語用的實際上，有價值系統上的較低、較差與較弱的內涵。

在媒體輿論上，我們便常見「多數」與「少數」此兩個文字概念上的「實用」性質，而非「實存」意義。例如，政府決策人士在公開的官方場合說：「多數民眾對於我們的司法體制並不信任，因此，我們必須由國家元首直接領導司法改革，來重建多數民眾對司法之信心！」這句話真正在語用論文的意義，便是要表達「多數民眾對司法體制不信任」的重視，而其關鍵之內涵，在於將「對司法體制不信任」之價值判斷，用其屬於「多數民眾」之主張，來彰顯其優先性與重要性。簡而言之，便是政府決策人士本身對司法體制不信任，於是託言其乃為多數民眾之共同認知，於是使其對司法體制不信任之價值判斷，能成為優先而武斷地執行各種所謂「司法改革」政策之正當化、合理化之基礎。

同樣的，當有些人說：「少數民眾對於改革仍然抱持著抗懼的態度，造成改革無法順利執行！」時，提出這樣見解，或描述此一現象之人，並非在傳達其以肉眼或其他感官經驗所能見到的少數人對於改革的反對態度，而是在於表達其認定反對改革的主張或心態，乃是錯誤的、不宜的、應予拒斥的、應予貶抑的，因此是屬於少數民眾所抱持的見解。

「多數」與「少數」此二元對立的概念，一旦吾人用「語用論」的角度予以解析後，便可重新解構個人與「多數」及「少數」之間的關係，尤其是個人與「少數」之關係。

前文中曾論及，基於人類組織生活之需要，人性中有自然之從眾性格，而基於人性之從眾性格，當人們於決策場域中提出自己主張或做價值選擇時，人們有向「多數」靠攏之自然傾向，而此一傾向，卻產生了立法決策中的「多數」與「少數」之二元對立結構。然而，在什麼情形下，或

基於什麼條件，而使「少數」出現？或人們會在什麼情形或條件下，走向「少數」的一邊呢？這個問題，更是新立法論必須深入解析之問題，因為，正如本書第一章緒論中所論，「少數」服從「多數」是人類之天性，不需要高等知識學問去探索其條件與方法；只有「多數」為何必須尊重「少數」，以及「多數」如何尊重「少數」，回答這兩個問題，才需要人類社會中的知識領域去嚴肅地探尋其學理。而「多數」為何要尊重「少數」，必須人們真正地理解「少數」的意義；而「多數」如何去真正地尊重「少數」，則更必須人們真切地理解自己與「少數」之關係。

你與「少數」之關係如何？這是一個粗淺的心理問題，也可能是一個深層的哲學問題，而對這個問題的回答，取決於你如何界定「少數」。

然而正如前述，「少數」一詞，從語言於日常生活中的運用之角度來看，其早已帶著為弱、為小與為劣之負面內涵，基於此一意涵，使人們只有在特殊的條件下，才會認定自己屬於「少數」的族群，或自覺自己站在少數那一邊。而這種特殊的條件，時常是主觀的，但也有時是客觀的。

主觀地認定自己屬於少數，常是自願的、基於信仰的、或因為特殊情操使然，他們可能被認為是天真的，或愚蠢的，但他們也有可能因新的時代來臨時，成為「多數」的啓蒙者或代言人。例如當多數眾人皆為了自己在小國裡的生存利益，而稱讚赤裸的統治者穿著一身華服時，那位年幼無知的兒童說了一句「國王沒有穿衣服！」而成為童話傳說裡，最著名的少數分子。

那位年幼無知的兒童，戳破統治者沒有穿衣服的事實，或許只是因為天真好玩，但其產生的效果，卻可能撼動眾人的信仰和政治權力的基石，因此，在許許多多其他的事件中，也有許多人會去戳破多數人所賴以為生的信仰，但並不是因為天真好玩，而是為了追求屬於自己真正的利益。

追求屬於自己真正的利益，是每一個生而為人的終極目標，當我們追求屬於我們自己的真正利益時，那「屬於我們自己的真正利益」並不是經

常能與大多數其他的利益一致。例如，在職場上，屬於一個人的真正利益，可能是獲得隨心所欲的工作內容，但卻又能得到團隊合作的最大好處，但是，這種屬於個人的真正利益，當然便要與工作團隊上的其他人的共同利益嚴重衝突。又例如，在政治的競技場上，屬於一位具有立法者身分的政治人物之真正利益，可能是她／他能用最少的競選成本，便能長期擁有媒體的關注和選民的支持，但是，這樣的利益，不僅與敵對政黨之同選區政治人物衝突，更與同政黨之政治同僚衝突，只是，握有立法權的政治人物們處理這些衝突的手段，可能不像一般職場上的同仁一般，只是用工作上的業績表現、薪資所得或升遷機會來做為衝突下競爭的獲勝獎品，而是用在立法場域中的價值選擇，來做為彼此於競技中比劃角力所使用的招數。

因此，吾人可以經由互為主觀的理解方法來確定，只要是屬於自己的真正利益，通常，必然與屬於其他多數人的共同利益有所衝突；甚至於可以進一步地說，屬於自己的真正利益，便是因為與屬於其他多數人的共同利益有所衝突，才使之有真正的價值。

我們每個人的價值，乃在於與他人有所不同時，才能顯現！你的長相、你的穿著、你的才能、你的天分、你的工作表現、你的服務績效，若未能有別於他人，顯示你的與眾不同，那麼，你所做的一切，其價值都是平凡，平凡到不值得你汲汲營營地去追求，也不值得你去孜孜不倦地說服他人去接受，因此，當你遇到他人的意見與你有所衝突時，你並不會因此想要竭盡所能的去說服他人接受你的意見，更不會想要動用一切的精力和資源，去試圖讓對方妥協。

因此，當我們所抱持的思想或價值與多數人一致時，我們通常會成為沈默的大眾，因為反正還有很多很多其他的人會為我們發聲，甚至一定會有樂於代表多數的熱心人士，這些人物即可稱之為「政治人物」，他們以「多數民眾的代理人」身分自居；並且，他們總是能夠讓人們輕易地相

信，他們會為了我們所期待的多數利益而奔走，於是，當我們成為多數的一分子，站在多數的那一邊，我們會不自覺地沈默，並習慣於沈默，直到有那麼一天或那麼一刻，你發現你的沈默有可能使你痛苦萬分時，我們才開始驚覺，原來，若我們要追求任何真正對自己有價值之價值，或真正對自己有益之利益，我們就不能夠站在多數那一邊，與多數一起沈默，而必須開始為自己做選擇，站往少數那一邊。

立法實務之二元對立結構

　　在政治舞台上的各路英雄們，總會積極利用眼前之政治情勢，推動各種所謂符合社會多數民眾期待之立法。而這些立法是否真能夠符合所謂之社會多數期待，個人認為，其並無絕對正確之判斷依據，但是其能符合推動者個人或所屬政黨之政治利益，卻是肯定的。

　　這也就是說，符合社會多數期待，與符合政治上政黨或政團之利益，這兩者之間，在具有理性思考能力的一般公民眼中，是能夠予以區別的。至於此兩者之間，是否能夠等同？此一問題，只能留予社會科學界，做永無正確答案之學術性探討。

　　新立法論之建構與研究，其核心目的之一，便在於探討如何使立法者在立法過程中，嚴謹地在立法政策之目標與立法所選擇之手段間做適當選擇，成為義務與習慣。是不是除了多數決外，即無其他能夠做為判斷立法之正當性之標準？又吾人能否從立法之本質與其對人類政治生活之實質意義中，歸納推理出其本身應有之價值取向取向或標準？

　　有意義的立法，亦即受人認可的立法者於具正當性的立法機關中，依據具有正當性的立法程序規範進行立法工作，是社會秩序得以維持，並且能夠與時俱進之充分條件，也是掌握政治權力之統治集團，得以不需要仰賴武力之威嚇而對民眾進行和平統治之充分必要條件。廣義之立法，係指一名或一群擁有權力之人，透過特定程序之作為，制定具有約束力之法規，來規範或約束自己或他人；而此具約束力之法規，其約束力乃基於被規範者自己對該制定法規之程序與作為之認可。

　　依此對立法廣義之界定，吾人可以理解，立法中至少包含了四組結構

性之二元對立單位，那就是「擁有統治權之人──擁有立法權之人」；「政府－立法部門」；「制定法規之程序－制定法規之作為」及「立法程序中的多數──少數」。這四組結構性之二元對立，使立法具有其必要之功能與意義，同時也使立法成為自古至今，有人群即有政治，有政治即有立法之必要活動。當然，也是因為這四組概念，皆具有其結構性及對立性，也因此，使立法成為具有諸多邏輯上之矛盾與現實上之衝突的政治活動。結構二元對立論之觀點，用於剖析立法，可以使立法者或參與立法工作之任何人，都能夠從立法過程於本質上之結構二元性與對立性，體察立法工作所必須謹慎關照之價值二元性與其對立、衝突之本質。

主權者與有權者二元對立

主權者與有權者，必然是分離且對立，這是人類社會行為中，權力之發生與存在之本質所衍生之概念。

一個單獨的個體，若未與他人有任何互動關係，則不可能發生權力運作的現象，因此權力之概念，亦不可能存在。在傳統的政治學所談的權力理論中，我們可以界定，當某 A 要求某 B 做違背 B 自己的意願，卻符合 A 的利益之事，而 B 心甘情願地或心有不甘地做了，這個時候便是 A 對於 B 具有權力之現象，也就是存在著 A 擁有對 B 之權力。但其實，A 對於 B 之權力，其真正的條件，僅在於 B 之願意順服，若 B 不願意順服 A 的要求，甚至於連犧牲自己生命都願意，也就是 B 對於 A 的要求，已抱著「不自由毋寧死」的決心時，這個時候，無論 A 宣稱擁有再強大的有形或無形力量，都無法憾動 B 的意志，A 也就對 B 毫無權力可言了，更不能認定曾經存在著 A 對於 B 的權力。

本書基於上述這種筆者自稱為「權力之存在哲學」的觀點而認為，有權力的人，必是基於他人所賦予之權力，他人若未賦予權力，正如同上述 B 若未賦予 A 權力，則任何人都無法因為自己所擁有的有形之資源、財富、

威脅力量，或無形的尊嚴、聲望或權威，而獲得權力。

　　而人們賦予他人權力，必然是基於自己的同意，無論此同意是有多麼的心甘情願，或是多麼地不甘不願。即使是非常心不甘情不願的同意，也是一種同意，因為，若真正不同意，可選擇離開，雖然離開所可能產生的代價可能高於留下，但是離開與留下，都是一種選擇，一種自己對自己的選擇之同意。當自己所效忠的國家或部隊戰敗，選擇當俘虜或選擇為國捐軀，都是一種選擇，選擇當俘虜就使戰勝者獲得對戰敗者的權力，而選擇為國捐軀就是不賦予敵國對自己的人格與意志享有權力。

　　在以上這種權力的存在哲學觀之下，擁有權力的人之權力，必然是來自於被行使權力的人之同意，因此，吾人可界定擁有權力的人為有權者，而同意有權者對自己行使權力之人，則為主權者。若沒有主權者同意有權者對自己行使權力，則有權者的權力，便是虛無的浮誇想像。

　　在人類的社會互動中，權力之發生與存在，必然有主權者同意有權者行使其權力；在立法的實務上，更必然存在主權者與有權者間之的二元對立。所謂的主權者，是立法權存在之基礎，其擁有主權，卻未必是執行立法權之人；相對的，則是有權者，其執行立法權，但其權力卻非自身所有，而為主權者之賦予。

　　若擁有主權之人，與執行立法權之人，其兩者合而為一，則便不需要立法，因為，在這個時候，主權者單方之意志，無論以何種方式形成與表現，即可以統治與規範他人。因此，無須另有立法者、立法機關或立法程序等概念之存在。一切的威權封建專制政權，其本質上便是主權者與立法者合而為一，而非兩者對立之存在，因此，在威權專制統治下，其實不需對立法有特別之關注，因為，唯有統治者自身之意志與偏好，才是立法之本質。

　　而在立法權獨立，並且成為政治實務之重要環節之民主法治國家中，主權者與有權者兩概念乃是二元存在且相互對立之概念。

　　也就是擁有主權或代表主權，卻未執行立法權之人，與執行立法權卻未擁有主權且無法代表主權之人，此兩種人必然同時存在，才有可能有立法之需求。主權者必然認為需要規範自我，但卻又無能規範自我，所以才需有立法者之存在，其並透過立法程序制定規範。亦即主權者必然是認為，其本身確實缺乏自我規範與管理之能力，因此，必須賦予一群有權者來制定規範，以維護群體生活之秩序與合作共生之可能。主權者與有權者，彼此皆有此共同認知，同時此一共識同時存在，於是才能產生有權者之立法活動，否則若主權者認為他人無權制定規範干涉自己、自己也都有權立法規範自己與他人，那麼立法之活動，一開始便會遭到阻礙，即使透過暴力或脅迫來使立法活動得以進行，則立法工作也不過是虛假；暴力與脅迫的威嚇作用，才是本質。

　　然而，誰賦予有權者權力而可以行使立法權，以規範他人？誰是主權者，而願自己放棄權力，讓他人行使立法權來規範自己？這個問題，又涉及到誰行使權力之作為，能夠獲得他人之認可與同意，而可以繼續行使立法權？以及誰能透過何種程序，來表明自己放棄了立法權，將約束自己的權力讓予立法者？

　　這些問題，就筆者之認知與經驗，應該不可能有任何的權威，能提供其教條式的答案，雖然，必有聲稱為權威者，對此躍躍欲試。

　　這些問題提出之本身，其實即為「新立法論」之目的，因為，正是這些問題並不可能獲得具權威教條性答案，這些問題才因此有其價值。這些問題使我們必須常記於心，那就是，在立法工作上，無論是號稱何種體制之政治制度，主權者與有權者本身，必然分立且處於二元對立之結構中。

　　若主權者而成為有權者，或有權者即是主權者，這個時候，其實立法的本質將從而轉變，它成了自制與自律，以及主權者兼有權者的自我信仰之展現。而主權者兼有權者進行自律與自我信念之展現時，它若是一個自然人，那麼，將有千萬生靈也必須隨之自律，並與之有一致之信仰；而它

若是一群人，一群特定的人，那麼，這一群人彼此之間的關係之界定，尤其是關於權力、義務之設計者，反而成為立法之主要內涵。

　　人類的政治史上，即經常見到千萬生靈，隨著那自認為自己同時是主權者亦是有權者的一小群人起舞或哭泣。他們為萬民立法，但其實只是為彼此定好適當的權力、義務關係；他們彼此之間的愛恨情仇，變成了法律。從過去古老的部族政體，到近古開疆闢土的封建帝國，到今天的民主共和國，攫取了權力的人，總是運用各種修辭，將自己塑造成主權的擁有者，就像在路邊撿到一筆大錢的人，必會設法將該筆錢占為己有。人們將路邊貴重的遺失物占為己有的修辭，必然著重在證明該筆貴重的遺失物之價值，仍為拾獲人所創造，因此，拾獲人才能公然地佔有該遺失物，並享用其價值。

　　掌握權力之人，同樣會將所謂的「主權」之內涵與價值，運用各種修辭的方法，將其解釋為其內涵應由有權者來賦予；其價值乃由有權者所創造。一個在「主權」之內涵與價值上因各種歷史因素而充滿爭議的國家，這種現象便最昭然顯著。

執法與立法部門之二元對立

　　主權者與有權者之二元對立概念，於具體政治實務上之意義，則延伸出執法與立法兩不同部門之間的二元對立，也就是主權者居於立法者之角色；而執法者則以有權者之地位執行立法者所制定之法律。

　　在人類的政治活動中，無論政府之人數、規模或型態如何，大體上皆為有權力立法之部門。但是，政府乃由諸多部分所組成，各部分並具有不同的組成成分，扮演著不同的功能。隨著人類政治活動的日益多元與複雜，政府部門之分化與功能之分殊，亦日趨複雜與多元。

　　日趨分化的政府部門中，便出現了專責職司立法行為的立法部門。立法部門逐漸變成是政府的一部，而不是政府的全部。政府可以做為於日常

公共事務上，代表主權者之部門；而政府中的立法部門，卻只是職掌立法權之部門，而不是主權者之代表。也就是說，執掌立法權的立法部門，只是執掌主權的政府之部分，而不是全部。

即使在專制帝國時期，執法與立法部門即多有二元對立之發展，例如在中國從隋朝和唐朝開始，正式設立三省六部制，三省乃指中書省、門下省及尚書省。其中的中書省與門下省，可以說即是立法部門，因為中書省負責與皇帝討論法案的起草，草擬皇帝詔令；門下省則負責審查詔令內容。所有中書省草擬、門下省審查通過之法案，經皇帝親覽批閱並同意用印後發佈施行；而尚書省則以及負責執行這些國家重要政令。因此，中書省和門下省即立法部門；尚書省則為執法部門。

做為政府之一部，立法部門的立法行為，對於政府其他部門的運作，會產生一定之規範作用；同樣的，政府內的其他部門，也會以各種形式及管道，對立法部門之運作產生影響。執法部門對社會之統治，期望能依自己之自主決策來進行，但立法部門卻給予政府自我約束之義務；同時，政府對社會之統治，又必須透過立法部門之立法工作，來進行對社會大眾之規範，因此，執法部門與立法部門之間，存在著二元對立之結構關係。

而此二元對立關係，經常是統治者維持政權之重要手段。近現代三權分立憲政之理論創始人強調絕對的權力必然造成絕對的濫用，而權力的濫用必然導致腐敗。其實，權力的腐敗對於一般黎民百姓，恐怕將遇侵犯民權的暴政，但對於特定政權統治下的既得利益團體而言，若有一人或團體取得政治權力上不受制約的絕對權力，也表示其既得利益可能有被侵奪之危機。

然而，此種危機卻也經常被統治權之下獲得既得利益之集體所漠視，以為容許執法部門與立法部門合而為一，可以更有效率或更為徹底地貫徹有益於其利益之維護的政策或法令。而古往今來，這樣的漠視，也通常是政治崩壞、社會動盪的起源。因為，執法部門若與立法部門合而為一，所

產生的問題將必然是濫權，以及濫權的合法化、合理化及正當化。

　　不受制衡、毫無約束的權力，便是絕對的權力；絕對的權力，必將濫權，因為對掌握絕對權力之人來說，其並未能察覺濫權之問題，並且，也因為權力未有制衡與約束，因此，除非濫權到極度泯滅人性、極度荼害生靈的境界，否則，在濫權的行使過程中，仍必然有人能得到濫權者所帶來的好處。這些人乃是濫權者的擁護者及輔助者，他們為維護其既得利益，會期待濫權之正當化與穩固化；他們為擴大統治者濫權所帶來的好處，他們更會協助統治者將其濫權的行為予以道德化，並從而合法化。於是，他們會支持執法機關同時取得立法權，並以民族生存、國家利益、公共福利等可以無限上綱之概念，來說明執法者擁有立法權之必要性。或是，他們直接爭取成為立法者，並將其所行使之立法權，變成執法權之輔助，從而即使是執法部門與立法部門分立，仍能產生其兩者合一之效果。

　　執法部門與立法部門若未能維持其應有之對立結構，而在統治者及其附從者私利的介入下合而為一，則執法者之執法，將無對錯、好壞、良窳之標準，執法者自己意志能否遂行，便是標準；而立法者之立法，也變成只是執法者命令公告之草擬者、書寫者與發佈者，執法者於執法所需要之方便，成為立法者唯一的考量。

　　執法者之意志，得以容易遂行；立法者透過立法，給予執法者遂行其意志上相當之方便，這種執法機關與立法機關同心協助、同舟共濟的景象，容易被統治者大加獎賞，也容易被與統治者有相同價值偏好的輿論家、思想家們形容為是政治清平、國家大治之相。但歷史殷鑑常在，這種國家大治之相，通常也是後來國家大亂之肇。

　　因為，當執法者的意志，成為立法者所制定的法令之價值基礎；執法者之方便，則成為立法者設計的各種制度之立法理由，此時，人民的思想，將因與執法者的意志不一致，而被判定為無價值；而人民的行為，則只有配合執法者執法之方便，才是正當。其發展至極，必是法令處處嚴

苛，人民動輒得咎。而且，發展到此幾近於暴政的時刻，人民仍難以覺察其問題之所在，因為，在執法者與立法者之通力合作下，若有因執法不當而產生社會問題者，立法者會更加嚴格立法，或給予執法者更大的裁量上之方便；相反的，若有立法上之漏洞而產生執法上之爭議，則執法者執法時的嚴苛與不公，便不會被視為是執法者之問題，而會被認為是立法之疏忽。而立法之疏忽，不需要執法者為之負責。也就是說，當執法部門與立法部門實質上合而為一，而不再維持其應有的二元對立結構，將產生一種有利於執法部門及立法部門人員利益之效果，那就是其彼此皆無須再為其決策與行為負責。

雖然執法部門與立法部門，可能因為各種政治上的操作，而使其二者實質上合而為一，但執法部門與立法部門就外觀上及體制上，仍維持二元對立之結構，這個時候，此二元對立結構反而有利於執法部門人員及立法部門人員將彼此在工作上所遇到之問題與困難，推卸給對方來負責。

例如，傳染流行病疫情嚴峻，民眾之身心健康亟需政府透過妥適之防疫措施來予以保障時，當執法部門與立法部門屬於具有相同利益偏好，並訴諸於相同意識型態之執政團隊時，兩部門人員便會立即形成一個看似合作無間的政府，並且為防疫的各種需求，而排除其他團體及人員參與決策。

當防疫效果看似良好而有成效時，執法與立法部門合而為一，不分你我，成為自己與國際間之美談；然而一旦某防疫措施，後來被輿論或相關事實證明為誤，例如對部分特定人士降低其防疫標準，從而成為防疫漏洞，以致於造成傳染病嚴重流行，這個時候，執法機關人員毫無顧慮地，即將此對特定人士降低防疫標準之決策，視為是立法部門之作為，而試圖免除自己之責任；而立法者，也只需刻意隱藏其參與並主導決策之相關會議資料，便可將此決策上所產生之重大不利影響，由執法者承擔其後續之道德與政治責任。但是，無論執法者或立法者，都不需要承擔任何法律責

任，因為，執法者與立法者實質上合而為一，以政治操作使其原有及應有之二元對立結構被破壞後，法律，乃是執法者的意志，及立法者給予執法者之方便，因此，執法者不可能有違法之責；立法者亦不會有造惡法之責。

當執法者無違法之責、立法者更無造惡法之責，其實，法律即不再具有其實質之意義，相反的，法律將只是立法程序結束後所呈現的立法內容中之文字串。然而，立法程序與立法內容，本亦有其二元對立之關係，而此二元對立之關係，亦使立法者所立法之法，獲得原本之價值。

立法程序與立法內容之二元對立

立法之程序與作為，此二概念本身之必然共存卻對立之性質，也是使立法論成為可能，並且成為必須的主要條件之一。立法程序，規範立法者之作為，使立法者無法恣意而為；相對而言，踐行立法程序，也可能即是立法作為之實質內涵。但是為了踐行立法程序，卻可能使立法者無法按自己之意志執行立法作為，甚至由於依立法程序規範而進行立法，反而使立法之結果與原來立法者之意志背道而馳。

因此，在有意義的立法中，程序規範與立法之實質內容，便成為二元存在而對立之概念。立法若僅有程序性規範，而無實質之內容，則立法程序是為多餘；相對的，立法若僅有其內容，但未能踐行特定之程序規範，則任何人之任何意志與偏好，都可能在任何條件之下成為法律之內容，此時，該等法律亦不可能具有其正當性，亦即不可能受被規範者多數之同意。

立法之內容，經由特定立法者於特定條件下，遵循特定之立法程序而成為法律，排除其他未能經由特定立法者於特定條件下，且未遵循特定立法程序之強制規範。此一排除之作用，使經特定立法程序後制定出之法律，成為能受被規範者所接受的法律，也成為主權者願意認可的規範。

　　立法程序與內容，在二元對立的結構中，確保了立法之可能，亦保障了立法之價值，但此二元對立之結構，在立法實務之運作中，卻經常遭立法者自身為偏私利益而予以扭曲，並進而破壞。因為，立法程序與內容二者，經常被人們視為如同手段與結果，手段應為結果之達成而行使；結果則為手段行使之目的。手段與結果，就個人而言，確實難以成為二元對立之概念，因為，任何人無論在日常生活上的小事，或是職場工作上的大事，要完成某項工作、實現某項理想，在手段的選擇上，都應視所欲達成之目的為何；同樣的，所欲達成的目標之設定，也應視所能運用之手段有何工具與資源而定。因此，就個人而言，手段與結果，是難以理解其二元對立之結構。

　　但是，個人若認真地看待自己的工作，嚴肅地審視自己所欲完成的事務之終極價值，並為自己所付出的時間和勞力絕對地負責，那麼，手段與目標、方法與目的、過程與結果⋯這幾組在日常生活中常被輕易地忽視的二元對立結構，便分外重要。當我們為自己的人生或前途設定一項目標時，若我們能清楚地理解到，我們所使用的手段與我們所設定的目標，通常沒有必然的關係，甚至於通常毫無關係時，這個時候，我們便須認真審視要達成的目標，應該使用什麼樣的手段，才能避免被僵化的成見所束縛。

　　同樣的，當我們得到某項工具、獲得某種權力、獨佔某些資源時，更必須體認到，我們因為這些工具、權力或資源而能夠使用的各種手段，並不見得必然能達到我們所設想的目的，甚至，經常因為我們偏執於使用某種我們以為有用或過去被他人證明有用的方法，卻使原本應能達到的目的，反而無法達成。

　　例如，外國的立法者在立法過程中，與利益團體合作，在網路社交媒體大量地發佈各種支持某特定政治訴求的訊息，形塑該特定政治訴求已被社會相當多數接受之輿論，因此而成功地左右立法結果，本國立法者一見此方法之成果，便亦效法之，於某法案推動立法時，大量地運用網路上之

社交媒體散布特定訊息，企圖左右立法結果。但非常有可能，這樣的方法被敵對的政黨識破後，便運用同樣的社交媒體之管道，揭露敵對政黨模仿抄襲他國立法之做法，這時，本國立法者原先設計的方法，不但不能達到原本所欲的立法結果，反而畫虎不成，反成無腦媚外之惡犬。

將手段與目的、過程與結果，視之為必然處於二元對立之結構中，可使我們免於陷入視其二者必有直線性、必然性關聯的成見之中。因為此種成見，乃若泥沼，任何人無論學識豐富、權位高低，若陷於此，都將限制了自身彈性的適應力與理解力。

在立法上，若統治者或立法者亦將立法程序與立法結果必然且必要之二元對立關係予以忽略，或是刻意予以破除，同樣也會產生立法實際上，呈現出適應力與理解力之侷限的問題。

立法程序，當一立法機關將其逐漸發展成形式化、法制化、甚至於儀式化時，其必因立法機關本身於長時間之運作下，累積許許多多經驗後而形成。這些形式化的、法制化的、儀式化的立法程序，之所以被重視而後累積，必然有一關鍵之功能，那就是讓立法程序之進行，對於所有參與者而言，都能獲得應有的參與之利益。

若參與者參與立法程序，因某程序性之規範，而無法得到應有的參與利益，那麼，這樣的規範必是僅對某具特定條件之參與者有利，而這樣的程序性規範，即表明該立法程序乃為封閉性或半封閉性。而封閉性或半封閉性之立法程序，基本上，其實際運作之結果，亦通常會產出封閉性或準封閉性之立法結果。例如，當一民主共和國有關立法程序之基本規範，明文規定「立法應當…堅持某某黨的領導、堅持某某人思想、某某人理論…」，這個時候，我們可以明確地預知，此一共和國的立法，是以某某黨的生存與發展主要目的。也就是說，封閉性或半封閉性之立法程序規範，其實際運作之結果，必然產生出封閉性或準封閉性之立法內容。

然而相反的，若是開放性的立法程序性規範，也就是於規範之設計

上，並未對某特定條件之參與者有利，那麼依其規範之立法程序運作，實務上其立法結果亦會是開放的，亦即其結果不一定對特定群體有利，亦不一定使某議題得到特定之結果。在這種開放的立法程序規範下之結果，甚至有可能產生對某些參與者極大的不利，以至於受此立法結果之重大不利影響者，從而產生對立法者之敵意或仇視，而終以外部之力量來推動立法程序或組織之全面變革。

因此，除非是封閉性或半封閉性之立法程序，否則只要具有實質開放性之立法程序規範，其程序性規範本身，與依其規範所產生的立法結果，必然不可能產生直線性、封閉性的因果關係。在開放的價值體系下，立法程序之規範與立法結果之內容，正如同「手段與目的」二者的對立性一般，應視其必為二元對立之關係，如此，才能保持其開放性；而也只有以開放性的觀點來看待立法程序與立法內容之關係，在立法程序中也才能避免受特定成見或意識型態之操弄或壟斷。

多數政黨與少數政黨之二元對立

立法過程中，第四組關鍵且決定立法之實質意義之二元對立組，乃是多數政黨與少數政黨之對立。在立法實務過程中，若全體參與者皆有一致之共識，對於立法所欲落實之決策或承載之價值，毫無歧見、完全共識，那就沒有多數與少數之分，這其實，也就沒有再透過立法程序進行立法之需要。

立法者中之多數，經由制定法律規範來約束全體國民，包括多支持多數決策的個人自身；而立法中之少數，則基於對立法程序規範之遵守，而同意立法者中之多數所做之決策。立法者中之多數與少數，其於立法政策之意見上，存在著對立之關係，但此二者，彼此基於對立法程序規範之遵守，於立法部門做成決議時，又成為一體。其意義便是，立法部門之決策，若無多數對少數的接納，以及少數對多數的服從，那麼，便無可能產

生立法部門之決議，立法之工作，也只是徒具形式、白紙空文。因此，多數能否接納少數、少數能否同意多數，乃成為立法工作最重要的二元對立之結構議題。

也就是說，多數對少數的接納，與少數對多數之同意，對於立法者能否做出有意義之立法而言，成為充分且必要之條件。立法者之作為若完全依立法者多數之意志而決定其內容，則立法便無需要，因為此時，立法者多數本身的意志便是法律的基礎；立法者多數所持之偏好，便是規範的內容，立法者多數，可透過單方之控制指令，加上運用政府所持有之武裝力量等更有效的方法，來執行其意志，而無須再透過立法程序，來進行立法之工作。

因此，所謂立法工作，其實其本質，是在以立法者少數之同意為前提下，制定某種程度違反少數意志之工作。而立法工作之本質，就是因為這種結構性之矛盾，成為一門人們不可忽略之學問。

此一學問的出發點，也是其終點，卻是在回答一項這裡所必須處理之問題，那就是，立法者之少數，為什麼要同意那些違反其意志的立法，而不尋求立法程序外去進行有利於自己的政治活動？關於這個問題的答案，便是在解釋維持和平穩定的政治體制之根本理由。

立法程序中的多數與少數，雖是一組二元對立的結構性存在之概念，但其實，於實際的政治現實之中，少數與多數，卻永遠是一組浮動而不確定的相對性概念。因為，這個世界上不可能有任何一個人或一群人，其利益與訴求，永遠被歸為少數；也不可能有任何一個人或一群人，他們永遠能站在多數的一邊，並與大多數人有共同的利益。

一直到近現代西方議會政治與政黨政治興起，多數與少數，被政治上的政黨給佔有，被政治學上的多數黨與少數黨的概念所取代，才會使人類的政治生活中，多數與少數具有其特定的意義，甚至是絕對的意義，也就是少數黨與多數黨，以及更進一步地衍生出執政黨與在野黨之區別。

　　議會政治與政黨政治，成為近現代世界各國政治制度之主流後，議會中屬於同一黨籍的議員之結合，便是決定政治實況之關鍵因素。由於議員的產生，無論依何種選舉制度，必須經過重重的選舉關卡，因此，在這些重重關卡中，政黨的運作，包括提名、向社會大眾背書、協助選舉經費之籌措、選舉政見之提供等等，都是議員產生的決定要素。

　　由於政黨的運作對民意代表之選出，至關重要，於是選出的民意代表擔任立法者後，其於立法工作上之政策取捨，便以繼續取得有助於其勝選的政黨之支持為主要考量。於是，獲得同樣政黨支持，也就是同屬同一政黨黨籍的立法者，在立法過程中，便會採用相同的政策取捨，以表示彼此互為支持，並表示彼此的政策取捨，非僅代表自己或自己選區民眾的利益，而是與更廣大的其他選民之利益一致。

　　當在議會中，屬同一黨籍的立法者之席次較其他黨籍更多時，這時，此一黨籍之立法者便取得了所謂「多數黨」之地位；而席次較少的政黨，相對地便成為所謂的「少數黨」。多數黨與少數黨因為這樣而生成，並在議員的任期尚未改選的任期之間，「多數黨」與「少數黨」成為二項具有實質且固定內涵的概念，其由特定人員組成，這些人員持有共有的特定政策取向，並會在立法程序中做出一致的政策決定。

　　「多數黨」與「少數黨」於議員未改選的任期內，成為具實質且固定內涵的概念，也成為民主政治運作現實中最嚴重，卻最鮮為人所檢討的矛盾。因為，立法者與社會大眾，將因為這二項概念之固定化、明確化，而誤以為某一立法提案或行動，是為多數黨或少數黨所提出及倡議，而因其為多數黨或少數黨所提出及倡議，因此，其便代表多數民意或少數民意。

　　多數黨的決定，是否即代表多數民意的決定？少數黨的意見，是否即為少數民意？這兩項同一組的問題，同樣基於「新立法論」應有之目標，而不宜給予確定的答案。因為，其有確定之答案後，立法上之政治運作，將簡單得多；而立法過程上有意義的政治活動，也將因此變得粗略而缺乏

意義。

　　如果從實務界到學術界，都不加思索地肯定，多數黨的提案與決定，便是代表多數民意，而不是視其為「假定」，那麼，我們便是賦予取得多數黨地位的那一群立法者一種毋庸置疑的權力，那就是他們可以運用「代表多數」之特權，來使其意志絕對地主導立法議事，並進一步地使其意志成為法律。

　　多數黨運用其「代表多數」之特權地位，是否因而可以絕對地主導立法議事？對於這個問題的回答，便顯示出這個國家的制度之性質，或這個政黨對於民眾的觀感，以及對於政治的態度。

　　若在一國家之中，憲政體制、議事規範或政治實務中，都透露出這樣的現實，那就是容讓多數黨可以運用其「代表多數」之特權地位，而絕對地主導立法議事程序之進行，那麼，這個國家在實際上，便是一個以多數黨為「主權者」的國家。我們在前面曾經提到，所謂的「主權者」，依政治權力存在與發生之事實，其乃為基於自己之同意，賦予「有權者」權力之主體；而「有權者」則基於主權者之同意，而行使其權力。在三權分立憲政之理想中，主權者之同意，則於立法上表現；立法的決議中有關執法部門之權力行使範圍與方法，即為「主權者」對於「有權者」行使的權力之同意。

　　但理想，終究被現實所取代；容讓多數黨以代表多數為名而主導立法議事，乃是將上述三權分立憲政之理想，以立法議事中多數黨與少數黨之互動現實所取代。在世界各國，立法程序中的多數黨與少數黨之互動，向來都少不了多數黨與少數黨為議事之爭而拳腳相向的新聞。即使是老牌的議會政治國家，如英國和美國，也都曾有不怎麼光輝的歷史。

　　誕生於 1263 年的英國議會，是全世界議會的鼻祖，今天的人們總是讚揚英國議會中的紳士風範，但是英國議會也曾有過一些野蠻的過往，今天我們看到英國國會裡的椅子都是連成一片的，其設計理由，可是因為早些

年英國國議員一動怒就會拿起椅子砸打對方，因此，英國人才想出辦法，把椅子固定起來，至少可以讓議員少了一件唾手可得的武器。而至今已有 2 百多年的美國參、眾二院，於 19 世紀也曾發生過議員拔槍對決，還有眾議員帶著棍棒闖進參議院，把參議員當場打成重傷之類的事件。

被我國政治實務界和學術界處處讚揚、處處模仿的日本，其國會也於 2015 年 9 月 17 日，因特別委員會上屬於執政聯盟的委員會主席突然發動表決，企圖將引發激烈辯論的「新安保法」送出委員會，交由執政聯盟握有多數優勢的參院院會表決，在野黨議員立刻頓時團團包圍主席台，而執政黨議員也連忙派人護駕，雙方在過程中互相叫罵、扭打，一時修養掃地，顏面盡失。

南韓國會則是在 2009 年 7 月 23 日，為了「報紙法」、「廣播法」、「網路電視法」，所謂「傳媒三法」的修法，爆發激烈肢體衝突。反對人士擔心，修正案一旦過關，會讓立場偏向保守派的報社和大企業入股電視台，導致電視媒體私有化、財閥化，影響新聞自由，弱化監督政府的角色。在野黨議員因此用椅子堵住大門，不讓提案的執政黨議員進入議場。後來執政黨議員突破封鎖之後，演變成主席台爭奪戰，甚至有議員為了突破執政黨議員的人牆，阻止法案表決，試圖跳上主席台。這場肉博戰造成幾十人受傷，但執政的大國家黨，最終靠多數優勢讓法案強行過關。

比起日本、南韓，一些民主轉型比較晚起步的歐洲國家，在立法程序上多數黨與少數黨的粗暴互動，也不遑多讓。2015 年 12 月 11 日，烏克蘭總理於國會發表年度報告的時候，突然有位議員上前，先是送了一束捧花，然後試圖將他整個人扛起來搬走，結果當場引發一場混戰，讓烏克蘭執政聯盟長久以來的內部矛盾，直接變成肢體衝突；另外，2008 年才宣佈獨立的巴爾幹半島小國科索伏，也曾經在 2018 年有反對派議員眼看無法阻止法案過關，竟然先後在議場上施放三枚催淚瓦斯彈，現場立刻烏煙瘴氣，人員不得不暫時撤離。

　　總之，世界各國的議會發展史不斷地告訴人們一項非常重要訊息，那就是，「多數」與「少數」的關係一旦成為了「多數黨」與「少數黨」的關係，便從一個虛浮流動的關係，轉變成你來我往、互不相讓的關係。而在這你來我往、互不相讓的關係中，多數黨人眼中所看到的少數黨人士，通常是不知理虧卻無理取鬧的頑劣分子；而在少數黨人眼中的多數黨人，則必是愚蠢霸道而絕不講理的蠻橫人士。他們通常會因為自己在黨籍上歸屬於某一陣營，便忘了自己在個人身家的實質利益與政治工作的長遠利益之權衡上，其實，並不一定在每一個議題上都一定屬於多數或少數的某一邊。他們也一樣多會忘了，在立法程序上的多數與少數之對立，從立法程序內有所界限的同黨籍人數之計算來看，似乎有其因數字而形成的特定意義，但若從民眾和國家無界限的政治利益與發展之視角來看，立法程序上的多數與少數，在其他的意義上，卻經常是顛倒的。

　　立法程序上多數與少數之二元對立，是基於立法決策性質之必然；立法所進行之決策，其所涉事項與所涉當事人之利益，正如本書前述，乃必然有利與不利之二元對立，不可能有任何立法之決策，會帶來所有人之利，或造成所有人之不利。若有帶來所有人之利者，其便不需立法行為，亦能生成；相反的，若有可能造成所有人之不利者，也不可能會被列入立法之議程之中。

　　當立法之結果，必然對於某些人有利、對某些人不利，這時，受立法之利益與不利益影響者，就邏輯而言，便必然會區分為二，而人數多者為多數；少者為少數。但此多數與少數之二分，純粹僅有概念上之意義，因為，受立法之不利與或有利影響者，於社會現實與政治現實中，根本不可能清點盤算。任何社會科學或資訊科學上的統計或監測方法，都只能計算其於特定時空條件下，於特定範圍、界限內之人數。但被具體統計或監測出之人數，與實際的國人人數相比，必然只是少數，甚至是相當不成比例之極少數，例如，用統計約 2 至 3 萬人於街頭 5 分鐘內表達的意見，與 2

至 3 千萬人口於其 50 年的平均工作時間相比，絕對可知是難成合理比例之極少數。

但若將無法計算的多數與少數，用可以計算的同黨籍議員之人數來取代，立法程序中的多數黨與少數黨語焉成立，並各自以界定多數民眾的意志，與闡釋少數民意的心聲，為其二者主要之功能。然而這樣的功能，純粹只是政治實用上的功能，無法具有任何哲學上或科學上之基礎。而這政治實用上的功能，更具體地說，便是要立法程序中的各政黨，若因其同黨籍議員之人數較多而成為多數黨，便必須擔負起理解多數民眾之利益訴求、掌握多數人民民心向背之任務，並在多數人民之民心如流水、民意無向背之時，承擔起政治上之責任。

少數黨的政治實用功能，亦是如此。在立法程序中的少數，並不是真實人民中的少數，而只是議會中同黨籍議員數相較於他黨席次數字較少的一群人。他們只是在政治上被視為代表民眾中的少數，或自視為代表選民中的少數，因此，代表選民中的少數，對他們而言，只有政治上的意義。而此政治上的意義，於立法程序中變成為政治上的責任，亦即如同多數黨之政治責任一般，少數黨同樣必須負擔起理解少數民眾之需求、掌握少數人民之心意向背，並在少數民眾於政治上及社會上之權益受到極度侵害或打擊時，運用自己位處立法程序中的少數黨之位置，承擔起說服多數黨、使多數黨妥協，並進一步地讓少數民眾之利益能在立法程序中獲得聽聞，並受到關注。

多數黨與少數黨於立法程序中所應負擔的政治實用之功能，一般而言，被認為應從政治學上的「政黨論」之角度來分析之。但本書認為，政黨在政治人才的甄補、政治資源的分配、選舉活動中的運作之功能，與其於立法實務上的功能，完全有別。尤其，當政黨的位置，又涉及到立法程序中，立法者席次之多寡，以及立法程序上的立法推進功能時，政黨的功能與性質，便更有別於其於其他政治活動中的性質。

　　然而，今天的世界，除了極少數國家之外，大部分國家的立法職權，都是由民選的民意代表所組成的議會來執行；而民選的民意代表所效忠的對象，最重要的，首先是能有助於其取得選票支持票的政黨；再者，才是能投予其支持票的選民。

　　在政黨的支持下，一個民眾並不怎麼認識的人，可以因為政黨的支持與提名，而成為民眾關注的對象，以致於後來在投票時，得到部分選民的支持；而一個民眾耳熟能詳的人物，若未能得到政黨的支持，則雖然在媒體上經常受到民眾的關注，但到了選舉時，卻依然難以得到陌生選民投票的支持。

　　在人類的政治生活中，可以說只要有政治活動之存在，便必然有政黨或類似政黨的其他政治組織之運作，但是，議會政治成為國家政治的立法權運作之核心，且議會成員主要由選民投票產生後，政黨之運作，便成了國家立法權運作之軸心。

　　而政黨運作，成為國家立法權運行之軸心後，對於立法之性質、功能及其對社會產生之作用，發生了根本性的變化。而要理解此根本性的變化，對社會大眾所產生的作用，以及其相應之問題，則必須回頭檢視立法的本質與功能。

立法功能論

　　一般而言，人們必然會以為，對「立法」做定義，是立法論非常重要的開始，但其實，界定立法的定義與範圍，卻並不是認識與學習立法論最重要的目的。因為，「立法」是由許多不同的機關，在許多不同的條件和情況下，所形成的一種政治作用；而在不同的時空背景和不同的國家與社會中，立法也都肩負著不同的任務。目前幾乎全世界所有國家，都設有立法機關。即使連諸如不丹這樣的王權小國，都設有立法機關，而專制集權的國家也不例外[1]。有些立法機構之立法功能，只有承擔某些並不重要的單一功能而已，例如只是某種政策背書或政策出台的儀式功能而已；相反的，許多國家的立法機關，具有部分的行政功能；更有些國家的立法機關，其立法功能主要只是在對行政權的運作進行監督。

　　由於全世界各國的立法機關，各自行使著相當多元、複雜的功能，因此，吾人非常難以明確地界定立法之範圍。而以美國國會為模型所界定的立法機關，則具有五種特質，而成為有別於其他形式的政府機關，或其他時代的立法機關之特殊決策機關，這五項特質分別是：一、其由眾人組織而成；二、其有形式化的決策過程；三、其以投票方式來做成決策；四、其成員由選民選舉而出；五、其成員之去留乃對選民負責[2]。

---

[1] 目前聯合國的 138 個國家中，有 108 個國家設有立法機關，只有 5 個國家，大多集中在中亞，是從來未設有立法機關。未設有立法機關的國家，多集中在中亞與撒哈拉沙漠以南的非州小國。

[2] Polsby, Nelson. Legislature. in: F. Greenstein et al., eds. *Handbook of Political Science*. Mass. : Addison-Wesley. p. 261.

　　這五項特質，若未有政黨組織之運作，其實是不可能存在，因為，這五項特質本身，其彼此之間於現實上乃具有彼此矛盾的特性。例如，由眾人組織而成之機關，其實便不容易產生真正形式化的決策過程。因為，眾人組織之機關，若未有內部組織化之運作，則其決策模式必是散亂、多元、紛歧，依內外情境之變化而定；但若該機關內部有特定的組織之運作，將眾人轉化成許多團體，並以團體之意志為個人之意志、以團體之行動來代替個人之行動，則該機關之決策，乃變成是機關內部團體與團體互動之結果。如此，從團體與團體之互動中，才能得出其互動之模式，而由組織內部團體與團體間較為固定之互動模式，才能夠形成形式化的決策過程。而將組織內個人的意志與行動予以取代的團體，便是實質意義上的政黨。

　　國會裡以投票方式來做成決策，也必須經由幕僚組織將各種立法上的各種可供選擇的政策選項，簡化成可以用「同意」與「反對」這種二元對立的選項來取代，才有可能真正用投票進行決策。而這種將政策選項予以簡化的幕僚功能，並不能由純技術性之幕僚來完成，因為，在簡化的過程中，其實便是對各種可能的政策選項做初步的轉化與篩選，而對政策選項做轉化與篩選，便是政黨的實質功能。

政黨轉化與篩選政策

　　政黨轉化並篩選政策選項，然後再使其成為立法之議程，其目的，乃是為政黨本身之生存與擴張。因為政黨本身存在之目的，與政治之原始功能，有所乖離。政治之原始功能，在於透過價值的權威性分配，來進行對公共事務之管理。而參與政治工作之個人於參與政治過程中，其自身所需之價值，在價值的權威性分配過程中，必然能同時有利於公眾及自己，這個時候，當公眾所需之價值與對政治參與者有利之價值有所矛盾時，便必須有一種機制，讓公眾所需之價值與對政治參與者有利之價值能取得一

致，或是讓對政治參與者有利之價值，能高於公眾所需之價值。而此一機制，於現代政治實務中，便稱之為政黨。

政黨為踐行上述之功能，因此，其於各種政策之匯集、轉化與篩選過程中，最主要的功能，便是將選取對於效忠同一黨籍之政治參與者有利之政策選項，排除其對不利之選項，然後將其轉化為實質的公共政策相關措施。這些相關措施，若是對未來不特定對象的民眾施予行為之規範，則成為法律。於是，立法過程其實是政黨為選取有利於對其效忠的政治參與者之政策選項，排除對其不利者，並將其轉化為法律之過程。在這選擇與排除的過程中，我們便看到立法程序中，各種立法之提案可以最終被簡化為「同意」與「反對」此二元對立之選項。

而在尚未被簡化為「同意」與「反對」之選項前，立法者在立法程序中的所進行的立法工作，便是真正基於個人的專業與良知之判斷。但是，未簡化為「同意」與「反對」的各種政策選擇，大多非常難以判斷其對所可能產生之實際作用，因此，也非常難以斷定各種不同的政策選擇之優劣。尤其，立法工作的重心乃制定法律，而法律係對未來不特定對象，於特定條件下之規範，判斷未來不確定對象的規範所可能產生的作用，更加困難。因此，立法過程中，政策選項尚未被簡化為「同意」與「反對」之前，立法者所做的政策選擇及相關的論述與行動，其實大多是基於個人武斷的判斷。

這些立法者個人武斷的價值取捨，有些可以經由立法者的論述和修辭，而被其他立法同僚所接受並認可，於是在立法過程中的政黨組織將政策選項簡化為「同意」與「反對」時，能夠被歸入於被同意或被反對之選項。因此，歸納而言，立法過程中，對政黨之生存與擴張有利之價值，與立法者個人能夠說服其他同僚接受之價值，此兩種價值便成為決定立法之走向的關鍵因素。

當立法者能夠說服其他同僚接受的價值，與對政黨之生存發展有利之

價值，兩者之間出現矛盾，甚至是嚴重的扞格不入時，這個時候，立法者該如何選擇？又社會大眾該如何評價立法者之選擇？以及立法者如何對自己所做的選擇負責？這三項問題，便是立法論進入立法實務時，必須面臨的真切的問題。因為，回答這三項問題的答案，決定了一個國家內立法者的風範；也決定了社會大眾對立法者所投注的價值與眼光；更因此決定了一個國家的立法決策，是有利於整體國家與社會，抑或是僅有利於政黨的生存與發展。

政府職能

對於國家與社會有利之立法，究竟應是立法者能夠服其同僚者，抑或是對政黨的生存與發展有利者？探究這個問題，必須回歸地探討究竟對國家與社會有利的立法，應具有什麼功能？

而對於國家與社會有利的立法，其所應具之功能，本書認為，應與政府之職能一致。也就是本書認為，立法的功能應與政府之職能一致。立法之範圍與界限，不應超越政府之職能，亦不宜小於政府之職能；同樣的，政府之職能，亦應由立法鋪成其軌道，使其進退縮張，一概由立法而定。本書認為，如此才能正確地界立法有之範圍與界限，並且能為政府之職能確定其方向與軌道。

中往今來，無論中西，所有政府都有其非常相近的職能，但是每個政府的施政目標，卻有著顯著的差異。例如，中外歷史上所有的政府，都宣稱其職能是為保護其人民安危、維持社會秩序、促進經濟發展。但是，這樣的職能，古代羅馬政府卻是用擴大領土來踐行；斯巴達政府則是要打贏每場仗；中國歷代皇權政府則認為維繫了皇權的地位，便能夠維繫社會的和諧發展。而現代民選政府，則是維持選戰勝選者與官僚人員的共同利益，便能夠維繫社會最大多數人的最大利益。

而無論以什麼價值為最高施政目標，世界上的每一個政府，都必然包

含三種權力的運作於其中，一是制定決策和規範的權力；二是執行政府日常事務的權力；三是當人民遇有爭端時，人民解決爭端的能力。

第一種權力，也就掌權者制定法律、修改法律或廢止法律的權力；第二種權力，掌權者與他國戰爭或媾合、派遣與接受大使、徵稅及運用稅收以維繫公共安全，也就是行政權；第三種權力，掌權者懲罰犯人、解決人民之間爭議，也就是司法權。

現代政府為維繫人民的自由，更必須保障身家安全；而為了兼顧身家自由與安全之保障，便要求政府中以上三權的掌權者，都能相互制衡，不受他方壓制，因為，當立法權與行政權同時為某些人所掌有時，集權必將興起，集權將用暴政的方法，來制定並執行專制的法律。同樣的，當司法權無法與行政權或立法權分離時，司法權立法權合而為一，法官成為立法者，則人民的身家性命與自由，將曝露在受暴政控制的危險中；而當司法權與行政權合體，法官將因此擁有對民眾的暴力脅迫之力量。當某一個人或某一群人，同持擁有這三種權力時，無論這個人或這群人有多麼地高貴，一切的政治與自由將走到末日。

西歐民主政治的發展，非常重要的基礎，乃在於過去西歐君主封建時期，其君王雖掌有行政權與立法權，但其司法權保留給其臣民。然而，在其他國家的君主專政，例如封建時期的中國歷代王朝，皇帝及其代理人便同時掌控了行政、立法及司法大權，因此中國民眾便長期處於專制政權的壓迫中，直至今日。

不惶多讓地，在過去羅馬共和體制下，掌有執法權的法官，同時也掌有立法權，於是他們可以依據自己的判斷，來掠奪國家資產；同時他們因為掌有司法權，於是所有人民，都有可能因與他人發生爭端，而在其個案中被法官所侵犯。

也就是說，從中西政治史的現實來看，司法權不宜交由立法者去執行，而應由人民中長期具有處理法律事務經驗的人士來執行；在重大刑案

的起訴上，最好負責起訴之人有特別之地位；而其起訴之判斷，也應能符合法律，或至少其判斷能被其他權力之掌權者所左右。

同樣的，行政權與立法權，應分別賦予不同的常設機構，因為其不能夠為特定私人或集團所服務。立法權應展現國家的公共意志；而行政權則應執行公共意志。如果立法者有權力起訴犯罪，甚或執行司法，這也將是人民的自由之終結。此外，如果立法者受到國家的某種私人利益所脅迫，或與外國敵人通謀，而執行行政權，那麼立法者也極有可能因此犧牲某些人民的自由，來維繫自己的利益。

因此，政府職能中的三種權力，分別交由不同部門中的不同人員來行使，其目的一則是為專業分工之必要，二則是為避免權力之濫用而使政府之應有職能反而無法踐行之必要。而這三種權力之分配由不同部門之人員來行使，若反而無法使政府的職能順利踐行時，這個時候，便考驗著一國中政治工作參與者的智慧。也就是說，有益而合宜的政治工作，便是在使政府職能中的三種權力，在不同部門的不同人員之分別行使下，依然能有效地踐行政府之職能。而此關鍵的政治之智慧，乃由執掌立法權的立法者來表現，最為適宜。因為，立法者所立法之法，可以是很具體性、日常性的客觀有形物資之分配，也可以是抽象性、儀式性的主觀無形價值之分配。

立法者為一項產生社會重大爭議的事件上，制定某項對製造爭議者的行為之約束、或引導、或寬諒、或懲罰之規範，可能不是直接對該重大爭議予以解決，但卻能因此使該重大爭議之發生，反而有利於後來社會秩序的維持及民生經濟之進步。

同樣的，立法者在民眾面臨的某重大天災或瘟疫之威脅時，制定了政府運用資源來協助民眾面對該威脅之作業規範，雖然不見得能直接使人民得到絕對的安全之保障，但卻可能使民眾在自我防護上更具能力與信心。

因此，做為民主政治運作典範的英國政治，其政治學家就以英國國會

之運作實況，予以理想化後，認為政府職能中的立法權應踐行至少五項的功能：一是選舉政府行政首長；二是教育民眾，因為國會議員在國會中的言行舉止，對於教育人民如何施行民主政治，常能產生重大影響；三是傳播資訊的功能，也就是國會議員將政府的政策向選民解釋，以增加選民的認識，並藉此取得民眾對特定政策，以及對政府的支持；四是表達民意的功能，國會議員將選民的需求反映給政府，俾使政府的決策，更能符合民意；以及第五項功能是制定法律[3]。

　　而在 20 世紀後，擔任世界政治老大哥的美國，其國內的政治運作體制，也隨著其國力的日益增強，而逐漸形成全球研究與學習的典範。而美國學者則認為，美國國會具有三項功能：一制定法律的功能；二是政策合法化的功能；三是建立社會共識的功能[4]。尤其，更有學者強調，國會的立法功能，是承認社會上的政治利益衝突之確實存在，並儘量提供其紓解之道，俾使衝突能降到最低[5]。

　　以上英美政治學者所認知的國會之功能，也就是立法部門之職能，雖具有某種程度的理想性，也就是應然性或該當性，但本書認為，立法功能若無法踐行其上述應然性之職能，其存在與運作之價值，實質上也將隨之消亡。

立法的社會教育功能

　　以教育民眾及紓解社會衝突為例，立法者於執行立法職權之過程中，大概都能知道其選民或支持者，可能可以從各種管道中，知悉其作為；而

---

[3] 參見朱志宏，1995，《立法論》。臺北市：三民，頁 19。
[4] Davidson, Roger H. 1970. Congress in the American Political System. in: Allen Kornberg and L. Musolf, eds. *Legislature in Developmental Perspective*. Durham, North Carolina: Duke University Press. 129-179.
[5] Wahlke, John C. 1970. Policy Demands and System support: The Role of the Represented. in: *British Journal of Political Science* 1. 271-290.

立法者一般也都很樂意讓自己在立法過程中所做過的豐功偉業,透過各種管道,讓其選民與支持者知道,如此以維持其選民的支持,並期望能在未來的政治舞台上,獲得更多掌聲。但立法者在立法的舞台上使盡渾身解數,想獲得大眾的掌聲之同時,她/他們可能甚少敏銳地察覺,民眾從立法的舞台上所看到的,不只是一個立法者、民意代表、政治人物,更是他們在極寶貴的投票機會中,曾經圈選過的人。而民眾與其在投票箱前圈選過的人之關係可以說是民眾與政府的決策者之間,最為簡單、直接的關係,這一份關係可能是基於支持與信任而蓋下的支持印記;也可能是由於恨恨與不滿而給的莫名留白。總之,在現代選舉政治與議會政治之下,民眾對於政府的整體觀感,在相當的程度上,是決定於民眾對其用選票表達信任與否的民意代表之觀感上。

因此,立法者對於民眾的教育功能,其實,是直接的、是不需要教材的、更是不必特別安排的。在教育實際上,任何人都最容易受其所信任與支持的人之影響;任何人對他人與自己的價值觀,也最容易建立在與自己有密切的信任關係之人的互動經驗上。一位民眾到公務機關去辦事,若受到陌生的承辦人員之語言羞辱或冷落,這個人只會對這位承辦人員心生氣憤與厭惡;但一位民眾若在公務機關遭到冷落或羞辱,憤而去向其曾經用選票支持過的民意代表投訴,結果又遭此民意代表辦公室助理人員冷言冷語羞辱一番,這個時候,這位民眾恐怕不只是對該民意代表的辦公室人員氣憤與厭惡,而是將對整個國家的政治體制感到失望、無奈與不信任。

而民眾對國家的政治體制失望、對政治功能不信任,其實,是國家安全與社會穩定真正的危機之所在,它如同人體內的癌細胞,將會在人體遭受重大的外在壓力,以致於體內代謝與免疫功能失衡時,開始攻擊體內健康的細胞。

身兼民意代表的現代立法者,對於其支持與反對的選民之教育作用,是時時刻刻不斷地發生。我們不需要社會科學的數據,來證明立法者對其

選民的影響程度，我們也無從找到這樣的數據，因為，立法者對於支持者或反對者所帶來的教育作用，是內心的、主觀的、變動的，更重要的，會是表裡不一致的。

例如，當立法過程中，某政黨立法者用人數上的絕對多數，強行通過某一法律，而此法律從文字上，看似對該政黨的支持者較為有利時，這個時候，該於立法過程中占人數之絕對優勢的政黨，對於其支持民眾所產生的教育作用，看似對於其支持選民的利益訴求之支持，並以行動表現其支持的力量，但實際上，可能產生的教育作用反而是讓其支持的選民看到了，原來，對自己有益的政策訴求，只能經由投票時的人數優勢來強行通過，而不是具有能夠說服朝野各政黨立法者的合理性與正當性。

支持立法程序中的多數黨之選民，看到自己所支持的政黨及所圈選的民意代表，對於不同意見和反對力量，是以多數暴力來使其屈服，這個時候，自己只能有意識或無意識地在多數暴力與和諧忍讓之間做選擇。而這種選擇，也將與自己在自己所遇到的立法場合中面對不同意見或反對力量的態度一致。這樣的影響作用，當然，少數黨對其支持選民，亦復如是。

立法者於立法過程中的所做所為，無論是否直接面向其選民，都會對支持或反對的選民，產生複雜、浮動與非線性的影響。而只要是人與人之間複雜、浮動而非線性的影響作用，就不可能用社會科學上的統計數據或實驗，去證成某種法則；即使在社會科學的學術園地裡證成了，也無法在立法的實務中，看到此作用確實發生的軌跡。因此，新的立法論所要論述者，並非立法者對其選民產生何等教育作用，而是立法者對於選民必然產生某種教育作用，但究竟這種教育作用對立法者本身受選民的支持度之維繫或提升，是否有益？又這種教育作用對於多數黨或少數黨獲取其政黨生存與發展，是否有利？以及這樣的教育作用對於立法者在一般民眾心中的可信任度之維護，是否有正面功能？這些問題沒有社會科學的研究成果能給予的正確答案；更不可有來自法學界或政治學界所給予的權威性答案或

最適答案，但這才是新的立法論該給予立法者與社會大眾最適切的內容。

立法與社會衝突之紓解

在立法的紓解社會衝突之功能上，這一點若對照當前臺灣的政治現實，可以說是最具有諷刺性的功能。因為，就我們臺灣民眾的一般認知而言，我國的立法院幾乎是社會的亂象之源，其豈有紓解社會衝突之功能？

從臺灣過去三十年來的立法院運作實況出發，來看待立法在社會衝突的紓解上之功能，當然難免產生悲觀主義，但其實，我們只要對於所謂的「社會衝突」，抱以較為深刻而務實的界定，我們便能夠理解，即使被視為社會亂源，立法部門仍是紓解社會衝突的最佳場域。

所謂之「社會衝突」，並不具有特定的內涵或形式，亦未能以特定人員之間的行為互動之作用予以界定；它是一種人與人之間互動的現象，但它產生之開始與結束之時點，都難以予以精確地界定。我們一般人都能從各種媒體與資訊傳播之管道，而感知其存在，並理解其存在之理由，但我們通常無法知悉是否已被平息？以及其所產生之問題是否已被解決？

「社會衝突」這個概念，即使其未有明確的定義，但是，人們卻都以負面之價值視之，除了少數的野心家、投機分子，可能會在私下的場合表示社會衝突對其自己實踐野心的益處之外，大概少有人會認為社會衝突具有正面的價值，或對其自身之生存與發展有利。

「社會衝突」之產生，必是因為社會上相關人之利益訴求與所抱持之價值觀有所紛歧或對立所至。然而，人與人之間的利益，必不一致；任何二人之間絕無可能抱持完全相同的價值觀。即使親如父子、母女、夫妻之間，亦難有一致之利益、相同的價值。但人與人之間，利益不一、價值不同，不一定會產生衝突，只有當利益不一、價值不同之程度，已經到達當事人彼此認定必須以攻擊對方，致對方財務、名譽、甚至身心健康受損之程度，才能達到實踐自己利益、維護自己價值之目的，才會產生衝突。而

「社會衝突」則是社會上不特定的多人之間，認定必須相互攻擊，致敵對的他人遭致各種損害，方可實踐自己目的之群體現象。

社會衝突既產生自人與人之間不可避免的利益與價值之不一致，則其實只要有人類群居生活之所在，便必有社會衝突之可能。但真正社會衝突之產生，並造成負面的破壞性作用，乃是因為參與衝突者認定必須敵對他方之人相當損害，自己的利益與價值才有維護之可能。也就是說，是「只有他方受損，才能自己獲益」的心態，才是社會衝突真正的起因。而這種心態之抑制或轉化，便是紓解社會衝突的唯一做法。

立法部門為社會制定各規範，其中最重要的，便是當人與人之間遇爭議時之解決方法之規範。通常，立法部門會制定各種相關處罰性規範，來抑制前述「只有他方受損，才能自己獲益」的心態，但是，對於如何將該心態予以轉化，甚至消弭，則通常較少透過立法制定規範，來予以著墨。其主要原因，是因為欲轉化這種心態，必須透過教育與引導。而立法者通常很容易地即能理解其重要性，卻並不容易知道如何將該心態予以轉化？而其進一步之原因，則是因為立法者通常並不知道轉化之方向為何？

欲轉化民眾「只有他方受損，才能自己獲益」的心態，從教育之角度來看，必須讓多數民眾理解「只有他方受損，才能自己獲益」，是一錯誤觀念，因為，人類群體生活的生命共同體中，在世界之資源有限，而人人之欲望無窮的天然矛盾之下，敵方之受損，必會要求填補，而敵方要求填補的欲求，必對與敵方為敵的自己有害。但是，這種觀念上的疏導，乃是在家庭和學校應進行的公民道德教育，對於世俗主義與功利主義當道的現代民主社會而言，政治體制中的決策者並不被要求必須負擔起公民道德教育之任務，立法者的立法職責，更不被認為具有公民道德教育之任務。

但是，其實立法過程本身，便是社會紓解其衝突的方法之一。當立法程序之運作，符合一定之條件時，則它本身便自然地承載了社會衝突的紓解功能。因為，立法程序可以透過法律之制定與政府資源之分配，讓「只

有他方受損，才能自己獲益」轉變成「他方並無受損，自己依法獲益」。

「他方無損，自己獲益」這是一種資源分配上的巧妙境界，這個境界也便是善治的境界。然而這個境界之實現，並不可能靠天縱英明的政治領袖之領導，也不可能在無作無為下由自然人性去完成。這個境界必須要在國家中有一群人負擔起巧妙的資源分配之工作，讓他方之無損，成為人民的權利；讓自己之獲益，成為民眾的福利。而這負起此一任務的這群人，於進行資源分配的過程中，必然承擔起人性中的各種私慾及偏見所產生的壓力。承擔這種壓力，便是承擔從事資源分配的政治工作所必須面臨的職業風險及名譽風險。而他們若無法承擔這些政治工作的風險，此一風險不可能因此消失，相反的，將轉嫁到其他領域。而這所謂的其他領域，當然就是不一定有二元對立結構存在、不一定具有「銀色托盤」功能的司法體系、行政機關、或民間的各種社會組織。而在這些領域中，透過成員間協商與利益交易，來構成資源分配上的巧妙政策，並不是其存在之主要目的，因此，轉化「只有他方受損，才能自己獲益」的心態，更不是其體制或組織之運作目標。於是，當社會衝突轉化而由司法體系、行政機關或社會組織來解決時，只會使原來的社會衝突擴大，或是轉化成另一種形式，而無法予以解決。

例如，當社會遇到嚴重傳染病之危害，而能有效防止傳染病產生重症而危及生命之疫苗嚴重不足時，這個時候，民眾為了自身之安危，必然會有疫苗爭奪之社會衝突。而在疫苗爭奪的社會衝突中，若由司法部門於爭議個案中進行裁判，對於正在衝突中的社會，並無直接而有效地撫平衝突之效果；若由負責執行疫苗分配的行政機關來設法解決衝突，則對衝突中的民眾而言，衝突產生之源即為行政機關分配上之不公，因此，由其解決社會衝突，便會遭致「球員兼裁判」之抨擊；若由社會組織的捐助或介入來試圖消弭社會衝突，則該社會組織本身於疫苗取得和分配上之利益，與其他社會組織間的矛盾，同樣可能引致另一種形式的社會衝突。因此，只

有立法部門透過制定分配疫苗之規範，並於制定過程中，讓必須衝突的各方利益團體或利害關係人，能各自得到其應有之利益，如此，傳染病期間疫苗爭奪的社會衝突，才有紓解的可能。

因此，立法過程中各方利害關係人折衝協調的過程，其實就是紓解社會衝突最重要的機制。社會衝突之紓解，必須衝突各方之利益能得到舒張、轉換，並進而得到滿足，而不是予以抑制或消除。而衝突各方利益之舒張與轉換，並使其得到滿足的過程，並不一定都具有高度的道德性或可公論性，相反的，相關人於過程中的言行，經常必須是欺詐與角力並行、強取與妥協並進。而一般輿論便以「黑箱決策」來其貼上負面之評價。

殊不知，便是因為立法機關所進行的「黑箱決策」，使其具有紓解社會衝突之功能，而不是某些具理想主義的政治家或思想家們所設想的，立法機關決策過程攤開在陽光下後，其所產生的陽光政治能帶來社會公民道德教育之作用。

陽光政治與社會衝突

近年來，我國政治實務界與學術界，對於「陽光政治」一詞的正面價值，幾乎已成為共同的信仰。無論朝野、不分黨派，一致認為「讓政治攤在陽光下」，便可以重拾民眾對政治的信任[6]。而這些朝野認定應攤在陽光下的事務，包括政治人物的財產、政治人物的私生活、政黨的財產、以及政治人物之間討價還價的過程等。

政治人物討價還價的過程，最大宗且最容易搬到鏡頭前的，當屬立法程序，於是，立法程序也成為我國陽光政治的迷信下最主要的祭品。從

---

[6] 例如：讓政治攤在陽光下，天下雜誌，2012/06/28，取自 https://www.cw.com.tw/article/5037196，最後瀏覽日：2021/07/19；李禮仲，2008，將「遊說」攤在陽光下檢驗，財團法人國家政策研究基金會，2008/09/19，取自 https://www.npf.org.tw/1/4699，最後瀏覽日：2021/07/19；《社論》將「遊說」攤在陽光下，人間福報，2008/08/12，取自 https://www.merit-times.com.tw /NewsPage.aspx?unid=93059，最後瀏覽日：2021/07/19。

2009 年 2 月 20 日起，我國立法院開始實施議事轉播，以立法院網際網路多媒體隨選視訊系統對全國民眾開放；2016 年 3 月 4 日立法院決議，立法院院會及各委員會之議事影音訊號，委託電視頻道業者公益無償進行轉播[7]。

　　立法院的議事程序，用直播方式讓全民都能夠從各種媒體上仔細地看到立法院內朝野立法委員的作為，我國的立法委員們紛紛以各種不切實際的評價，來盛讚其價值，有認為：「公開所有院會與委員會的運作，把國會還給人民，讓國會成為屬於人民的新國會」、「開放國會後，臺灣國會可以持續與人民更接近，讓人民更能夠監督的到」、「立法院能開放這樣的直播，對小黨來說是非常有幫助的事。在媒體曝光上，大黨總是比小黨有利，但如今可以以相對低成本的方式檢視每位委員的表現」。甚至還有立法委員認為「過去許多立委為了爭取曝光，在某些議案上為了炒作媒體新聞，在立院有激烈的表現，讓民眾普遍對於立院有打架鬧事、爭執辱罵的形象。如今，有穩定的曝光平台，可以讓這些委員之間競爭成本降低，大家更能專注在個人議事表現上」[8]。

　　我國朝野立法委員對於立法院議事對外直播，有如此之評價，我們不能評斷其對錯，從政治實務上的某種角度來看，這樣的評價，也代表了立法委員們誠實地對不公開時的立法實務，吐了心聲。但我們卻仍必須從理論的層次，尤其是立法部門的社會教育及紓解社會衝突之功能的角度，來審慎省思立法議事以媒體直播對外全面公開之功過。

　　學術上認定立法議事全面公開的益處，主要代表性之論述為：議事的直播，讓人民更了解立委是如何問政、如何開會的，關心公共政策的公民

---

[7] 有關立法院議事直播之發展歷程，詳參：國會小百科，營運理念：國會頻道建置與議事公開透明，國會頻道，取自 https://www.parliamentarytv.org.tw/philosophy.html，最後瀏覽日：2021/07/19。

[8] 立院將開放國會議事內容直播，4 月起，在家滑手機、看電視就可以監督國會立委在幹嘛！，報橘，2016/04/07，取自 https://buzzorange.com/2016/04/07/congresschannel/，最後瀏覽日：2021/07/19。

們，可以即時掌握立委的開會內容，而倡議特定議題的社運團體，針對議案的討論過程及不同黨派立委的立場，也會更加清楚」；「…因為每一場開會都有人民在觀看，立法委員或許就沒有必要再用一些負面、激烈的手段來問政，而如果委員們傾向用比較專業的問政方式來凸顯自己，整個立法院的問政品質也會因此而提升。如此，真正認真、理性問政的立委也不會因為媒體文化而被冷落」[9]。

歸納上述學理上之論述，吾人大約可將立法議事攤在陽光下之好處，簡化為如下之三段論命題：

一、民眾對議事過程愈能有全盤之解，便愈能了解立法權運作之方法與功能；

二、民眾愈能了解立法權運作之方法與功能，便愈有能力監督立法者；

三、立法者受民眾之監督愈強，其立法品質便愈好。

以上之三段論命題，就應然面而言，大部分生活在民主代議體制下的民眾大概都難以予批駁；但是就實然面而言，若認真地觀察事實、省視現象，可能便會很快地發現應然與實然之間的嚴重落差。而此嚴重落差，可以用以下四項連續邏輯之命題，來予以化約：

首先，你看了不代表你就懂了；

其次，你懂了不代表你會去做；

再者，你知道別人在做，不代表你會更好；

最後，你認為對某些人好的，不代表就對大家都好！

首先，「你看了不代表你就懂了」，吾人可名之為「陽光主義」的政治家、思想家們認為，社會大眾若能夠完整地觀看立法部門的議事之實

---

[9] 顧忠華、何嵩婷，2009，「議事直播系統」讓我們的國會更陽光、更透明，新世紀智庫論壇，第 45 期，取自 http://www.taiwanncf.org.tw/ttforum/45/45-28.pdf，最後瀏覽日：2021/07/19。

況，便能夠了解立法程序，懂得立法議事之運作專業，同時，也就能懂得立法者在立法程序中的言行種種，與自己的利害關係。

這種「陽光主義」的超理想性格不言而喻。因為一位盯著立法議事實況轉播的民眾，除非原本即具有關於立法程序的專業因為認知背景，否則，很難從連續幾個小時的注視議事轉播中，即能了解到立法議事相關的各種議事規範，更難深入地了解議事運作中所涉及的實質討論內涵。而依吾人的生活經驗，一般社會大眾也不太可能會長時間注視著立法議事的實況轉播，只為觀察某立法者的言行並做為自己日後選舉時的投票依據。

任何人若會長時間關注某段時間之立法議事轉播，必是因為其工作上之需要，而其工作必已有特定之訴求。例如遊說團體中之工作人員，為掌握其所欲推動及影響之法案的立法進度，便需緊盯著立法議事之實況轉播。無論是公部門或私部門之遊說團體，基於此種目的而觀看立法議事之實況轉播，其實，毫無任何化解社會衝突之功能，相反的，卻可能因為立法議事之實況轉播，而使遊說團體直接影響或干預立法程序之成本更為低廉。而當遊說團體直接影響或干預立法程序之成本愈來愈低廉，則立法者之立法決策，是更傾向於符合遊說團體之利益訴求，抑或是更能符合沈默的社會大眾之意見心聲？此一問題，亟需抱持「陽光主義」的政治家、思想家們深思。

其次，「你懂了也不代表你會去做」。雖然依日常生活經驗，一般人並不會長時間盯著電視或網路去收看立法議事之實況轉播，但吾人相信，必有關心立法、關切政治之人，確會收看立法議事之轉播，並從而加深對立法程序之認識。然而，此類之人，於關心與關切之餘，卻不一定能會因而去參與立法之程序；並且，此類之人，必是人群中之極少數，因此，其對立法之關心與關切，即使因而改變其立法者選舉上之投票取向，亦不一定能從而可決定立法者人選之勝出。

更有進者，「你知道別人在做，不代表你會更好」，就高度關心立法

實況之人而言，若於電視或網路之轉播中，看到了其他人於立法過程中的作為，並不因此保證，當自己有機會參與立法實務時，會更有能力以理性、平和之方法來實踐自己所欲之公共價值；相反的，長期從電視或網路轉播關注立法實況之人，更有可能受立法程序中，參與者較為激烈的言行所影響，尤其是當參與者的言行激烈，卻能成功主導議事、踐行其意志時，關注立法者可能從長期的關注中，反而學習到激進暴烈之言行，可能更有益於主導議事。於是，長期對立法議事實況之關注，可能反而塑造社會更多激進暴烈之言行。

最後，「你認為對某些人好的，不代表就對大家都好」，那些長期關心政治、關注立法之有志之士，或許因為電視與網際網路之實況轉播，而更加強了其欲以自己之力，來影響或干涉立法之意志，但是，正如前述，當其因長期用心地關注立法議事，因而學習了議事規則及主導議事之方法，日後，其若有機會擔任立法者，無論是於國家中央或地方政府之立法，或是於自己工作及生活領域之立法，其對議事規則之操作方法及主導議事進行技巧之熟悉，都確實可能使其較有能力於立法場域中踐行自己的意志、謀取自己的利益。然而，有此能力之人，卻不見得經常能透過妥善立法來化解社會衝突；相反的，她／他們卻有可能因為熟知立法、熟悉議事，而成為國家政治或私人政治中的亂源，因為，她／他們便最有可能以一人、一家、一派或一黨之私，而獨佔國家、社會或組織、群體之公器。

總之，論及立法部門對社會衝突之紓解功能，吾人必須謹記，立法部門決策過程中的黑箱作業本身，即具有紓解社會衝突之功能。因為，社會衝突之紓解，無法在有志之士以自己之意志而欲強加於他人之上而行之；更不能於特定人士或團隊以自己之私利而欲成國家社會之公益而為之。社會衝突之紓解，必須包容價值之多元性與分歧性；社會衝突之紓解，更必須使多元而分歧的價值，在平等的條件下獲得尊重。

傳統三權分立架構之憲政，其能於英美等國實踐長時間之政治穩定與

社會經濟、文化之發展，其最主要之實用性功能，即在於三權中之立法權，其運作之本務，即在透過難以被社會大眾所透視，卻又能得到與社會大眾之利益作形式上結合之立法者選舉，與半開放式之立法程序，來使可能危及社會整體和平與安全之社會衝突，於看似骯髒而吵雜的立法過程中，被解消於無形。

任何社會皆不可能沒有衝突；任何社會之衝突也不可能以完美無瑕的方法來解決；解決社會衝突，也通常必須付出某種形式之代價，例如未來可能的衝突，或現在其他形態的犧牲。立法者所從事的立法工作本身，在某種特質上，便必須為社會衝突之解決，而付出其代價，此一代價，便是民選立法者個人政治事業及名譽之風險。

民選立法者個人的政治事業與名譽上之風險，乃取決於選民的投票，以及民眾之觀感。然而，選民的投票取向，與民眾的普遍觀感，其二者之間卻不一定一致；在一個強調民選立法者應有服務民眾、協助民眾解決衝突之功能的世俗社會中，此二者更甚至經常是矛盾的。

一位民選立法者若欲善盡服務選民、協助選民解決衝突之職責，則於進行選民服務過程中，其必須爭取的，是該選民之利益；而其所應該考量的，則是該選民之觀感。然而，有所求於立法者協助之選民，通常是因其自身之利益，與公眾之利益或法律所規範之利益有所衝突，或處於曖昧不明之尷尬情境時。此時，忠於選民所託而介入此情境者，必要面對忠於選民負託與忠於民眾觀感之間的矛盾。

例如，於傳染病疫情嚴重期間，當政府所提供之疫苗不足，而選民注射疫苗以求自保之需求高漲時，選民透過立法委員之協助，向管控疫苗之行政單位要求提供更多疫苗，此間便產生了立法委員所認知的選民利益，與管控傳染病流行的行政單位所設定之公眾利益，二者間產生嚴重之衝突。在此衝突中，由各種不同的媒體管道所呈現出的所謂之「社會觀感」又設定了不同之公眾利益之內涵。此三種本質上具有不同內涵的公眾利益

之間的衝突，基本上，幾乎不可能由立法者從某單一面向之作為，而能夠予以調和，只有靠選民、所涉行政部門與所謂社會大眾三者之間的妥協與相互理解，才能夠調和其衝突。

而有特定利益訴求之選民、政府部門人員、以及所謂的社會大眾，此三者是否能相互理解與妥協？此問題所涉及者，即可能不僅是立法者與立法部門之功能，而是更高層次的政治領域之價值體系與文化之問題。

立法權與國家元首

所謂更高層次之政治領域，則可由國家元首及其所執掌之政治功能來代表。立法權之運作，與國家元首之關係，基本上乃是一國之中最高層次的政治事務，國家元首與立法部門人員間之互動，其所展現之價值體系，可以說即是一國之中政治價值的具體標準；而立法者與國家元首之間互動之各種風範或習慣，即表現出一國中最主要的政治文化之內涵。

國家元首，於一國政治事務中，扮演著「元首」之角色，而所謂之「元首」，乃大不同於事務上之「主管」，或任務上之「領導」之角色。為事務之主管者，管理事務之適當運作與正常維持，為其主要職責；而為任務上之領導者，則以領導團隊成員實踐任務目標為基本工作。但為元首者，則不是要主管國家政治事務之運作與維持，更不在要領導政府成員達成施政任務，而更是要做為國家存在之象徵與政治價值之體現。以一人之身軀為國家之比喻，則「元首」正是人之頭顱，其無法獨立實踐任何功能，但手足軀體卻因頭顱而具有維繫身體生存之功能。

國家元首對一國政治，扮演著人之頭顱之功能，但此功能如何正常運作，卻隨個人之差異，而大有不同。大部分的人之頭顱皆能控制手腳，但卻無法控制自己之肝膽腸胃；而有些人之頭顱，卻連自己之情緒與欲望，尚且無法自持，更難能控制自己之情緒與欲望後，進一步地掌自己之口舌與行為。國家元首對一國政治之功能與作用，亦是如此。

　　立法部門之決策，如同人體中頭顱所做之理智思考，其是否能有效地掌控全身神經網絡，以致於使自己的身體與意志得以靈通貫徹、協調一致，便決定了一人的身體是否健康並能適應內外環境之變化。

　　因此，就世界各國之政治實務而言，無論古今，其實國家元首與立法部門之關係，可以說是決定一國政治體制之型態，以及一個政治體質之良窳的決定因素。當今全球各國政治體制，基本上所區分之總統制、內閣制及混合制，即是取決於國家元首與立法部門人員互動之模式。

　　當國家元首以「總統」之身分及其所能支配之組織與人員與立法部門互動時，是為總統制；當國家元首透過任命立法部門人員為「內閣」而參與立法部門之工作時，則為內閣制；而國家元首既以「總統」之身分及其所能支配之組織與人員與立法部門互動，同時又任命立法部門人員為「內閣」而參與立法部門之工作時，則為混合制。

　　臺灣向來為總統制國家，因為，無論是動員戡亂的一黨威權時期，或是動員戡亂廢止乃至修憲後之民主時期，無論國家元首之產生方式如何，向來其都是以「總統」之身分領導指揮其所能支配之組織與人員與立法部門互動。

　　國家元首個人，於掌握國家公器，享受榮華富貴之時，便不會再自行執行具有高度技術性的立法工作，而是將立法工作委由他人來執行。這個時候，國家元首與其所委任來實際執行立法權之人的關係，便成為一國政治中最為重要且神秘的關係。而這一層重要且神秘的關係，決定了一國政治之運作，是基於公理，抑或是基於自利。

　　若一個國家或一個團體，其內部有相當之共識，認為立法權之行使應基於公理，或立法權行使之結果，應能使公理得以實現，則其有國家元首與立法者之關係，必然也是基於公理之關係；反之，亦然。但究竟國家元首與立法者之間的關係，應如何設計或安排，才能符合公理或實現公理，則尚難有定論。但一般而言，我們在一般人與人之間日常的相處中可以理

解，若是無法相互尊重、無法平等對待、無法合作共利的關係，必難稱之為符合公理，因此，我們可以肯定地說，若國家元首與立法者之間，不具有應相互尊重、平等對待、合作共利之關係，則此關係下所運作之政治體制，便難有符合公理與實現公理之可能。

在我國，國家元首與立法者之關係，乃訂定在「憲法」增修條文第 4 條第三款之中。依本條款規定，立法院與總統之間的關係，只有聽取報告權。這個權力所代表的，就總統制的原始模型美國來看，是立法權與行政權完全的分立。而這種國情報告，也是從軍事報告中延伸出來，總之，立法部門聽取國情報告後，便可自行決定國家之重要決策，這是權力分立制之表現。但是在總統制的原型下，總統提出諮文時，會指出未來一年的施政重點，並依據此一施政重點而提出年度預算書。但在我國，總統只提出國情報告，此份國情報告與行政院年度施政重點及預算似乎沒有直接關係，因此，我國的聽取報告權，容易流於形式。而法國「第五共和國憲法」第 18 條更規定，總統向國會提出之諮文勿須討論。

依我國增修條文第 2 條第五項，總統於立法院通過對行政院院長的不信任案後十日內，經諮詢立法院院長後，得宣告解散立法院。原憲法條文之覆議權，是必須由行政院院長提請總統以國家元首身分來為之。現今之規定則是由總統以國家元首及行政首長之雙重身分來解散立法院，只是必須諮詢立法院院長。此一諮詢是仿法國「第五共和國憲法」第 12 條，此表現出對於國家元首之強調，也就是授權國家元首依個人之政治智慧來執行化解國家憲政危機的任務，同時又希望讓這一份授權與信任，能夠在政治倫理之考量上，獲得合理性，因此規定了此種既無約束力，又表面上要表現出總統的從容與謹慎的規定。

對於總統的解散立法院權，又設了一些必要規定，以防止總統的獨裁，那就是上述同條後段：緊急命令生效期間不得散立法院；以及解散了立法院後，應於六十日內選舉新立法委員，並於選舉結果確認後十日內自

行集會。

又依我國「憲法」增修條文第 4 條第七項，立法院對於總統、副總統犯內亂、外患罪者，具有彈劾權。此項彈劾權，其實便是立法院起訴總統、副總統之權。彈劾權（impeachment）始於英國，在責任政府尚未確立的時代，議會如欲對國王的親信予以制裁，彈劾是最有效的辦法，但責任政治確立後，此一制度便無意義了，英國自 1805 年便未再出現彈劾。因此，彈劾案可以說是一種政治鬥爭演變出來的制度。這種政治上的人事鬥爭所演變來的制度，若欲使其符合現代法制國家的法理原則，便需在其基礎上，增加司法判決制度的精神。依當代一般司法制度，對一般國民犯有內亂、外患者之起訴權，在行政院下之法務部，亦即為檢察官起訴，而後由法院判決。然而總統、副總統對於檢察官而言，依總統制之現實，乃是上下直屬關係，因此若由代表行政部門之檢察官來行使起訴權，便不符合利益迴避法則，因此，我國現行憲法參酌美國憲制，規定對總統、副總統彈劾案之提出，必須有三分之二以上立法委員之同意，以及提出後必須交由國家更高的權力代表機關－在美國是參議院、在我國則由司法院大法官審理憲法法庭裁決；同時，憲法法庭在進行裁決時，應遵循司法程序之精神，例如交叉辯論、可請專業訴訟代理人、以及講求證據法則等。

國家元首與立法部門，在一國之政治中，各自扮演著不同的角色，其二者之間的交互作為，主導了國家重大政務之價值取向。當他們二者能夠透過彼此之相互監督與輔助，使各自應負政治責任從而得以承擔，則一國政治即有清明大治之可能；相反的，若他們兩者利用制度上的安排，各自掌握公器之權卻推諉塞責，將自己應承擔之責任推卸予對方，那麼，國家政治之功能，即不再是治理群眾、推助公益，而是利益傾軋、爭權奪利。

而對於一般民眾而言，國家政治在推助公益上之功能上不彰，其實其害並非甚大，因為，所謂之「公共利益」經常只是政治權力之擁有者所認定之利益，而非真正有利於民眾個人之利益。對於民眾而言，正如本書於

緒論所揭「憲政法學」之核心價值，能夠於社會活動上不受政治力之壓迫，亦不懼於社會惡霸之侵襲，乃是生活於現代世俗社會之根本利益。政治上即使有再多美好的公共利益之創造與加諸，但民眾卻仍必須屈從於政治力之指使，更可能要有懼於社會上各種強暴勢力之侵襲，則那些於政治上所創造的公益，便不過是口號與迷思而已。

　　國家元首個人，對於自由、開放與法治社會所持之態度，會經由各種權力運作之管道，直接或間接地影響立法部門人員，以及一般市民大眾。而當立法者出自選舉，而選舉必須仰賴政黨之支持時，若國家元首對政黨之運作，依其職權或地位而能直接或間接地產生實質之影響時，則國家元首便可以透過黨政治之實務運作，而操控或干涉立法。在總統制與混合制之國家，國家元首之政策取捨，對於立法之走向，便具有決定性之力量。

　　而在網際網路高度發達，資訊傳播極度快速而廉價的今天，國家元首之影響力，更隨著網路世界的浮誇發展，而發泡般之膨脹。這種發泡般之影響力膨脹，並不一定源自國家元首個人的意志，經常是各種行動者、關切者、倡議者…為自己的意見與利益，而託藉於國家元首之行為與語言，來使自己訴求得到更強的支持或更多的認同。

　　因此，在今天這個由網際網路、社交媒體與流行病疫情多重構成的後憲政時期，國家元首扮演的角色，比三權分立憲政時期，更具社會風氣之塑造的指標性與引領性。而更重要的是，國家元首與立法部門人員之間的互動，更是塑造社會大眾對於政治事務的價值觀的關鍵媒介。國家元首與立法者皆能理解於此，並為此而自律、負責，便是能夠表現其對國家社會有所實質貢獻的最好成績單。

立法權與國家日常行政

　　國家日常行政，具體實踐國家政治事務之應有功能，而國家政治事務之應有功能為何？則是古今中外、歷朝歷代的政治實務家和思想家們不斷

去探索與翻新的問題。對於一般黎民百姓而言,國家政治事務之功能,當然就在於協助民眾解決其自身無法解決的社會生活之諸多問題。這種從黎民百姓的實際需求,而非政治家的野心、思想家的願想而發的政治之功能性界定,其實,才能真正兼顧現實與理想之政治之界定。

基於以上對政治事務功能之界定,立法權與行政權之互動關係,便具有較為明確之價值判斷之辨識指標。立法權之功能,在於界定哪些事務,是民眾自己無法解決問題之公共事務?並決定在這些事務上,行政部門應如何施展其功能?而行政部門,則依立法部門之界定與授權,來施展其功能、運用其權力。

法國政治學大家杜佛傑(Maurice Duverger, 1917-2014)曾指出,國會最早的功能,是議決國家的預算和稅收。而其實,稅收與預算其目的,便在於集取民眾之財產並將其運用在民眾自身無法處理之公共事務上。而稅收與預算之決策權,能從行政權中分離,而由立法部門來行使,則是近現代國家政治的主要特徵。

1215 年英國的「大憲章」(Grand Charter)規定非經大會議的同意,不得增加新稅,這是立法部門掌握國家稅收及預算權的始源,其標示著近現代憲政主義國家與傳統國家之主要差別。因為在傳統國家,行政權之主要功能與權力基礎,即在於在所能控制的領土內行使徵稅權。例如,Robert G. Wesson 便曾指出:「建立帝國的目標和功用,從一開始便是基於財政的考量,也就是說,可以獲得供劫掠並進而可供徵稅的土地。」[10]

而近現代憲法主義國家,則將預算權、稅收權與行政權予以分離,這與資本主義國家之需求有關。因為在資本主義國家中,掌握政治權力的資產階級對於國家最重要的需求,便是其財產權的保障;而財產權的保障,則除了免除他人不當的侵犯外,更重要的是免除國家政權不當的侵犯。於

---

[10] Robert G. Wesson. 1976. *The Imperial Order*. Berkeley: University of California Press. p. 248.

是徵稅權及所延伸出來的預算權由民選立法部門來執行，可以說是保護資產階級財產不受國家政權侵犯之制度性保證，而這種制度性保證之有效運行，便是近現代國家與傳統國家在體質上最大的差異。如果此一對人民財產權之制度性保障，無法有效地運作，則其國家無論科技或經濟水準如何發達，其政治之功能與性質，皆與傳統的，甚至是原始的國家或城邦政治無異。

國家日常行政上的預算權，除由立法部門來掌控外，更重要的是立法部門也不得成為國家侵犯人民財產權的幫凶。因此，我國「憲法」第 70 條有立法院不得為增加支出之提議的規定；而早在 1713 年，英國下議院即通過一項決議，禁止國會議員建議任何會增加或減少國家財政之提案；而法國「第五共和國憲法」第 40 條則規定：「國會議員所提法案及修正案，若足以減少公共財務收入或創設或增加公共財務支出者，不予接受。」

立法部門透過上述在國家財政上的自律，來建立其威信，而能對行政部門的日常事務，進行有效的監督與制衡。立法部門對於行政機關的日常行政之制衡作用，乃是在議會裡的日常辯論與質詢程序中。英美學者認為，國會議員利用辯論與質詢等公開的形式場合，對政府施政提出建言與批評，對於三權分立上國會政府之控制，甚有貢獻[11]。

此外，就立法權對國家日常行政所產生的作用而言，另有一項是行政機關首長之養成，在內閣制的國家中，都是在國會之中；而在總統制國家或混合制國家，則亦有許多行政首長出身自立法部門。也就是說，在近現代憲政體制下，由於立法權的最高性與重要性，使得立法部門也成為政治人才的訓練所；在英國與德國，其政治人才即主要皆出自於國會[12]。

---

[11] Crick, Bernard. 1970. Parliament in British Political System. in: Allan Kornberg and Lloyd Musolf eds. *Legislatures in Developmental Perspective*. Durham, North Carolina: Duke University Press. pp. 129-178.

[12] Frankland, E. Gene. 1977. Parliamentary Career Achievement in Britain and West Germany: A Comparative Analysis. in: *Legislative Studies Quarterly* 2. pp. 137-154.

在行政部門服務之政治人才出自立法部門，對於立法權行使之品質，有其正面，亦有其負面作用。其正面之作用，在於行政部門之政務人員，若有立法工作之經驗，其能夠知道如何將民眾之需求，透過立法工作，以及後續之行政配合來予以實現；而行政部門的政務人員對於透過立法程序來處理民眾所需之政治性專業，對於行政部門之運作而言，是否必然有其益處，則端視社會大眾如何看待政府應有之功能，以及社會大眾如何理解政府日常政務與自身利益之關係。

若社會大眾認定政府對自己的生活福祉和價值情緒，負有全盤的責任；同時，社會大眾多數無法亦不願去分辨政府應有之功能，以及自己應負之責任之界限，這個時候，具有立法經驗的行政部門政務首長，便很可能基於其民意代表之出身，以及立法者工作之經驗，而在其後來所負責的行政工作之政策選擇上，同樣採取對民眾之生活福祉無限制介入與照顧之立場，於是，曾有擔任民意代表之立法者經驗的行政政務首長，多傾向於將其所能行使之行政權予以無限制之擴張，而此種傾向反而可能造成議會政治下之民主政府，其行政權同樣亦有可能對民眾之生活有過度干涉之問題。

立法權與司法裁判

當議會政治下之民主政府，對民眾之生活有過度干預的情況時，司法權之運作是唯一能夠協助民眾抵禦立法權與行政權無限制擴張之制度性工具。

然而，司法權之運作有其條件，也就是民眾於某爭議中，必須依法律之規定成為司法裁判中法院所接受的適格之當事人，而此界定民眾於爭議中能否成為法院所接受之適格當事人，則為立法權行使之結果。因此，立法權與司法權最重要的關係，在於只有透過立法權的適當運作，才能使法院適時適所地為民眾打開它的大門。

　　近現代國家司法裁判制度之核心，乃是法院；而法院是由立法權所組織與設計，而不是由行政權為之，這是近現代國家之第三項特徵。我國「憲法」第 82 條所定司法院及各級法院之組織由立法院定之，即表現出此一意義。此外，「憲法」第 81 條有關法官之身分保障，以及增修條文第 5 條第六項有關司法院之預算，皆有立法權得以干涉，並且也唯有立法權得以干涉，便都表現出此一意義。

　　司法體系做為一種國家機關內之權力機構，其規範性意義在於實踐正義，裁決爭端，但是究其起源與實質而言，仍是一種政治力的運作。司法裁判權就其始源而言，必然是行政權之一部分。法院的角色，與多數統治之間的對立關係，向來是三權分立憲政中非常重要的治理問題。直接民主容易傷害個人的人權，而司法權的運作功能，正在於保障個人人權。因此，法院在直接民主流行的今天，可以扮演某種在多數與少數利益之間，調合與疏緩的角色。但是，司法的積極主義，也會被強調直接民主的論者認為，其無力對民眾的激情進行過濾，並且，法院也常被人利用，來傷害相關團體或族群的利益。

　　立法權與司法裁決之關係，於近現代憲政國家中最重要的特徵，乃是立法者於其身分或職務，而對司法權享有豁免權。例如，我國「憲法」第 73 條所規定之言論免責權，其實質之意義，即在於立法委員之言論，在任何情況下，皆不受司法權以任何形式之約束。但立法委員之言論，在其與社會、人民等其他之關係上，則不具有免責權的，甚至於其責任還高於其他人。然而言論免責權，應該只相對於行政權與司法權而言，或更廣泛地說，是相對於國家中對人民之生命、自由、財產有剝奪權之權力而言。而從此一觀點來看，近現代國家只有透過正當法律程序－也就是行政權的逮捕、拘禁和起訴，以及司法權的裁決－才能夠剝奪人民之生命、自由、財產，而言論免責權之意義，即在於立法委員不因其言論，而使其生命、自由或財產可能遭受國家權力侵害。因此，而有我國「憲法」第 73 條及增修

條文第 4 條第八項之規定。

近現代憲政國家立法權之特質

從以上立法權與國家日常行政及司法權之關係來看，現代西方民主代議憲政體制下，立法權相較於行政權與司法權而言，就政府職能中的制定法律一項，其具有至高性。

英國國會有所謂的「除了不能使男變女、女變男外，無所不能」。這一點表現出國會的至高性。也就是國會擁有通過、改變、或無需受到法院或其他任何機關限制，就可以廢止法律的權力。無論憲政體制如何設計，立法權具有至高性，其實與近現代社會中的法治主義（legalism）有關。因為，在近現代國家中，由於資本主義的興起，以及各種理性化的發展，而使法律成為解決社會問題的最重要工具，同時也成為人與人之間的關係中最重要的依據，而使道德、風俗等其他形式之規範，其地位相形失色。

仿效德國二次大戰戰前「威瑪共和國憲法」的我國憲法條文，便明白地寫出了立法權的至高性之地位。我國「憲法」第 62 條明文：「立法院為國家最高立法機關，由人民選舉之立法委員組織之，代表人民行使立法權。」第 63 條又規定：「立法院有議決法律案、預算案、戒嚴案、大赦案、宣戰案、媾和案、條約案及國家其他重要事項之權。」

而經過六次修憲之後，原為國民大會和監察院的多項重要職權，諸如總統、副總統罷免權、彈劾權、人事同意權及領土變更之提案權等更都移轉由立法院行使，使立法院做為國家國會的職權更加充實健全，而成為名符其實的民主國家的國會。從以上憲法及增修條文的規定，即可以很清楚地了解，立法院無論其運作的現實如何，在政府職能之運行上，它就是一個代表民意，進行國家決策，與人民關係最直接最密切的「最高」機關。

而立法權的至高性，是由近現代政治思想中的「主權至上」原理所延展而來。所謂「主權至上」，即是相對於主權之外，沒有一個更大、更

高,可掌握人民權利、思想的其他機關。在中古時期,宗教信仰為掌握人民思想、價值、倫理及一切生活方式的最高機關;而近現代國家即反對此一觀念,而認為掌握人民生命、自由與財產的最高立法機關,應是以人民願意放棄主權並以契約方式將主權予民選立法者來行使。

霍布斯(Thomas Hobbes)的「契約論」更認為自然狀態是充滿著暴力、沒有正義公理、人與人之間充滿敵意,而政治的發展便是要使人們能夠免於回到自然狀態。於是在人與人之間簽訂契約後,大家將權力交付給一位最高的主權者,讓這位最高主權者產生後,施展其權力來維護社會秩序;而當人們將原本自己所擁有的權力透過訂定契約,讓與給最高的主權者之後,便不得退出,退出者將被視為是與所有參與訂約的人為敵。

在中古時期的英國,「主權者」是由國王所代理,國王又透過英國國會來發佈人民所交付的權力;換言之,人民藉由契約之訂定,一致決定將自己的自然權力交付於國會,由其制定管理人民之規範,並且是唯一的、最高的機關,而非不是人民所同意的教會,此即是「國會至上」的原理;英國學者洛克、法國的盧梭亦有相同之想法。

我國「憲法」第 63 條規定:「立法院有議決法律案、預算案、戒嚴案、大赦案、宣戰案、媾和案、條約案及其他重要事項之權。」其除以列舉授權外,就其他重要事項之權,乃採概括授權方式,使立法院立法權限無所限制。國家公共政策最高的決策機關是立法部門,此為立法的最高性。亦即,在現代的憲政國家裡,最重大的公共政策都是由立法部門在決策。而由我國「憲法」第 63 條:「立法院有議決法律案、預算案、戒嚴案、大赦案、宣戰案、媾和案、條約案及國家其他重要事項之權。」可知此些事項就是所謂的重要事項。一個國家的領土裡有許多不同公共政策,而其中哪些事項是重要的?該如何界定?是由憲法來界定。然而憲法的界定通常都僅為一種空泛的界定,具體落實的界定仍需交由立法院來界定、由立法權來決策,由此表現出立法權的至高性。

　　立法院的至高性亦表現在其所具有的普遍性。立法院所制定之決策、決議普遍地適用在該國家裡的每一吋土地、每一個人，且再也沒有其他的部門可以享有這樣的權力。因為如果有另外的部門也享有這樣的權力，那將成為一個重大的憲政問題，即可能會產生領土分裂、國家組織、主權分裂或定位的問題。

　　政治人物為討好選民而經常提出的政治口號中，常出現所謂的「住民自治」的概念[13]。若要真實地實踐此一概念，則便是要讓國家的立法權之運作，不及於某特定地區之住民，而是由該地區之住民自行運作其立法權。而這樣的概念，其實，本質上是要根本性地挑戰一個國家主權的完整性，以及這個國家根本的組成型態之憲政結構。因為，在一個國家裡，若容易讓某項事務，或某些地區，或某種族群，也享有立法權之時，便會進一步地產生不同的立法機關所制定的法律之間之衝突問題。

後憲政之立法權

　　以三權分立制衡之憲政法學的視角來看，如果司法部門長期以來，對於某種法律訴訟案件是以特定的價值體系來做判斷，例如過去我國法院長期以來皆採「父權推定」原則，即親權的行使，原則上由父親所優先享有與負擔，而這是由司法部門於長時間的判決累積而成的判例所形成之規範。然而立法部門如果認為這樣的規範並不適當，則可經由立法程序之運作，來予以改變；同樣的，若行政部門經由對於某一行政法規的適用與執行，長期下來形成一種「行政造法」的現象，即因某一行政法規授予行政機關裁量權，而行政機關因行使裁量權，長期下來而形成了某種規範，此

---

[13] 例如臺灣陳水扁總統於 1999 年 9 月 10 日競選總統期間，曾於蘭嶼和原住民代表簽署的協訂；他當選後，並曾於 2002 年 10 月 19 日，以總統身分再度邀集原住民族代表，再一次此肯認此協定，同時也首度宣稱原住民族與國家關係應該是一種「準國與國」 或「國中之國」的關係。

一規範若立法權覺得不適當，立法機關亦可透過法律的制定或修正來變更「行政造法」下現存既有的規範效力，此即三權分立憲政法學下，所強調的權力制衡之核心內涵。

然而，就此點來說，目前臺灣輿論存在一種對三權分立體制之精神嚴重錯誤的認知，而此嚴重的錯誤認知，也就導致本書所稱之「後憲政現象」，此「後憲政現象」便是三權依然分立，但卻失去其相互制衡之功能，而因為三權之分立卻不制衡，於是導致三權之各自膨脹與濫權。

例如，當法院對於某一類型的案件或個案所形成的規範或判決，此時若立法院經由某些立法權的運作來改變這樣的規範效力，會被認為侵犯司法權。甚至於曾經立法院想要透過法院組織法的修正或是透過法律的制定來創設一個具有司法性質的機關，也曾經被大法官會議或是輿論認為違憲、侵犯司法權。其實若就立法權的最高性來說，亦即就立法院對於預算案、法律案享有最高立法權來說的話，其實這並不是侵犯司法權，而只是立法權至高性的表現而已。但是輿論長期以來，對此皆有些誤解，其中最有名的例子就是 319 槍擊案真調會條例，也就是立法院經由立法權的運作來創設一個具有準司法權的機關，其實這並不是侵犯司法權，而是行使立法權最高性的表現。

吾人就三權分立憲政之精神，所必須正確認識的，是所謂侵犯司法權，乃是對司法權運作的核心有所侵犯，而就司法權運作的核心精神而言，是對具體個案做法律的適用以及對法律的爭議、疑義做判決。也就是司法權行使之對象，重點在於針對「具體個案」。既然司法權運作的核心，在於針對具體爭議個案，依據法律進行裁判，因此，只有當立法機關以議決的方式，來對於某一個已經發生並已由法院審理的具體個案，欲加以決定或影響其判決時，這時，才有侵犯司法權之問題。

例如，若法院裁判准許某甲與某乙離婚，立法院此時卻立法否定該法院裁判准許離婚的效力，始可謂為侵犯司法權；但是相對而言，如果並非

是面對具體個案，而是因為法院過於輕易判決准許兩造離婚而造成社會亂象，因而立法院認為法院不應輕易即判准離婚，此時即非係面對具體個案，立法院即可透過立法權的運作來要求法官不可以為如此草率的判決，如此一來即無所謂侵犯司法權可言，而是體現三權分立體制的核心精神。

　　然而對臺灣而言，如就此點來說，有個很荒謬的現象就是臺灣的大法官會議是就憲法、法律的解釋針對通案進行立法，例如剛剛所說的 319 真調會、或是換身分證是否要按指紋。針對換身分證是否要按指紋，大法官解釋認定違憲，這點甚為荒謬，因為這不是具體個案，全中華民國尚未有人因為這樣按指紋而遭受權利的侵犯，或是因此產生了司法訴訟，而是立法部門對於行政部門某些行政決策認為不適當而已，結果大法官會議解釋就解釋成違憲。不過這在我國是無法避免的現象，因為建基於我國民眾的法律觀之憲政體制，造就了我國此等司法權與立法權糾葛曖昧的現象。

　　在美國的聯邦法院或是各州的最高法院，是就個案進行審判，最高法院有了判決先例後，嗣各審法官遇見相同個案時，也都可能依據最高法院的判決先例來進行審判，以致形成該法律有違憲的可能，而非由聯邦法院或是各州最高法院來認定該法律是對或錯，最高法院只是在個案中認定能否適用這個法律而已，法律本身還是有效的。又如果說法律本身是有效的，但是聯邦法院卻不想適用它，於是如果其他的人適用了這個法律，遇見爭議到法院訴訟時，法官即依據這個法律來審判，這就形成了一種經由司法體系做法律的修正，而不是經由立法的程序來修正法律。同樣地，在德國也是依據個案來適用法律。

　　我國是可以透過立法中的部分委員之聯署，而將一個案子送去給大法官做解釋，但卻還未有爭議個案，也就是說還沒有訴訟當事人，沒有訴訟當事人的權利具體且有因果關係地受到侵害，此時大法官會議便逕行司法判決，造成了對立法權的最高性的一種侵犯。於此即應了解的是，司法判決必須針對個案，而所謂個案就是有雙方當事人、當事人的法益受到侵犯

及審判後當事人的權益能得到救濟，這樣才叫做個案。立法權最高性的運作，並不是基於具體個案而為判決，而是對於國家法律的通案而為價值的設定。所以可知我國對於立法權與司法權仍有相當多的混淆。

近現代憲政民主國家的立法權之第三項特質，也是其最有別於其他時代政體的立法權之特質，乃是「民選性」。

所謂的民選性，是指掌握立法權的立法委員，是從人民所選出，並且是由人民所選出。「從人民中選出」、「由人民所選出」以及表示以一般人民皆有擔任立法委員候選人之資格，且一般人皆有投票權為原則；而對候選人及投票人的資格有所限制為例外。這種性質表示對於立法委員的個人因素而言，並不重視其本身的素質問題，例如是否具有專業、是否具備良知良能、是否具有民主素養、以及是否具有政治能力等。而所重視的只是他／她必須是人民所選出來的。

以上近現代立法權的三大特質，使「民主代議」制，成為人類政治史上關於立法權之運作最為獨特，卻也於後憲政時期引發出最多屬於它自己本身的問題。

民主代議制

在一個自由的國度裡，理想上每一個人都應該擁有自己的統治者，來統治自己。因此，理想上，立法權應該由代表人民利益的機構來執行。但是這在幅員廣大、人口眾多的國家中，很難實現；在小國也同樣會產生諸多不便。因為人民的利益訴求要全盤地轉換為民意代表的利益訴求，其本來即有其現實上的困難。例如，生活在某城市裡的居民，當然較來自其他地方的人，更了解該城市多數人的利益與需求；同時也更有能力來對其居民彼此之間的糾紛進行判斷。因此，其立法的代表，便應從其居民中選出，而不是從全國的其他地方民眾中選出。

民主代議的優點，是代議士在討論公共事務議題上可能有較為專注的

能力，而這是由全體居民集合起來，所謂人多嘴雜時討論公共議題所做不到的。

民意代表並不需要在每件公共事務上，都等到其選民給他明確的指示後，才行使其權利。但若所有的居民都有權力選擇其代表，其便有機會能使民意代表在某種程度上，依選民的利益來使行立法權，或至少使其不致於完全背離選民的利益。

在歷史上，東西方皆存在過共和政體，也就是政治權力係由一群人所共用，而非一個人所獨佔。但是，大部分古老的共和國政體之共同問題，都在於人民都需要有人為其解決爭端，同時人民也都需要有執法者為其伸張正義，但是人民卻無法自己選擇自己的代表，來為其解決爭端及伸張正義。如今，現代民主國家的政體，多是代議民主；人民投票選出他們的代表，這些代表們負責討論與制定法律。代議制對人民而言，因為必須定期改選，因此代議士是必須為其選民負責。但這樣的憲政設計建立在一種憲政的基礎上，那就是法律並非是由人民直接進行制定或修改的，而是由民意代表負責制定與修改。

這樣的代議立法之憲政設計，這究竟是不是一個有智慧的設計？如果這是一個有智慧的憲政安排，那公民在立法上的創制複決權，是否還有存在的必要？又誰才有適當的資格，被選舉為立法者？如何予以選出？以及立法的適當功能為何？對這些問題的回答，需要完整的代議理論。而此代議理論，並不能只是描述性的，因為，法律的正當性在相當的程度上，有賴於社會大眾的信任；若人民對於選舉是冷漠而不信任的，也會危及民眾與代議者之間的關係。由於以上之問題，於是便產生了至少三種代議理論，但每一種代議理論，都無可避免地在現實中陷入某種緊張問題，例如，民意代表究竟應為選民的主觀偏好而努力，抑或是為社會的客觀需要而奮鬥？或進一步地說，就是究竟立法委員應為選民服務，或為其個人良知服務？

　　傳統上對於立法委員究竟應該忠於選民，還是忠於良心的討論，自十七世紀以來，便在民主政治理論中產生兩種對立的代議制理論－即「代表說」（delegate）與「信託說」（trustee）下的討論探討代議政治的兩種矛盾而對立的概念：「信託說」（trustee）及「代表說」（delegate），以及此二者所產生不同的政策偏見和利益衝突：

代表說

　　「代表說」又稱「反映說」，其乃若干古典民主理論家如法國盧梭（Jean-Jacques Roussear, 1712-1778），其認為民主國家的議會，不應主動創制政策，而只應忠實地反應社會的民意，由如一面良好的鏡子（故有人稱其為鏡子說）。此理論亦與 James Mill 的政治思想緊密結合，其認定代議士乃是選民的替代物，代議士代替民眾在國會議堂上管理眾人之事。因此代表制關注選民和民意代表之間較為褊狹的特定關係。而民意代表受選民所付託之職責義務，乃為至高無上。受選民付託以促進選民利益的重要性，甚至高過促進公共政策品質的重要性。也就是說議員的職責，在於保障並促進其選區選民的利益，議員所有負於選民者，乃在嚴格地服膺選民的偏好。

　　在這種理論下，某位民意代表若能在歷次選舉中持續獲得選民的支持，其條件並不在於其智慧與領導才幹，而在於具有圖利及保障選民之所欲的能力。基於此理論，選舉只是一種特定而有限的權力轉移，民意代表因此負有根據其選民的利益和偏好，而行使立法職權的道德義務。由此觀點視之，代表說理論意涵著立法委員的忠貞對象必須是選民。

信託說

　　相對於以上的代表性概念，信託說則意指一位民意代表，應基於個人獨立的判斷，不受褊狹利益所左右，而行使其立法職權。「信託說」理論

則承紹柏克（Edmund Burke, 1729-1795）的政治思想，其認為民意代表有責任維繫社會的制度性價值，並以此保障選民的個人權利。他認為選民之願望必須受到尊重，其意見必須獲得重視，國會議員必須全力以赴、毫無懈怠地處理其事務。但是，國會議員卻不能為選民或其他任何人、任何團體，而犧牲其個人所秉持的公正理念、穩健決斷和開明良知。

根據這種理論，人民的立法權乃完全信託予所選出的國會議員，因此透過選舉過程而將選民所擁有的政治權力，轉移至其代表手中。是以在信託制概念下的民意代表，其立法作為乃由其個人的政治目標或理念，也就是柏克所說的「公正理念、穩健判斷和開明良知」所指引，因此國會議員並不必然須認同於選民直接的個人欲求。由於立法委員的個人良知乃是其政治理念的本源，因此在信託說的理論下，任何良知與選民之間的衝突，都是偏向於忠於個人良知。據此觀點，民意代表幾乎握有毫無限制的選民之信託，得以根據自己對於選民及社會的最大利益之道德判斷，來從事其立法工作。因此民意代表受特定選民所託付的要求，其重要性便次於受普遍大眾所託之職責。在信託制下的議員，所應給予選民的，僅止於有智慧地塑造公共政策。

這兩種說法究竟孰是孰非，學者之間有頗多的爭議，但大多認為兩者皆不能完全概括民意代表的職責。以下，即分別檢視兩種理論的不足。

代表性不足

代表制下所產生的問題在於，選民的客觀需要為何？此基本問題終究仍需要民意代表自己來界定，因而此理論亦產生相當的曖昧。因為，每一個人自己才是其個人的利害是非之最佳判準。同時學者和從政者也都會懷疑，一位民意代表的私人利益與其選民利益之間，是否有清楚的界線？當今許多從事改革者和評議人士，便都對於代議制度的代表說，持懷疑的態度，並推定在公職人員的個人利益與公共利益有所衝突時，必然是個人利

益優先。值是之故,要求民意代表以純粹的代表說來行事並無可能。

　　一位立法委員並無法完全能夠了解到其多數選民的實際心聲,如果有可能,則充其量也不過只是部分民意,或是利益團體在街頭抗爭叫囂的聲音。因此沉默大眾的內心深處的利益訴求,並不是根據代表說理論,便能夠聆聽到的。所以有些學者便認為要求國會議員能敏銳地掌握其所承受的各種政治壓力,便已是最佳的解決之道,過分地要求國會議員認識其道德角色和義務,將造成反民主的印象。

信託關係之背離

　　信託制乃強調於民意代表個人的獨立判斷,那麼理論上一位立法委員在立法院中所從事的各項決策,便不會為壓力團體或部分民意的褊狹利益所左右。然而問題即在於:是否立法委員個人避免受褊狹利益訴求所脅誘,便較能夠確保其能為政府、為社會制定出較高品質的公共政策呢?在此,任何肯定的答案都是值得懷疑的。

　　即使受良好教育、具中產階級背景、持信託制觀念的民意代表,容易將其個人地位和階級的利益,與普遍大眾的利益相混淆,此便是反對這種信託制的概念,認為其無法代表整體選民的原因。就代表制的概念而言,「信託制」常成為反代議性政府的核心詞彙。正如法國思想家托克維爾所言:對國家福祉而言,政府必須由才德兼備之士來管理,其重要性乃是不容置疑的。然而更重要的是,其利益不能有別於最大社群的利益。因為如此,其德性將無所用之地;而其才能也將可能成為罪惡。

　　由於當今關懷國會改革之士,如學者、政府官員、立法委員本身,其多為中、上層階級人士,故心態上可能多較為偏好信託式的代議體制。然而選舉環境瞬息萬變,沒有任何一個族群能夠代表社會的最大多數,信託說觀念下的代議體制,將可能使低收入的人民對於政治參與裹足不前,因而實質上有礙於民主代議體制的發展。

　　以上兩種理論，都是將民主代議體制予以簡化及抽象化的模型，因此兩者都未能直接觸及立法論的重要問題。因為在現實中，每一位立法委員在立法院中的所作所為，都是同時基於信託說和代表說的觀念而行事而非二者擇一，而新立法論所關切的問題則是產生在立法委員實際的作為中。

　　其實，「信託／代表」之二分的觀念，在國會議員忖度其立法行為時，並未有相當大的影響力，自認是基於信託說的議員，其行為並未惶多異於代表者議員。而事實上，當根據此「代表制」及「信託制」之詞彙問及議員對本身角色的認知時，大部分議員都認為其間的區別，並無很大的實際意義。然而實際上觀察現今我國的政治生態和一般媒體輿論、學者意見和從政者的說詞，大多基於各種不同的理由，而認為民主代議制理論應傾向於代表說，亦即民意代表應為選民的客觀需要喉舌，而非其主觀偏好；並且吾人亦可毫不諱言地說，現今我國代議政治體制之運作，所呈現出的「兩票制」現象－即鈔票和選票－亦是許多從政人物潛在地以代表說為口實，而以訴諸於民意的方法，來逐行其漁利私人之圖。

　　然而一切以民意至上的觀念，類似於民粹主義的草根式民主，以及由此所產生的各種制度改革方案，是否能針對問題做出正確的解決？這一個問題的答案，仍是新立法論必須繼續探討的。

　　民主政治雖然是民治政治，但是民治只是一種象徵性的理想，不可能由成千上萬的人民來直接管理眾人之事，因此民主代議制的適當定義，應如傑弗遜所言：「政府乃基於人民的同意而治」，亦即人民有權同意其是否被統治，他們可以選擇政府，也可予以免職；他們可以贊同或不贊同其表現，但是他們不能管理政府，他們也不能在形式上加入立法工作。

　　同時民主代議制也只是一種機械性的概念，其必須包含選民、候選人、競選和可靠性等概念。最後，代議制也可能只是一種象徵、一種合法性的權威，因此可同時其適用「信託」及「代表」此兩種互不兩立的定義。吾人認為，無論是「代表說」或是「信託說」的代議體制，實質上都

無法避免私人利益與公共利益之間的衝突。民主代議體制原本便是公共與私人利益、代表說與信託說之間的融合。因此,任何務實的改革,都必考量其間的利害得失,並嘗試維繫其間審慎的平衡,而不能有所偏執。

後憲政之代議政治與直接民主

　　代議立法，無論從哪個角度來看，都滿是問題、處處缺點。這個時候，人們便會思考起：是什麼應該讓人民自己立法，不需要讓有私心的代議立法者來代勞？

　　究竟直接民主、直接立法是否可行？是否能夠取代代議立法，或至少彌補代議立法之缺陷？這個問題，長期以來都是世界各民主代議體制國家在政府決策體制的論辯議題上歷久彌新的辯題。但在具體討論直接立法的可行性之前，仍須根本地檢討，究竟代議民主或直接民主，何者較能給予國家提供良好的治理？

　　近現代歐美式的代議民主，由於其伴隨著成功的科學技術與資本主義的發展，在船堅炮利的威脅和物質利益之誘惑下，無論是基於自由主義論或共和論，都提供了代議立法體制向全球擴張的有力理由；而批判論者的深刻反省，又為代議立法提出許多修正意見，那些修正意見，使代議立法似乎更顯得能夠疏發民意、容納百川。但是，西式憲政體制下的代議立法，發展到了今天，實在面臨太多挑戰，是那些古典的憲政思想家或憲法的創作者所未曾經歷的。而今天與過去，最大的差別，就是網際網路幾乎能夠取代一切人與人之間過去所慣用的溝通管道。

　　在今天的網際網路世界上，每個人要表達自己意見，是多麼的簡單；表達意見所需的有形與無形成本，又是多麼的低廉。於是，對民意的品質總是抱著理想主義的思想家、政治家們便總是會用這樣的問題，向輿論界提出質問：直接民主是否是對民選代議體制進行監督與課責的適當方法呢？而這便更進一步地產生了這樣的問題：是不是有可能設計出一種能兼

具直接民主與代議民主的更好的立法制度呢？而探討此問題，自由主義論者與共和論者，同樣有著二元對立的見解。

自由主義論

自由主義論者認為公民乃是理性的行為人，他們只需要政府讓人民能夠好好合作，並且解決彼此的歧見即可。每個公民都是自動自發的人，他們期望能在法律的約束下，擁有相當大的自由來追求其自身的利益。因此，法律的正當性，乃在於其程序性的內涵。

在自由主義論中，法律應由民選的民意代表所制定；每個人民都擁有平等的權力來投票，以及組織利益團體，來將其利益訴求充分納入立法的過程之中；每個公民也都有義務遵守法律。每個公民若要尋求法律規範的任何變化，以有利於自己，則需透過正當的法律程序。

在如此自由主義的思維下，代議立法體制所追求的是選民的集體利益。立法是一個民意代表與選民之間協商與討論彼此不同利益，直到彼此的利益都能獲得滿足的過程。一旦經由一連串的協商與討價還價後，形成某種能為多數接受的共識，立法便能夠獲致結論。所以，法律的制定乃是民意代表的多數展現其利益與訴求的結果，而這樣的結果，也反映了選民的多數利益。

共和論

共和論則傾向於認定人民並不具有相當的自主性，而較受其生活周遭的人、事、物所影響。相反於自由主義者，共和論者認定人民的權利是由國家和法律所構成；民眾的利益，乃是在立法的過程中所形成的。法律不只是要保護民眾不受他人的暴力所侵犯，更要積極地創造民眾繁榮生活的機會。這種繁榮的生活，必須讓民眾能夠積極地參與立法過程。

共和論者認為，民眾有義務遵守法律，因為他們也有權力享受社會立

法所帶來的好處。因此，法律的正當性，不只是取決於其符合制定時的程序性規範，更在於其實質的內容。立法者的選民，不是一個個單一之個人，而是具有共同利益的群體社會；因此，共和論者認為，立法者的角色，是受民眾委託之人，而非只是選民的代表。

共和論與自由主義論在代議理論上的觀點，是南轅北轍的，自由主義論者認為代議制度所能實現的公共利益，是基於民眾的自利行為；而共和論者則認為代議制度要實現公共利益，須靠立法者於立法過程中的深思熟慮。

自由主義論與共和論，亦是立法論上傳統的二元對立結構之表現，在自由主義論與共和論的二元對立結構中，立法的形式程序，與立法的實質結果，在立法的實務中，具有同等的重要性，但卻經常彼此相互排斥與對立，並無任一方的價值體系，能成為立法實務現場的終極價值標準。

批判論

第三種代議理論則對於上述的自由主義論與共和論，皆有所批判。批判論者認為，民眾不但是不具有自主性的，而且他們即使參與了政治，也是受到政治結構的左右；代議制的運作，不但深受人民的盲從性所影響，也深植於各種歷史因素之中。

因此，批判理論對於代議制的運作，更關注於團體對代議立法之影響，而非個人或公民社群在代議體制中的理想或現實的。

在批判論者的觀點中，好的代議制應該能涵納各種不同的團體，例如因種族、工作、宗教等所產生的團體。主流族群，例如白種男人或漢族男人，無法真正地代表少數族群的利益。

對自由主義論者來說，公民投票是最直接而簡單的讓個人表現其利益訴求的管道；而受到多數所認可的法律，當然也就是最好地呈現出社會大眾的政治利益之表現。

但從共和論的角度來看，公民若能夠在法律的創制階段便直接參與，可以促進公民在立法議題上慎思明辨。然而，共和論者也理解，公民慎思明辨的道德素養要能夠直接進入立法決策過程，只有在一些小國寡民的政治實體中才能實現，例如古代的雅典和現代的瑞士等；在人口多、幅員大的國度中，直接民主是難以實現的，而這是許多憲法的起草者和政治思想家的共識。在大國之中，政治利益的匯集與立法過程中的深思熟慮，是非常困難的，尤其在面對許多困難而複雜的議題上，更是如此。在較大國家中，由於人民較多，較有可能選出較優秀的立法者，來代表公共利益；而這些優秀的民意代表，也較能夠有效地監督行政官員，並且彈劾他們的濫權或不當行為。

但是，到了今天，資訊交流與溝通互動因為網際網路而使其便利性大為提高，同時成本也大為降低，因此以上共和論觀點，便似乎很難再有強大的說服力。因為，我們似乎透過網路，可以很快地看到許多民眾的政治選擇，也可以很容易地看到民眾對於政府決策的回應態度，於是，直接民主便可能因人類溝通工具的不斷進化，而更容易實現其理想。

但是，在網路世界的直接民主下，多數壓抑少數、甚至侵犯少數的問題，似乎變成了少數族群自己的問題。因為，在直接民主之下，少數族群之地位與其政策訴求，淪落到尷尬而危險的境地。尷尬，是因為在直接民主中，少數族群也可以直接表達出其意見與訴求，因此，他們成為少數，經常被認為是因為其無法被多數所認同；或因其無法成功地融入多數之中；而危險，則是因為少數的意見無法被多數所接受，或少數無法融入多數，經常是因為其意見或價值觀，會被多數視為是不正常、不進步、不開化或不理性。而因為其不正常或不開化，於是當多數群體透過立法，要將少數族群的行為或思想予以正常化或理性化時，便經常被多數群體自己視為是正當的、善良的。

所以，在當今的網路社會中，吾人必須不斷地省思此一問題：究竟直

接民主與代議民主兩者，何者的成本與風險較高？直接民主與代議民主，何者的正當性與合憲性較高？此一問題固然重要，但是吾人若未能省思以下的問題，則對這個問題，便不可能得到有意義且有共識的答案。

而更重要的問題是：若有直接民主與代議民主的混合制度產生，則直接民主對於司法個案，又應有何影響呢？

直接民主與代議政治之混合

司法與直接民主之間的關係，在當前時代中，應有更深入的理論性思考。在過去，共和論者認為，立法者無法在法律的制定上，鉅細靡遺地提供明確的內容，因此，司法權的運作，可以補充立法的疏漏。但今天，在直接民主的觀念下，卻經常要求要公開審判，以及民眾的參與審判。

但公開審判對於兩造所可能產生的敵對惡化及隱私被揭露之問題，卻可能對於參與司法訴訟的每個人，都產生更嚴重的不利益。因此，許多共和論者主張對直接民主進行改革，例如在立法機關的立法決議前要舉行公開聽證等等，但這些將直接民主與代議民主予以混合的改革，是否真能夠有助於民主的善治之追求？法律的制定，究竟是由民意代表為之較好，還是經由公民投票？這些問題，在司法實務上，難以找到適當的答案。

例如在美國，少數民族的議題，便曾經出現過此一問題。在 1969 年的 Hunter v. Ericson 一案中，最高法院審查俄亥俄州的 Akron 市之法規修正案，該修正案廢止了該市原有規定：「所有人，不分種族、膚色、宗教、血緣及原始國籍，皆有平等的機會居住於適當的住所。」，並規定未來該市若有通過關因種族、膚色、宗教、血緣及原始國籍而有所歧視的規定，必須經公民投票複決。最高法院基於憲法平等條款，而判決此一修正案無效。而在 1967 年，Reitman v. Mulkey 一案中，最高法院則宣告加州用公民投票否決民權條款，是為無效。

在後來的相關案件中，美國最高法院相當謹慎地適用 Hunter v. Ericson

一案的法理。在 1971 年 James v. Valtierra 一案，最高法院肯認了加州的憲法修正案，該案規定加州所有公共住宅之決議，應經公民投票複決。在本案中，法院即拒絕適用在 Hunter 一案中所強調的反種族隔離之法理。而在 1982 年 Washington v. Seattle School District No. 1 一案中，法院認定州政府提案終止使用強制性學校公車來促進種族融合的政策，是違反憲法平等條款。法院在本案中所適用的法理，卻是與 James v. Valtierra 一案一致，因為，在 James v. Valtierra 一案中，法院認定透過公民投票創制立法，來決定具有種族分類性質的議題，乃是給予以少數族群實質的額外負擔，因此是為違憲。

關於種族議題的公民投票，已經產生了司法權對直接民主的某程度之敵意，而在與性別有關的議題上，也考驗了法院對於 Hunter 一案的法理之執著程度。在 1992 年，科羅拉多州選民公投支持一項憲法修正案，該修正案禁止任何法律或政策歧視同性或雙性戀者。而在 Hunter 一案的啟發下，科羅拉多州最高法院於 1996 年的 Evans v. Romer 一案中，否決了一項公民投票的提案，因為，該提案要求禁止同性戀者參與有關於促進其人權的正式政治程序。但在此案中，不同意見書卻認為，民主程序應容許在全國或地方的決策層級中，社會中的多數皆能夠決定其所偏好的生活方式，以及其所不欲的。

而本案上訴到美國聯邦最高法院，最高法院運用 Hunter 一案的法理來檢視與性別有關的公投提案。最高法院認為該項公投提案違反憲法平等條款。法院認為這樣的公投提案，是欲以法規為基礎來對公民進行族群劃分，這樣的法規，將違反憲法平等保障條款，並且強調「任何企圖要傷害政治上不受歡迎族群的政策，都無法作為合法的公共利益」[1]。

關於以上對同性戀歧視的公投提案，州政府認為這只是在保護厭惡同

---

[1] See *Romer,* 517 U. S. at 636 Scalia, J., dissenting.

性戀的家長在住宅與其子女的學校中之人權，並且表達政州政府並不認為同性戀是一種良好的生活方式。許多人很不願接受同性戀者可以運用政治上的決策程序，來否決多數民眾的偏好。但傳統上，受到法律的迫害與社會大眾的獵巫習性之影響，同性戀者向來都被迫成為一個封閉的團體，並且他們很難成為一個能在立法程序上，具有正式影響力的團體。

在社會議題上，吾人發現，近年來透過公民投票之直接民主程序所表達出的多數民意，在關於性別、移民、種族等問題上，多是傾向於政治上的保守主義；而在諸如動物保護、環境及經濟議題上，多數的投票傾向，則又多偏向於自由主義。而許多國家，則在選舉財務的支出、遊說的規範等議題上，透過公民投票，而表現出多數民意對於民意代表的自利傾向，多表不滿。但即使在投票結果上，並未能得到絕對多數民眾的支持，但在整個公投的提案、宣傳過程中，對於這些少數族群，卻已經產生了莫大的傷害。在這個時候，法院便扮演了非常重要的角色。事實上，在美國，一半以上的公民創制投票所產生的立法，都被法院予以否決[2]。因此，司法在直接民主中的角色，是現今立法論上非常重要的問題。

由於代議政治有其不足，而直接民主又有其缺點，因此，現今大部分的民主國家，都採取混合制，讓直接民主的相關作法與代議體制，在中央或地方政府的立法制度中，交互並行。在這些直接民主與代議立法混合的國家中，一般的法律乃是由代議立法者所制定，但在某種例外條件下，容許經由諸如公民投票之程序，來讓公民對法律有直接創制或複決的權力。

直接與代議立法之混合制，就其理想上，確實有可能比純粹的直接民主或完全的代議民主更好，但當然，也有可能兼有二者的缺點。因為在直接民主相關制度的運作下，可能可以產生某種程度的壓力或激力，來刺激

---

[2] See Kenneth Miller, 1999. *The Role of Courts in Initiative Process: A Search for Standards.* http://citeseerx.ist.psu.edu/viewdoc/summary?doi=10.1.1.688.2969

立法者，讓立法者其對於社會大眾的期望，有更為清楚的認識；同時，公民直接參與立法過程，也可以使立法者在制定法律時，其個人與黨派的私利之影響力，得到必要的壓制。例如，在美國有關選舉的財務支出之規範，便是經由直接民主所產生的。

由此看來，直接民主，似乎可以讓那些比立法者自身及黨派私利更高的社會價值，對立法者的價值取捨產生相當的壓力。若立法者在原本的立法過程中，因黨派利益之爭鬥而不願意妥協時，也許，經由公民投票所產生的結果，可能會讓立法者因此得到妥協的理由。

雖然在今天，大部分的民主國家都是採行直接民主與代議民主混合的立法制度，但是對於這種混合制對於社會治理的良窳，仍甚少做有系統之研究、調查與檢討；大多數的研究，對於相關資訊的分析，都還是基於研究者個人的主觀價值判斷。例如，曾有美國學者研究指出，直接民主加上代議制，其立法的結果較符合中間選民的需要[3]。

但是，吾人也不得不反省，直接民主與代議立法的混合，是不是有可能使所謂的「多數」，更有可能將這兩種制度的混合力道，用來壓制少數？也就是經由直接民主的過程與結果，來堂而皇之地宣告少數族群的不正當與不正常，然後，再用代議制度下的立法手段來予以正當化。

諸如公民投票這種所謂「直接民主」，其所產生的立法決策，確實通常較偏向於符合一般人民的一般偏好。但正因如此，使我們對於透過直接民主來進行立法，產生更大的疑慮。因為，多數群體如果是運用直接民主來否定少數族群的訴求，這個時候，就有可能連基於種族、宗教、甚至性別、性傾向等理由而對少數族群的否定與壓制，都成為正當。因此，批判論者即認為，公民投票經常會侵害有色種族、少數民族的利益；而近年

---

[3] 例如 Elisabeth Gerber, 1996. *Legislative Response to the Popular Initiatives,* 40 Am. J. Pol. Sci. 99.

來，因為公民投票的結果而權利受損的，確也多為移民人口及同性戀者[4]。

因此，對於目前主流的直接民主與代議立法的混合制，吾人認為更必須深究，其實踐若確實能夠反映大多數人的利益，但是大多數人的利益，又真的能夠轉化成良善、有益的立法嗎？

從我們臺灣近年來的經驗來看，以實踐直接民主為理想的公民投票，其相關提案之發動與宣傳，都需要大量的經費，一般社會大眾並未擁有龐大的資金與人力資源，來與大型利益團體、政黨、或政黨所支持的所謂側翼組織，在公民投票的提案與宣傳過程中競爭。因此，能夠在公民投票的中獲勝的，通常也都是那些利益團體和政黨支持的組織。因此，公民投票，其實並無法成為庶民大眾表達其心聲的管道，而只是那些較為激情的、有組織的利益團體展現他們的政治訴求的舞台[5]。

但是，在公民投票中，大部分選民所得到的資訊，都是一些從新聞媒體上看到的消息或故事，因此，新聞媒體在直接民主的實現中，扮演著關鍵的角色；而即使是民意代表擔任立法者，也很難真正擁有足夠的資訊來從事立法工作。大部分民意代表從事立法工作，也都是依據行政部門或立法部門的幕僚人員所提供的資訊，再加上從新聞媒體中得到的各種資訊。而無論是行政部門或立法部門的幕僚人員所提供的參考資訊，或新聞記者從網路上所得到的各種新聞來源，當然也有其褊狹性。

當然，我們可以說，任何人於任何事務上，都不可能得到完全的資訊來進行判斷，因此，若一般社會大眾與立法者一樣，都只能依新聞媒體、網路訊息或其他管道所得到的資訊，來進行判斷，那麼，或許吾人便可以在某種程度上可以確認，在資訊的不夠充足之下，一般社會大眾很難對於立法的重要內容，做正確的判斷。在這種情況下，吾人可以論證，經由直

---

[4] See Barbara Gamble, 1997. *Putting Civil Rights to a Popular Vote,* 41 Am. J. Pol. Sci. 245. 254.

[5] Elizabeth Garret, 1999. *Money, Agenda Setting, and Direct Democracy,* 77 Tex. L. Rev. 1845.

接民主和代議立法的混合來進行立法，同樣很難獲得全盤的正當性和有益性。

後憲政裂解

正如前述，近現代民主憲政之特質，在於政治決策系統，乃由三個政府部門組織起來的。我們憲法將所有立法權授予國會；而總統身為全民直選之國家元首，並被憲法賦予其軍事統率權及國家安全總責權，以及行政院長的任命權，在政黨政治之運作下，使其成為實質掌握行政權之國家元首；憲法明文將司法權獨立於總統及行政院長之外，但由於總統握有司法院長及大法官的提名權，因此，同樣在政黨政治現實之作用下，原本應超然獨立並對立法權及行政權予以事後監督制衡的司法權，如今也不再具有硬核的功能。

這種三權分立制衡憲政之實質消亡所可能產生的危機，對大部分的人而言，都在新聞事件的戲劇性張力中，被其他類型的危機感所取代，例如，被鄰近強國所霸凌、被世界強國所利用、或被致命病毒所吞噬等。

當人民大敵兵臨城下之際，人們會寄望英明的領袖來為我們殺敵於陣前，於是，我們會不加思索地接受背離三權分立憲政原則的決策模式，把實質的立法權交由行政部門來發動，寄望行政部門的決策首長能夠將立法與行政合而為一，也就是輿論常見的要求「政府要有完整的配套措施！」，於是，即使是一個對三權分立憲政具有充分認識的行政首長，也會在此輿論之要求下，跨進立法、甚至司法的領域，只為回應輿論殷切的期盼。

所以，在總統大選中勝出後出任總統的政治家，其實，大部分的時候，都兼職著同黨立法委員的黨鞭之任務。

總統與執政黨的領導人們，為回應輿論以保持政黨的支持度，是將決策權予以集中，此便限制了政黨內分屬行政與立法兩不同部門的政治人物

之思想與價值判斷之餘地，同時，卻也增加了與政黨決策高層保有特定利益聯結的利益團體之權力。於是，「後憲政」的危機，並不在於國家或社會的內外部威脅，而在於政治決策之價值取向，愈來愈受為維護政黨政治利益所構築的意識型態之控制，而不是真正基於社會問題事實之分析，或國家治理之成功經驗。

在本書所界定的「舊立法論」之範疇中，有些立法系統的活動，對政治體系的維繫與整合，有其正面之影響；有些活動則不僅對政體的維繫與整合無益，甚至會加速其瓦解。社會衝突的處理和社會之整合，乃是立法機關最重要的兩項功能，立法體系若能妥善地發揮處理社會衝突及整合社會紛歧的功能，便能對政體維繫與整合的功能，產生積極正面的作用。

而要如何產生這種正面作用，樂觀主義者認為，立法機關可以採取下列四種方式來處理社會衝突：一是透過審議（deliberative），也就是議員在法案進行正式的辯論機會或其他場合中，表明自己的政策立場，與持不同意見者相互溝通，如此便可以消除歧見、降低衝突；再者是透過決斷（decisional），也就是當社會歧見無法消除時，用制定法律來予以解決；第三是裁決（adjudicative），也就是若政府的某項政策措施，對人民造成了財產上或自由上的嚴重損失時，立法機關可以提案，對於該受損失的個人，予以物質上或精神上的賠償，來達到安撫民心的效果。第四是疏緩（cathartic），也就是立法機關可以透過舉辦聽證會，來緩和社會上的緊張氣氛，因為在舉行聽證會時，衝突中的個人或利益團體可以在公的場合暢所欲言，宣洩其怒氣，如此對於社會緊張氛圍的鬆弛、社會衝突之解決甚有助益[6]。

「後憲政」危機，乃源自於政治上各政黨決策者的決策與論述之目標，

---

[6] Jewell, Malcolm E., and Patterson, Samuel C. 1977. *The Legislative Process in the United State*. 3rd edition. New YorkL Random House. pp. 3-29.

是為贏得選票,而不是為解決問題。政黨領袖愈來愈不鼓勵其同黨黨員之獨立思考與批判性分析,而是政治偏好的忠誠。因而,無論在單純的代議立法的之運作中,抑或加上公民投票的直接民主口號之配合,在這種日益加劇的政治極端分化下,便阻礙了良善的立法之討論與決議,而方便了政治上的特殊利益團體對立法之實質影響。

在「後憲政」時期,立法的決策過程,即使立法院的議事日常被直播在全民面前,但真正的決策過程卻因此必須更巧妙地隱藏在媒體影鏡頭拍攝不到的地方,於是一般社會大眾便更難對決策動機投以信任,猜測、八卦與陰謀論,從而成為在「後憲政」危機中真正的病毒。每個人的好奇頭腦,都想知道決策的真相,而當真相無法獲得時,每個人都會創造自己所認定的真相來解釋現實。

於是,在「後憲政」之後,立法決策不容易再受到民眾廣泛的支持;因此,立法上與其千方百計地試圖爭取民眾的支持,不如回頭省察三權分立制衡的理論與其用意,以及其對立法品質的關係與影響,或許更能對當前代議民主與直接民主的矛盾,提供更好的回應。

立法品質論

　　如果我們提出一個問題，請從立法論的角度，來看近年來臺灣社會所遭遇的各種重大政治、經濟或社會問題，例如美國豬肉進口爭議、兩岸關係爭議、新冠肺炎疫苗採購爭議等等　，我們該有何看法？這個時候，我們就必須先理解，何謂「立法論」的角度？

　　所謂「立法論」的角度？首先，至少立法論必須先區分並說明什麼是好的立法，什麼是不好的立法。也就是說，立法論至少必須有辨識好的立法與壞的立法之功能。

　　而什麼是好的立法呢？好的立法，以一般社會大眾的常識而言，至少，是有利的立法及有效的立法；相對而言，壞的立法，便是有害的或無效的立法。也就是說，我們從立法的實際結果來看，立法可以分成以下四種狀況：

	有效	無效
有利	優質立法	作秀立法
有害	惡質立法	錯誤立法

　　我們從立法論的角度來看任何問題，簡單地說，便是要期望立法能夠成為有效且有利的優質立法，並且避免惡質的、作秀的、及錯誤的立法之產生。

優質立法之形式要件

好的立法，就是社會、對人民、對國家有利而且是有效的立法。然而，什麼是有利？什麼是有效？卻非常難以界定與判斷，而立法論之核心內容，便要判斷什麼是有利的立法？及什麼是有效的立法？要界定什麼是有利的立法，必須進一步地釐清，是對誰有利？基本上，這裡的「誰」，可以有以下的幾種人：一是全體國民、二是特定族群的國民、三是特定的個人、四是立法者本身。

立法之最高目標，必然是對全體國民有利，而這也是大多數的執政黨決策者或立法者所宣稱之立法目標。然而，對全體國民皆有利之立法，卻必然為一種意識型態，因為，所有的利益，都可以區分為有形利益與無形利益。有形之利益，便是物質性利益或財務性利益，而物質性利益或財務性利益，除非從他國源源不絕地輸入，否則，若在一國之內，有利之物質利益或財務利益，不可能在不損及某些特定族群之利益情況下，能夠全民皆得到利益。必定只有無形之利益，才能夠在不損及一方的情況下，有利於全體。

在三權分立而制衡之憲政體制，仍能被人們視為是保障人民權利的理想體制度時，對於什麼是好的立法？這個問題，只有來自於形式主義的答案。而所謂來自形式主義的答案，便是好的立法，只要符合形式上的程序與內容之要件即可，因為，只要是國會裡的立法代議士們透過多數決所做的決定，只要符合形式上的要求，大概就能夠被推定為是好的立法。

因此，三權分立憲政下的好的立法，其程序上之要求，只有立法院通過，並經總統公布。此兩項要件，理論上便賦予總統對於法律之制定及使生效與否，具有否決權；而此一否決權，制憲者之用意，彷彿是用以讓總統基於其國家元首之高度，能夠對立法之好與壞，做公布施行前的判斷。但是，總統若可以透過不公布法律，來否決立法院所通過之法律，是否確

能保證立法院因此能有好的立法呢？

依據我國「憲法」第 72 條規定「立法院法律案通過後，移送總統及行政院，總統應於收到後十日內公布之」，但如果總統不公布時，該立法院所通過之法律，是否使其自動生效？或自動失效？或是另有其他的機制，來解決此一問題呢？這個問題，其實應該由法律的規範，來彌補憲法的漏洞。

除了立法院所制定的法律外，對民眾也常產生實質約束效果的行政命令，其立法上也只有要求制定之形式要件，依「中央法規標準法」第 7 條之規定，行政命令制定之形式要件為：視其性質下達或發布，以及即送立法院。以上第一項形式要件中所謂的「視性質」，其性質便應以其是否有對外發生法律關係為依據。而第二項形式要件所謂的「即送立法院」，語義非常不明確，以實務來說，乃是在下達或發布的同時，也以副本給立法院，如此即完成所謂的即送。然而依「中央法規標準法」本條的規定，未即送立法院的行政命令，似乎是自始無效的，可是依我國行政法制之實務，卻不見得如此。至少，從未有任何案例是關於未即送立法院是否有效的爭議。

行政命令制定之實質要件，第六條規定應以法律定之者，不得以命令定之。這條規定是行政命令如有涉及人民權利義務者，法院得宣告其無效之法源。行政命令無效之情況有兩種：一是牴觸法律，也就是所規定之內容與法律意旨違反或超越法律之授權；二是在沒有法律的情形下，訂定了應以法律訂定的項目。所以，如果要據本規定來從嚴審查行政命令之合法性，則職權命令便都應無效。

優質立法之名稱

我們從在立法中關於法律的名稱之相關規範與現實之落差，也可以理解到立法上好的立法之形式要件，並無任何意義。

例如，依我國「中央法規標準法」第 2 條之規定，法律「得」定名為

法、律、條例及通則。但這只是「得」字規定，似乎也可用其他名稱。但雖如此，我國法律仍只用這四種名稱，因為沒有定以其他名稱之需要。這個種法律的名稱，也只有學者對其作粗淺的歸納分類而已，並無其實質上之差別。學者認為「法」應屬於全國性、一般性或長期性之規範，在英文上即是「law」。「律」則引自「師出有律、失律凶也」，因此含有正刑定罪的意義；「條例」為地區性、專門性、特殊性、或臨時性；「通則」屬於同一類事項共通適用之原則或組織之規定稱之[1]。

但本書認為，上述區分法頗有不當之處，尤其是「法」和「條例」的區分，便犯了方法論上分類不具有互斥性的錯誤。例如臨時性的法律，但又屬於全國性者，則應定名為法或條例呢？如按上述錯誤的分類，則我國立法例上便有許多應以「法」為名者，定名為「條例」，例如「兩岸人民關係條例」和「公寓大廈管理條例」，此二法定名為條例，但其所規範的事項，是否具有全國性、一般性或長期性呢？又例如「企業併購法」，當初立法時便明白指出其為臨時性之法律，是「公司法」之特別法，照上述分類應定名為「企業併購條例」，但又為何定名為「法」呢？因此，本書認為上述區分法有嚴重錯誤，而因其錯誤，且我國學術界與實務界長期不察，因而造成我國立法例有許多嚴重的錯誤及矛盾。

本書認為，法與條例之區分，應從立法上之責任政治與法律的性質來看。從責任政治來看，國家所頒布之法律，應區分為有政治責任及無政治責任兩種，或是「政治性」（political）及「非政治性」（non-political）兩種。本書認為，法應屬於一般性、不具有政治性，亦即並非基於某種政策上之選擇所提出之法律，因此不需要有任何政黨為之負責者；而條例則為具有政策選擇之性質者，立法者基於對社會某種問題之體認，而認為應制定某種特別的法律規範來解決此一問題者所定之法律，而也因此，應有執

---

[1] 羅傳賢，2001，《立法程序與技術》。臺北市：五南，頁 248-251。

政之政黨為此一法律之成敗來負責。

另外，從法律的性質來看，則我們必須從其具體執行及適用上之問題來區分。從具體執行及適用上來看，最重要的問題則是誰為此一法典之主管機關，也就是那一機關具有初步解釋及執行此一法典之權力。當然，所有法律最終之解釋和執行權，都屬於司法部門，但這僅是終局者。具更重要的是終局前之解釋與執行權。

本書認為，如其主管機關係屬於行政部門者，應稱為「條例」，因為這是行政部門基於某種政策目標而請求立法機關制定者，或立法機關基於某種政策目標而制定，並交由行政部門執行者；而若主管部門非為行政機關，而為司法部門者，亦即非由立法部門或行政部基於某種政策目標所制定者，而只是由立法部門所制定或通過，供司法部門於裁判人民爭議案件時之判決依據者，則應稱為「法」。

英文上「law」所代表的，即不只是一部成文法規，而是泛指規範該事項之一切規範性事實，例如判例、立法史、學說及相關文件等。而我國的「法」仍僅止於一部法典。英文上則尚有「code」，它是 systematic set of law，即法律的體系化呈現，同時也是行為準則之意。吾人將其歸納，則可以說是將許多法律予以體系化編定後，便可以得出人們在社會行為上之行事準則。本書認為，「法」與「律」之區別，亦應在此。也就是法是大量人際間權利、義務關係之規範性陳述，而「律」則是將這些規範性陳述體系化後，所得出之人們應有之行為準則。

因此，例如大量的法條、判例和習慣，構成了立法委員的行為規範，這是「法」，也是「law」；而將這些規範予以體系化、條文化，則成為「立法委員行為法」，這便是一部「code」，本書認為，其應定名為「立法委員行律」。

此外，在行政命令的名稱方面，依「中央法規標準法」第 3 條及行政機關法制作業應注意事項之規定，行政命令之名稱共分為七種。這七種名

稱目前並沒有其法定的或被廣為接受的區別，但是坊間立法技術的書籍，大概都有一些粗略的區分法：規程：規定機關組織或處務準據，例如法務部處務規程；規則：應遵行或應照辦事項，例如道路交通安全規則、專業代理人規則；細則：規定法規之施行事項，或就法規另做補充者，例如勞動基準法施行細則；辦法：規定辦理事務之方法、時限或權責。例如印鑑登記辦法；綱要：規定一定原則或要項，例如社區發展工作綱要；標準：規定一定程度、規格或條件，例如公務員兼具勞工身分認定標準；準則：規定作業之準據、範示或程序者，例如經濟事務財團法人設立許可監督準則。

本書認為這種區別法非常粗略，彼此之間甚至有矛盾和衝突者，例如細則和辦法，有何不同呢？標準和準則，又有何實質的區別呢？本書認為，我國立法法學應將上述的名稱重新界定，並且，其界定的目標，應能夠有助於符合行政法規範上之區別，亦即有助於辨識其對內及對外所發生之效力。本書主張用：職權命令與授權命令、對外涉及人民權利義務、與僅對內有效且不涉及人民權利義務，以及具體性與通則性等區分法，來重新予以界定。例如：

	對外涉及人民權利義務	不對外涉及人民權利義務發生效力
授權命令	施行細則（具體性） 規則（通則性）	規程（通則性） 要點（具體性）
職權命令	辦法（具體性）、 標準（通則性）	準則（通則性） 綱要（具體性）

用這種區分法有何優點呢？本書認為，其可能有助於解決我國法制上之一項重大問題。在我國法制上，依吳庚（2000）指出：授權命令即學理上所稱之委任命令，性質多屬法規命令，但亦有例外，如「公務員服務法」

第 12 條授權訂定之公務員請假規則，即非傳統意義之法規命令。職權命令學理上應限於行政規則，但事實上職權命令內容涉及人民權利義務事項者，在所多有，此種命令可稱為執行命令，已非內部適用之規則。其所衍生之合法性問題，為我國法制史上仍待解決之難題[2]。

　　本書認為，要解決此一難題，必也先正名乎。也就是，對於每一種行政命令於法制體系上之屬性予以區別後，再來討論其如何適用之問題。

　　最後依據「中央法規標準法」第 9 條之規定：「法規內容繁複或條文較多者，得劃分為…」，依我國法制作業之實務，法規之段落單元，乃有編、章、節、條、項、款、目。在這些分段之單元下，吾人可將法規之結構，區分為法條之結構與法典之結構二項議題。其中，法條之結構乃涉及條、項、款、目之分段標準；而法典結構，則是編、章、節之劃分標準。吾人認為，中標法本條所定的劃分單元，其劃分之依據不應只是因「內容繁複或條文較多」，而更應有法規適用、執行及解釋上之意義。

---

[2] 吳庚，2000，《行政法之理論與實用》（增訂六版）。臺北市：作者，頁 165。

三種立法決策模式

　　立法之品質，不由立法之形式及其形式性規範所決定，卻相當大的程度，取決於立法者進行立法工作時之思惟模式。

　　立法之實務運作，依其主要目標及操作方法等面向來區別，本書認為基本上可以區分為三種模式，一是管制型立法；二是修辭型立法；三是反身型立法。對不同的立法者而言，在不同的議題上，依個人及所屬政黨或利益團體之問政目的，而會採取不同的立法模式。

　　以臺灣近十餘年來立法部門之發展實務而言，本書認為，大多數民選立法人員，不分其政黨或利益團體，多在其立法工作上，出現三種現象：一是在實際社會問題之解決上，多認為只有管制型立法才具有其實效；二是在管制型立法之運用上，由於專業之不足與或不明確，以致於其實於實際操作上，是採修辭性立法；三、多數利益團體多期待立法人員採用反身性立法，但多數立法者多忽略或未來認知到反身性立法之潛在作用與功能。

　　臺灣上述立法實務之發展，經由媒體之報導以及兩岸人民之密切交流，對於大陸民眾所產生的影響，主要是使大陸民眾認知到立法部門在公共事務上，所具有的修辭性功能。但是立法所建構的管制系統，卻會與社會系統的運作脫節，以致於使法治的意義，必須依社會文化之實際而有所調整。

　　臺灣自從開放政黨正常活動，以及國會制度大幅改革後，就立法部門之運作而言，已經符合完民主體制之標準。在臺灣憲政民主化及立法部門體制發展之過程中，有許多表現可以說是臺灣多數民眾具有現代法治素質

之展現；但是不可諱言地，由於社會經濟、文化與科技發展之快速，以及短淺的民主化發展之歷程，因此，立法部門運作上，近十餘年來也出現了許多明顯的問題，對於公共事務決策之品質，甚至是國民基本法治素養之養成與民眾彼此間信任感之維繫，產生了相當負面的影響。

因此，吾人可歸納臺灣立法人員在運作其立法職權時之特性，並從而建構出主要之立法模式，並說明不同的立法模式之性質及其影響；然後，再進一步地說明臺灣之立法部門發展之經驗，對於中國大陸民眾所可能產生的影響。

立法委員於行使其立法職權時，在其立法工作的目標；立法工作上所偏好的政策或制度，以及實際的立法工作之操作方法上，各因其不同的價值偏好與行為習慣，而有所不同。我們要了解立法委員於從事立法工作時之行為模式，乃必須從其認定的立法工作主要目標、立法上所選擇的政策與制度、以及操作的方法，來歸納出其行為模式。

管制型立法

管制型立法之立法目標，通常是透過對於違法者之制裁，來解決社會問題。管制型立法在立法目標之設定上，首先，立法者認為透過立法來解決社會問題，其最為根本性之方法，乃在於對造成社會問題的違法者予以制裁，即可解決社會問題。

管制型立法認為，立法的工作在於以最為有效而速的方式，來解決社會問題。而為管制型立法之主張者認為，大多數社會問題，乃是源自於社會中部分人之脫序或不當行為，因此，只要對這些社會中部分人之脫序或不當之行為，予以矯治，便可以解決社會問題。

此外，管制型立法亦假定，社會中部分人之脫序與不當行為，乃是因為其對於社會秩序的破壞或違法行為，不知其負面之後果，因此，才有會脫序與違法之行為，所以，管制型立法要矯正脫序或不法者之行為，便認

為最為簡便之方式，是直接透過制定管制性法規，來制裁脫序或違法者之行為。而其制裁的方法，以現代資本主義所重視之價值而言，即是剝奪違法者部分的生命、自由或財產權，而其中以財產權之剝奪為最大宗。

再者，管制型立法更透過對於行為者行為之指令性控制，來形成新的社會秩序。管制型立法通常除了對於違法者予以制裁，來矯正脫序或不法行為者之行為外，管制型立法亦有可能積極地尋求透過管制形成新的社會秩序。管制型立法通常於舊有社會秩序難以維持或亦經破壞時運用。當舊有社會秩序被破壞時運用管制型立法，便企圖透過控制社會上多數人的行為，來形成新的社會秩序。

在制度選擇上，管制型立法所制定法律規範，其主要內容通常是對於行為者之行為標準予以明確之規範。管制型立法所選擇之制度，在管制工具之選擇上，乃是使用所謂的「指令－控制」式管制法規。

「指令－控制」式管制法規的特性，在於對於被管制者的行為，以精確之語言文字，來規定其應該如何為或不應如何為。這種法規乃是第二次世界大戰時期，「新政」下之產生。對於臺灣而言，自從 1949 年國民黨政府因國共內戰戰敗而播遷來臺灣之後，國民黨政府對於臺灣之治理，便是採用戰爭時期所使用的「指令－控制」式管制法規。使用這種型態的法規將近五十年後，雖然臺灣已經完全脫離戰爭狀態，也已經民主化，但是由於臺灣立法實務界早已慣用這種型態的法規，因此，也就甚少去檢討此種法規之效用如何。

在這種管制型法規中，通常會設定之規範，便正如前述，乃是對於違反管制法規之行為者，予以自由或財產上之處罰，尤其是以財產上之處罰為大宗。管制型立法在制度選擇上乃依據一項假定，那就是對於違反規則的行為者予以適當的財產上之處罰，最能有效地嚇阻違法行為人之行為，因此，便經常使用此種制裁制度。

其次，管制型立法之立法者通常認為，對於行為人的違法行為之制

止，第二種有效的方法，是限制行為人行為之自由，而這種限制自由的方法，主要在於將行為人行為所需要的資源，予以斷除。例如違反環境法規之業者，其違反之行為必須要有自來水及電力的供應，於是管制型法規規定於違反環境法規情節重大者，得予以斷水斷電之處分。

　　管制型立法在法律規範的執行方法上，通常多透過行政管制機關來執行法規。因為，管制型立法，其能否具有實效，關鍵在於該管制型法規是否具有強而有力的執行機關。因此，管制型立法，通常會授權給該法規之主管機關，某種特定的權力或資源，來進行對於違法者的懲處工作。也就是說，管制型立法基本上在較大的程度上，將管制型法規之執行工作，賦予行政機關而非司法機關。因此，管制型立法在制度的選擇上，會有意或無意地傾向於依賴一個組織人力較為龐大，且擁有較大國家預算支配權的行政部門，來落實立法部門之政治目標。

　　管制型立法之起草者，通常運用最為簡單的立法技術，而此技術，就是抄襲外國立法例，從外國立法例中，尋求適當的法規用語或標準數據，來做為管制性法規的內容。

　　此外，立法者也有可能對舊有的規定，予以修改，通常是改為更嚴格的規定。以上這些立法技術，可以說是在操作上最為簡易的做法，因此，在管制型立法上最為常見；而也因此，管制型立法就其立法政策之發展傾向而言，通常取向於保守及硬化。除非有相當大的政治壓力來迫使立法者必須尋求新的立法政策，否則管制型立法通常會沿襲過去的做法，只是使之更為嚴格或在細節上有更多規範。

修辭型立法

　　所謂「修辭型立法」，是指立法者實現其於政治場域上的修辭性目標，為其立法之目的。而依修辭學之理解，修辭之目的，乃在於增強他人對自己所提出的意見之認同，並進而採取行動。同樣的，修辭型立法之目

的，立法者也以增強其選民對自己所提出之政策的認同，並企圖使選民在投票上能夠實際地支持立法者。因此，修辭型立法有兩項特性：

首先，修辭型立法只有針對選民原已認同或接受的理念，予以強化而言，並未有期望能改變社會秩序的目的，因此，修辭型立法之目標，在於符合選民的偏好或利益。其次，修辭型立法並未直接針對被規範者之行為進行約束，而是透過立法使選民就心理上認同立法者之政策，並進一步地支持立法者之主張。

修辭型立法在制度的選擇上，由於其本質上並不在於期望控制被規範者的行為，而是在增強選民對立法者之認同，因此，其於制度的選擇上，通常也在於選擇能夠強化選民偏好或利益的制度。

以臺灣目前的立法實務而言，最為常見的修辭型立法，即是透過立法權之行使，來要求行政機關給予民眾更多的社會福利，或是將行政機關原來即有給予民眾的社會福利，予以法制化、成文化。這種做法，通常是假定民眾一定偏好獲得更多的社會福利，尤其是以金錢的給予為主要內容的社會福利；此外，這種做法也假定，給予特定族群或對象的人更多的財務性社會福利，並不會遭致其他族群的反對，因此，這種做法能夠增進選民對於立法者的認同，並進而在選舉時，以投票行為來實際支持該位立法者。

然而，社會福利的給予，正如同違法者之制裁一樣，都必須有強大的行政機關來執行，因此，修辭型立法在制度的選擇上，與管制性型立法一致的是對於擴大行政機關的組織與職權的依賴。

在修辭型立法的操作方法上，臺灣目前的立法部門人員，無論中央或是地方立法部門，其最重要的方法，是在新聞媒體上從事立法修辭工作，而不是在立法過程中。由於修辭型立法之目的，乃在於增強選民的認同，因此，訴諸於選民，讓選民從媒體上看到其選區所選出之立法委員之政見與問政表現，便成為修辭型立法最重要的工作。

而立法委員在媒體上的發言，通常有兩種方法，第一項是運用新聞事

件，在社會所關注的新聞事件發生時，針對新聞事件召開記者說明會或其他類似性質之活動，然後在媒體面前提出自己對新聞事件的批判，提出自己增加社會福利或政府支出的政策。

由於修辭型立法強調配合新聞事件來運用媒體，要吸引媒體的報導，便必須其政見有相當之新聞性；而政見要有新聞性，則必須政見的内容本身有相當之特殊性，或是在媒體上提出政見的方法，與眾不同。因此，以臺灣目前的現象而言，修辭型立法中所提出之政策，通常有較高的創意。

反身型立法

反身型立法之立法目標，乃是透過立法者本身的自我管理，來促使社會各領域之自我管制。反身型立法是依據對管制型立法之問題的檢討而產生。反身型立法認為立法企圖以管制型法規來控制被規範的社會大眾之行為，是不切實際的；其對於社會問題的解決，則更是無效，因此，應徹底改變管制型法規之型態，運用更為有效的方法來解決社會問題。

而對於反身型立法之主張者而言，所謂更有效的方法，首先是立法者透過自我管理，來促使社會各領域之學習與模仿，而達到社會中各領域的自我管理。反身型立法之主張者認為，相關社會領域之自我管理，是解決社會問題的唯一方法。

反身型立法重視引導社會各相關部門之力量來達到相互制衡與協助，以達到立法目標。而如何能夠使社會中的相關領域發揮自我管理的力量，則主要是運用立法的程序或立法的結果，來引導社會中各相關部門彼此之間的相互制衡與協助，如此來達到自我管理。

社會中的不同部門，彼此之間皆有其互動與互賴關係，在這些互動與互賴的關係中，有些是供給與需求之關係。各種社會部門之間的供給與需求關係，便會產生彼此之間的制衡或合作作用。例如消費者的消費活動，會對於提供產品或服務的業者產生品質上的制衡關係；又例如在教育領域

中，教育者與受教者之間亦具有相互制衡，同時又有彼此協助對方的作用。

反身型立法便期望透過立法工作，來使得社會的各相關部門之間，產生這種彼此相互制衡卻又合作的反身作用。也就是說，反身型立法乃是運用立法者，以及社會各部門所從事的各種活動所產生的作用力與反作用力加總時之反身效果，而產生立法的效益。

在制度選擇上，反身型立法者強調立法者或管制機關之權力之自律。反身型立法在制度的選擇上，便與前述的管制型立法完全不同。反身型立法首先較強調對現有的公權力機關予以規範，達到公權力機關本身的自律效果。而這種對現有公權力行使公權的方法予以規範的方式，有時候是採取管制型法規，來對公務員執行公務的行為進行控制，有時候則是類似於修辭型立法，只是在立法的決議中，透過修辭性的語言，要求公務人員應有某些自律作為。

因此，反身型立法於法規中設定較為開放之程序規範以促使相關利害關係人之參與；此外，反身型法規為了促使社會中的各部門人員之相互制衡與合作，因此，在制度的選擇上，更強調用較為開放的決策程序，以使決策中的相關利害關係人能夠廣泛而深入地參與決策。而此開放的決策程序，也意指利害關係人的界定，更為廣泛、更為寬鬆。

最後，反身型立法通常會使用軟性的法規，在軟性的法規中，對於當事人的行為並未做明確的指令與控制之規範，也沒有明確的違法之懲罰措施。較為常見的軟性規範，是採取資訊公開或專家審查制度，來對被規範者提供修正其行為的建議。

在立法技術上，反身型立法與修辭型立法相當類似，都訴諸於新聞媒體之運用，只是反身型立法更加重視與民間部門或第三部門合作，來創造新的議題。

臺灣立法部門使用反身型立法，較大的程度，是來自於民間部門的壓

力。因為，通常對於具有組織性的民間力量而言，反身型立法較符合其實際之利益；因此其實反身型立法更符合具組織性之利益團體或民間力量之歡迎。而立法者與有組織的民間團體合作來操作反身型立法，通常會配合舉辦許多較具有娛樂性的媒體造勢活動，運用這些活動來吸引媒體的報導，使反身型立法能夠達到其所期望的引導社會力運作之目的。

問題檢討

臺灣的立法，常年來總是透過對於行為者行為之指令性控制，來形成新的社會秩序。臺灣近二十年的民主化發展，從二次世界大戰與國共內戰後的重建，到一黨專制，並以計畫經濟進行國家發展，到國家元首、地方行政首長、以及中央與地方立法人員的全面直選，期間的時間不過短短五十餘年。這五十餘年之間，社會雖然在經濟與科學、技術方面，有相當之進步，但對於政府角色之認知，以及法治之性質，卻不見得有根本的變化。

臺灣多數民眾對於社會問題之解決，仍舊認為運用法律，對社會上的大多數人或是造成社會問題的人，予以外在行為之控制，是最有效的方法。而社會民眾的多數想法，便會反應在民選的立法人員之立法政策之取向上。臺灣近二十年的立法人員，在立法工作上，也是多認為解決社會問題，乃是立法的主要價值；而解決社會問題，乃以對造成社會問題的社會中之少數人之行為矯正為最重要的方法。因此，臺灣的立法者在面對實際的社會問題時，一向是採取管制型立法。

採用管制型立法，呈現出對於社會問題的膚淺認知，也就是認為社會問題乃是因人們的外在行為之脫序而造成的，而人們外在行為的脫序，便直接代表了其內在思想的錯誤或不當。而這種膚淺的認知，也表現在認為，只要控制了人們的外在行為，便能夠控制人們的內在思想。也就是說，管制型立法的膚淺性，表現在認為人在短暫時間中所表現出來的外在行為，與其內在思惟有直接、單純的直線關係。

　　此外，臺灣的立法委員們在勝選以維持其政治利益的目的下，總是認為愈能吸引媒體的注意，便愈能達到立法效果。這種膚淺的認知，加上大眾傳播媒體的自由化發展，進一步造成立法工作的核心價值之質變，也就是立法工作之重心，從與同僚之間在立法政策上的論證，轉變成以吸引新聞媒體的報導。對於立法人員而言，具有高度專業性與技術性的立法工作，無法以快速而有效的方式，來讓選民知道其工作的成效，但新聞媒體的報導，卻可以達到這個目標。也因此，對於民選立法人員的工作取向，便逐漸以提出各種政見來讓媒體願意報導為主要內容。

　　基於這種立法工作之目標，於是我們看到臺灣的立法委員其所提出之立法政見，經常是隨機的、突然的，並且是前後立場不一致的，因為，立法委員們所提出的政見，通常都是基於媒體對某一事件的報導，並針對報導中可能是多數民眾的意見，提出可能符合其利益的政見。

　　再者，臺灣的立法者及對立法投入關注的各界輿論，多認為愈能增加執行之行政機關利資源，便愈能達到立法目標。對大多數立法委員而言，其認為臺灣多數民眾在公共事務上的利益，主要是來自於行政機關能夠增加對於民眾有利的支出。基於這種認知，於是大多數立法委員在提出其政見時，多是以增加行政機關的支出與資源為主要的政見。

　　但在增加行政機關的支出之同時，立法委員們卻又必須面臨一項矛盾，那就是所增加的支出如果未能按立法委員自己所期望的方式來分配，則所增加的行政機關之支出，反而會有害於自己的政治利益。因此，立法委員在行政機關的日常支出之運作上做監督與調控，便成為臺灣立法委員在行使立法職權上的重要日常工作。

　　但是對於行政機關的經費支出之控制，就憲法和立法院職權行使法等法律之規定而言，只能透過某些法定程序，例如立法院之決議，或於審查政府之經費預算與決算時，提出修改意見。因此，許多立法委員對於行政機關的支出之控制，是採用非正式的修辭性做法。例如，當新聞媒體報導

某新聞事件時，立法委員便對該新聞事件所涉及的行政機關提出刪減預算之威脅，藉此試圖控制該行政機關之支出。而所提出的威脅性政見，則是以在媒體面前提出修辭性的論述來為之，而非提出任何具體的刪減經費之做法。

臺灣立法院之立法實務，由於大量採用管制型立法模式，因此，立法內容上有四項特點，做其能夠清晰地傳達決策者之政策目標，同時又似乎具有相當之經濟性：

1.化約性

首先，指令控制式管制將決策者所認知之重大社會問題之成因，簡單地化約為是某種人或族群之行為或不行為所造成。例如，當社會發生嚴重傳染病疫情時，認定該疫情乃是因某些人未能做好防疫工作所造成。

2.直線性

其次，指令控制式管制認定，相關人的行為或不行為，可以透過法規明定的懲罰或獎勵，便可以直接予以改變。例如，未能在防疫工作上，有妥善行為之人，只要透過懲罰，就可使其深具警惕，而做好應有的防疫工作；而給予適當的獎勵，則更可以誘使該等之人，盡力而為。

3.強制性

再者，指令控制式管制假定相關當事人或行為人，對於接收到指令控制式管制之資訊並正確認知其中意義，是其義務。相關當事人或行為人，應於該管制發布後，正確解讀該管制之內容，並檢視自己行為是否有符合該管制之要求，若未符合即立刻改變自己行為。若未如此，即違反管制法規。

4.行政性

　　最後，指令控制性管制具高度專業性和細節性，因此，一般立法機關無法適切地進行起草與制定工作，因此容許立法機關授權給專責處理相關業務之日常、專業且細節性之行政機關或準行政機關來制定成法規並予執行。

　　管制型立法，是現代國家高度發展後的產物[1]。現代化國家配合現代科技之發展，與現代社會其他相關體制之出現與活用，於是管制型立法上述四項特徵所必須之前提要件，得以符合。例如，傳播科技的不斷發展，從類比訊號到數位訊號，資訊之傳遞速度及質量不斷地發展，使決策者從而認定，相關行為人確實能夠管制法規公布後，及時且正確無誤地接收到主管機關的管制資訊。

　　雖然因上述之四項主要特徵，而使管制型立法成為臺灣立法者最常用的政策工具，但上述管制性立法之前提要件，卻在不同的時空環境下，受到不同的挑戰。這些前提要件很容易地，便能夠被證明是一種迷思。

　　例如，認定某社會問題之產生，乃是某些人的行為或不行為所造成，這種政策化約主義思惟，便是如同政治神話一般的迷思。因為，神話般的政治迷思，無法以科學方法檢驗其真假與對錯，而認定某些人的行為或不行為，必是某社會問題之成因，通常當事人也難以用科學的方法以反駁。尤其當大眾之心理，接受到來自各種媒體所傳播的片面資訊後，形成罪在他人、與己無關的成見後，這種大眾迷思，便容易成為管制型立法的正當性基礎。

　　其次，管制型立法認定相關當事人同時具有能力和義務，來及時並正確地認識指令控制管制之意義及內涵。但其實，當事人對於指令控制性管制之認知能力，受有相當限制。這些限制，包括專業認識上之限制、文字

---

[1] 關於指令控制性管制之歷史背景，詳見拙著，2002，《行政法基本理論之改革》。臺北市：翰蘆。

理解上之限制、與傳遞時空上之限制。這些限制，使許多當事人都無法在及時正確地理解指令控制性管制的目的、規範與作用，於是產生了許多違反管制法規之現象。而對於抱持著此一迷思的管制政策決策者而言，當事人違反管制法規之問題，乃是當事人自身法律責任的問題，而非管制決策本身不當的問題。

　　管制型立法之種種前提與實務之限制，促使當代全球公共政策及公法學界之廣泛之檢討，也曾引起公共政策領域中的「解除管制」（de-regulation）之風潮。但雖然公共政策上的「解除管制」風潮曾盛極一時，但由於指令控制性管制前述的特性，太有利於決策者於短時間內滿足其政治上的目的，因此其儘管有許多明顯的問題，但是仍被許多政務決策者所喜好。

立法方法學之貧乏

　　上述管制型立法，即使有那麼多明顯的缺點，但仍然為臺灣立法者所大量採用，主要原因也在於我國學術界和實務界中，關於立法方法學學理太過於貧乏。

　　目前，在我國立法之實務上，法律與立法、公共行政三項領域之間，雖然在人事上並無太大的隔閡，但在實務的立法草擬、法律適用及公共政策之論證上，卻實際上仍存在著嚴重的藩籬。而此隔閡的問題，尤其出現在國家遇有臨時性重大政治環境或社會局勢之變動時。

　　例如當社會遇到大多數難以接受的刑事案件時，對於加害人應給予如何之待遇，便出現了法律的執行、立法之政治角力、與市民社會在此公共事務之討論上，產生三方完全無法做適當溝通之問題。死刑，對於降低社會重大刑案是否有用？死刑之存廢，是否應透過立法上修改現行法規來為之？以及死刑之判決與執行，與刑法上死刑之存廢，其間之關聯如何？依個人近日來整體之觀察，上述三項問題，在我國目前之法律、立法與公共

行政之實務領域中，尚未有較為適當而明確之檢討，更未有較為明顯之社會共識。

又例如，我國政治局勢因大選結果產生重大之轉變，使得獲得最大黨地位之政黨，於立法上得以有足夠之多數席次提出所謂促進轉型正義之立法。但就個人參與立法部門就此相關法規之意見蒐集過程之經驗而言，個人也觀察到，就所謂促進轉型正義之政策目標上，已較為具有社會共識之部分，如何能轉化為有助於解決司法體系上審判實務之漏洞不足或衝突？此一問題，草擬相關法案之多數黨立法部門成員，尚且未認真而審慎地思考，因此進一步地，究竟所謂促進轉型正義之立法，應是從法律案之制定，或是相關法律之修正，或是相關執行預算之增加，或是有關人員之配備之提升來為之？此一立法實務上應處理之問題，便更未能夠得到較為聚焦且確實之討論。

而如此在立法程序中所出現的各種「雞同鴨講」之現象，其實，其根本產生自公共政策的論證過程中，對於歷史事件之解釋、政治價值之偏好、個案正義之原委，與法律體制之運作與立法草擬與制定過程間之關係，甚無認識，以致於產生了對歷史上政治受害或冤案之情感，與對政治發展史之解釋，與對政治價值之偏好及當前社會公益之急迫所需，這三者之間完全混淆之問題。

留學國至上主義

就上述之現象而言，個人認為，從高等教育之實際面向來看，其主要之問題更是源自於我國目前法學教育與政治學、公共政策學之教學與研究，基本上其主要之理論基礎、方法途徑都是來自學者留學國之外國，而且是在政治體制與法律體系上，有相當差異之外國。

由於理論基礎與方法途徑，主要來自於學者之留學國，而基於學者對

留學國之感情，因此，又容易產生「留學國至上主義」[2]，也就是只要這些主要留學國既有、現有或將有之公共政策或法律，都被推定為正確與良善。在「留學國至上主義」的立法方法之影響下，我國各領域專家學者，擅於將留學國相關之法制與政策之條文文字、實例判決、學者正反面評價，予以直接原文翻譯，做為立法或公共政策決策論證時，可資公開引用之文獻。從而參與者獲得對自己主張或反對之意見的所謂「學理基礎」。

由於「留學國至上主義」，並將其法律與政策推定為正確與良善，於是將更進一步地產生對於本國社會公共意見之二分評價，也就是符合或接近留學國所有之政策或法制設計之見解，較易被視為是具有其學理基礎，並因此較易從而取得所謂之正當化理由；相反的，若違反留學國政策或法律之意見，便容易被認為不具客觀性。

而在學理上未能擁有留學國相關法學或學理之支持的見解，論者便通常會期望行政部門透過委託學界研究，來進行公民意見之調查，並認為唯有此種調查結果出現，才能有客觀性之可能。然而，當行政部門委託學術界進行研究時，便又容易再度落入留學國理論至上、留學國方法至上、以及符合留學國之解釋至上等之問題。

儘管「留學國至上主義」對於我國立法實務上的方法學之累積，且有如上嚴重之影響，但截至目前為止，個人對於「留學國至上主義」仍採中立、甚至是正面之評價。因為，留學國至上主義雖然是我國法律、立法與公共政策之間隔閡的主要原因之一，但也能成為解決此一隔閡問題之方法。因為只要留學國至上主義，能採下列方法來實踐，個人認為，對於整合法律、立法與公共政策，並將討論焦點予以聚焦，乃十分有益。

此方法便是專家學者將其留學國之相關法制與政策，其施行後之正面

---

[2] 留學國至上主義，其實便是我國古諺「外國的月亮比較圓」，或英語"grass is always greener on other side of the fence"在學術工作上的一種形式。

與負面效應，皆能直接平白地原譯，忠於其文獻之意義而呈現於國人眼前，則這些外國法制與政策，定能對參與討論之相關人員啓發重要之意見。但是，若僅對留學國法制或政策，僅提供其法規制度條文文字之介紹，或僅提供對其正面評價之學術文獻，便無法提供參與討論之當事人中立、客觀而有益之學理基礎，並且，便會成為只是這些法制、政策之介紹者個人價值判斷之部分依據而已。而若留學國豐富而深入的各種學術研究成果，只能成為某特定行政部門、智庫、或學者本身價值判斷之依據，而無法做為全體可能參與決策者可資參考之文獻，便難謂其不可惜。

更進一步的對於留學國相關法制、政策文獻之翻譯與評析，應讓譯者與評論者本人就為何選擇該法制，其留學國國別、學校、科系與師承，忠實地表現在其作品中。而忠實地表現這些內容，其主要的目的在於讓留學國法制與政策之引介人，能夠進步一地反省留學國之情形與本土社會在政治、經濟、社會、文化與歷史發展上之差異。

惡質立法

　　吾人探討立法品質，在分析何謂良善之立法品質前，首先必須先界定良善的立法品質之對立面，亦即「惡質立法」。

　　「立法」一詞，一般而言，指涉中央與地方依憲法或法律規定掌有立法權之民意機關，制定法律之過程。立法之程序，涉及議事程序性規範；立法之過程，涉及利益政治於立法程序中利益競逐之政治行為；而立法之結果，則為中央或地方法規之制定或修正。

　　立法向來為中性之名詞，對於立法結果，往往在惡法亦法之觀念下，通常甚少從立法程序或過程中之種種，來做為判斷立法結果之標準。在立法決策之多數決規範下，只要是立法院或地方議會多數決議通過之立法，經法定公布程序，便成為有效法律。因此，所謂「有害立法」或「有益立法」在我國社會中，通常只是反對該立法或支持該立法者，從支持或對立之價值來予以界定。

　　然而，多數決若成為判斷立法之正當或不正當之唯一標準，吾人卻可以從更符合社會一般常識之認識中，界定出何謂有害立法[1]。

　　事物之有害或有益，向來為受害者或受益者之主觀判斷，因此，判斷立法之有害或有益，筆者認為，可從立法政策中，受害者與受益者之性質及其判斷來分析。

---

[1] 在我國，目前學術界與實務界，對於立法品質之研究，皆不甚重視。以立法品質為主題所做之研究，吾人經由國家圖書館蒐尋相關期刊文獻，目前最近之作品，距今竟已將近二十年，例如黃秀端，1997，提升議事效率與立法品質應從基本制度開始改革，《全國律師》，1：9。頁 13-15；黃東熊，1985，落實研究基礎才有好的立法品質：從檢肅流氓條例的效果談起，《中國論壇》，21：3=243，頁 40-42。

　　立法過程中，涉及立法者本身與被規範者之二元對立。立法者之立法政策，可以具有至少四種態樣：第一種是立法政策使立法者與被規範者而言，同時皆顯著受益；第二種是立法者本身受害、被規範者受益；第三種是立法者與被規範者同時皆顯著受害；第四種是立法者本身受益、被規範者受害。

　　第一種立法，是顯然之有益立法，吾人期望中央政府與地方皆能夠多多進行此種立法，已使政府與民眾雙贏。

　　第二種立法，對立法者本身有害，但卻有益於被規範者，依其邏輯，此為立法者本身之良善決策，社會大眾將十分歡迎，但其出現之機率甚低，除非在強人政治或特定時空背景下，立法者才有可能犧牲自己利益，來成就廣大沈默大眾之利益。

　　第三種立法，是顯著之有害立法，吾人認為其較不致於出現，因為政府與民眾雙輸之決策，可以很輕易地被廢棄。

　　第四種立法，即為本書所重點討論之有害立法，立法者之立法政策，乃為成就自己之利益，於是犧牲沈默大眾之利益。而沈默大眾在立法過程中，即使知自己之利益即將受損，亦無法對抗，因為在立法過程中，真正能夠參與立法程序並影響多數決判斷者，即包含於廣義之立法者之範圍內，其必託言於公共利益之需要、廣大社會之訴求、實現正義之必須、社會轉型之必然等華麗修辭，而於立法之內容中，藏入各種有利於己而不益於人之內容（如下表）：

	有益立法者	有害立法者
有益被規範者	良善立法	有益立法
有害被規範者	有害立法	無義立法

　　有害立法，為立法者之多數，為求自己之利益，而無視於被規範者利益之嚴重受損之立法。其立法者多數之利益，可為無形是政治上利益，亦可能為有形之財務上之利益。而被規範者受損之利益，則可為無形之自由，或亦有可能為有形之財產。其中，當立法政策乃明顯地對立法者之財務利益有益，而使被立法影響者之財務受損，則便是有形之有害立法，這種立法，對於國家之社會與經濟發展，都將有嚴重禍害[2]。立法者之多數，僅追求自己之利益，而犧牲廣大被規範者利益之立法，其能夠於多元、開放而競爭的社會中產生，通常有其以下三項條件：一、立法者之多數取得立法權之基礎在於敵對集團力量之衰敗；二、立法者之多數視被立法規範者為與其敵對之特定族群；三、被立法規範之特定族群力量衰敗有助於持續維持立法者保持多數地位。

　　基於以上三項主要條件，立法者之多數便容易為維持本身保持多數地位之目的，而透過立法來約束其所敵視之特定族群，並逐步削弱其力量，於是產生對立法者有益而有害於被規範者之立法[3]。

　　當有害立法正式通過生效後，通常被規範者只能束手就擒，因為一旦立法者之多數執意要經由立法行為來利己害人，其必然將會更重視於該有害立法之執行。因此，有害立法之有效執行，其必要條件乃是立法權與行政權之充分結合。

---

[2] OECD 所出版的一系列有關政府治理之革新之報告中，就曾經就一國之立法品質與其國家經濟發展，提出明確的看法，其認為立法之品質，乃強烈地影響國家的經濟發展與民生福祉。詳 SIGMA-OECD, SigmaPapers No. 18 (1997 at 3).

[3] 上述這種立法，其典型之範例，是德國納粹時期之反猶太立法、美國於 19 世紀末的排華法案、以及近日來我國立法院制定通過之所謂不當黨產處理立法。而吾人若將行政部門之行政立法行為，亦含括於廣義之立法內，則美國於第二次世界大戰期間，針對日裔美國人所發布的 9066 號行政命令，將所有住在美國西海岸的日裔美國人都予囚禁，亦是典型的有害立法。

錯誤立法

有害立法通常從錯誤立法開始,而所謂錯誤立法者,主要是因為立法不符合法律運作之內部邏輯。

例如:我國「學位授予法」第 16 條於 2018 年年底修正通過,強制性要求取得碩博士學位者必須將其論文之全文及電子檔交給國家圖書館,國家圖書館並有權重製、透過網路於館內或館外公開傳輸。此一新修規定產生一項爭議,就是此一規定似有侵害碩博士論文作者之著作權,以及大學賦予學生學位之自治權。然而,此一爭議所涉及到的問題,不僅在於法條文字本身所指涉的內容,更在於法條的本身的實際運作,缺乏其實質有效性之問題。也就是說,本法條之修正,是一典型的「錯誤立法」,而「錯誤立法」在臺灣當今的立法實務上之大量出現,才是真正值得法律與公共政策學界應審慎探討並設法予以避免之問題。

於 2018 年 11 月新修正之「學位授予法」第 16 條規定:「取得博士、碩士學位者,應將其取得學位之論文、書面報告、技術報告或專業實務報告,經由學校以文件、錄影帶、錄音帶、光碟或其他方式,連同電子檔送國家圖書館及所屬學校圖書館保存之。國家圖書館保存之博士、碩士論文、書面報告、技術報告或專業實務報告,應提供公眾於館內閱覽紙本,或透過獨立設備讀取電子資料檔;經依著作權法規定授權,得為重製、透過網路於館內或館外公開傳輸,或其他涉及著作權之行為。但涉及機密、專利事項或依法不得提供,並經學校認定者,得不予提供或於一定期間內不為提供。前二項圖書館之保存或提供,對各該博士、碩士論文、書面報告、技術報告或專業實務報告之著作權不生影響。」

新修「學位授予法」如此之規定,引起學界之反彈,例如,有學者認為,被國家強制將學位論文的電子全文交付給國家圖書館來提供免費下載,宛如無償被迫電子出版一般,而來侵害作者發表其研究成果的學術自

由，這是在國外大學前所未聞的。國家圖書館對於學位論文強制全面無償公開電子全文下載，不僅可能逾越了國家圖書館在「圖書館法」下的法定地位，亦還造成對學術自由以及大學自治的侵害，實有必要在法律條文的文字解釋上，對於「館外公開傳輸」的部分，在「方式」以及「內容」予以斟酌而來加以限縮適用，用以符合保障學術自由與大學自治的具體內涵[4]。

而我國學者亦有認為，新修正「學位授予法」第 16 條第 1 項規定要求送存學位論文，包括紙本論文與論文電子檔案二部分，對此本文以為應以擇一方式即可實踐保存研究成果等目的，要求二者皆須送交似有違反必要性之要求；同條第 2 項強制公開研究成果規定實已達到強制表意之效果，已達到違憲程度，且亦違反財產權保障，因為論文一旦可以公開閱覽，勢必導致論文研究成果無出版實益，進而喪失經濟價值[5]。

當然，雖然有上述之反對意見，對於本條修正仍有其支持者，例如推動本條修正之當事人國家圖書館，其工作同仁便認為，「學位授予法」賦予國圖於館內依法公開、供眾閱覽之權力，而不致因此影響著作權人之相關權益。因此，此次修法的重大變革之一，便是明確規範紙本學位論文與電子學位論文於國圖館內依法公開之法源，同時也正式宣告我國邁向全民監督、共同打擊抄襲與違反學術倫理的新紀元[6]。

總之，反對本法修正條文者認為，本條款將侵犯碩博士論文作者之著作權，通時也進一步地侵犯大學於學位授予上之自主權；而主張本條款者，則認為本條款有助於讓社會共同打擊論文抄襲與違反學術倫理之歪風。

---

[4] 黃仁俊，2019，學位論文與大學自治 ¾ 評學位授予法第十六條下國家圖書館的角色不變，發表於：《教育法學評論》，第 2 期，2018/122。頁 219-230

[5] 周佳宥，2018，評學位授予法第十六條修法之合憲性，發表於：《教育法學評論》，第 2 期，2018/122，頁 203-217。

[6] 王宏德，2019，對於「學位授予法」修正通過之我見，《國家圖書館館訊》，108 年第 1 期，2019/2，頁 20-22。

　　究竟，碩博士論文作者之智慧產權與大學之教學自主權之保障，與打擊論文抄襲歪風此兩者間，孰重孰輕？其兩者是否存在著不可共存的衝突？此兩問題便是本修正條款所引發的爭議之核心問題。但是此兩問題真正凸顯的，並不是此憲法價值與公共政策之間的衝突，而是立法者在此一法律之修正上，所展現的「錯誤立法」現象，以及此一現象，對於國家法治體系之嚴重傷害，並且，此傷害是在無形、莫名及被忽視中進行。

　　在錯誤立法下，立法者常有意或無意地使其立法之結果，完全無法實現其立法所欲實現之政策目標，或若立法所欲實現之政策目標得以實現，完全需仰賴其他非立法所設定之條件的配合。

　　例如，前述「學位授予法」修正條款本身，便是一錯誤立法，因為，其條文雖明定碩博論文必須強制送交給國家圖書館，但此強制性毫無基礎，碩博士論文著作者若不願意上傳給國家圖書館，國家圖書館完全無法透過任何機制予以強制；其強制性僅能靠著各大學的圖書館願意配合國家圖書館之要求，而代為強制碩博士論文著作者必須將其論文上傳給國家圖書館，而各大學圖書如此代替國家圖書館之強制行為，除各大學校內有關碩博士學生畢業之相關內部規範外，毫無任何法源基礎可資依循。總之，錯誤立法，基本上必有以下幾項特徵：

採取手段逾越立法目標

　　錯誤立法之第一項特徵，乃在於立法中所運用之政策手段，顯然逾越立法之目標。例如「學位授予法」之立法目的，應是為規範各級學校授予學位之基本條件與程序，以保障學位授予應有之學術品質與社會公信。而本法第 16 條新修規定要求學生取得學位後，應將其論文送交給國家圖書館並予無償公開，但其實，將論文強制送交國家圖書館，並向社會大眾無償公開，對於學生論文學術品質之提升，或斷除學生抄襲及違反學術倫理，並無直接之作用。因為，學生於寫作論文時，能盡力提升其論文品質，並

且避免抄襲，其實依實際經驗，其最重要的影響作用乃是論文指導老師、口試委員之審查，以及現今各大學多有採用的論文比對檢測系統。

論文強制送交國家圖書館並容任其無償公開，僅有一項功能，亦即讓論文之被抄襲者，能夠透過國家圖書館，輕易快速地檢查其論文是否有被他人抄襲，並予發現被抄襲後，得迅速向學位授予學校提出檢舉，然後，學校再依「學位授予法」第 17 條規定之應撤銷學位條件第二款「論文、作品、成就證明、書面報告、技術報告或專業實務報告有造假、變造、抄襲、由他人代寫或其他舞弊情事。」撤銷其學位。

就人性而言，只有論文之被抄襲者，才會為了維護其智慧財產，而向學位授予學校檢舉自己論文被他人抄襲。因此，若「學位授予法」之立法目的，在於解決有少數取得學位者，以論文造假、變造、抄襲之不當方法取得之問題，那麼，協助各學校建置論文比對檢測系統，恐怕是比強制地侵奪作者之智慧財產權更為有效的做法。

採取簡單立法技術

錯誤立法之第二項特徵，在於採取最簡單之立法技術。所謂簡單立法技術，包括僅修改原條文中之某文字、某數字，或從其他國家之立法例，或其他法律之法條文字直接予以移植到新修立法中，而未考量其與原立法可否協調、配合，亦未考量其實際執行及解釋時所可能產生之問題。

例如，本法第 16 條之修正立法，便是採相當簡單的立法技術，本法原規定在第 8 條「博、碩士論文應以文件、錄影帶、錄音帶、光碟或其他方式，於國立中央圖書館保存之。」後修正為現行條文。原條文僅規定由國立中央圖書館保存，現改為「經由學校以文件、錄影帶、錄音帶、光碟或其他方式，連同電子檔送國家圖書館及所屬學校圖書館保存之。」如此之修改，僅為文字上做簡單之調整。而涉及到論文作者著作權之規定為第二項「國家圖書館保存之博士、碩士論文、書面報告、技術報告或專業實務

報告，應提供公眾於館內閱覽紙本，或透過獨立設備讀取電子資料檔；經依著作權法規定授權，得為重製、透過網路於館內或館外公開傳輸，或其他涉及著作權之行為。但涉及機密、專利事項或依法不得提供，並經學校認定者，得不予提供或於一定期間內不為提供。」及第三項「國家圖書館之保存或提供，對各該博士、碩士論文、書面報告、技術報告或專業實務報告之著作權不生影響。」

以上有關論文著作權之重大修正，雖增加了條文的項數及文字，但仍只是簡單地以「經依著作權法規定授權」、「經學校認定者，得不予提供或於一定期間內不為提供」及「著作權不生影響」等文字，來規範論文著作權人的著作權之問題。至於何謂依著作權法規定授權？涉及機密、專利事項或依法不得提供時，學校又如何同意？以及何以國家圖書館已能保存或提供論文，何以作者之著作權如何不生影響？皆未有較為詳實之規定。上述三項問題，立法者以簡單的立法技術來處理，便會在日後實際執行時，反而產生更多爭議。

執行機關得恣意裁量

錯誤立法之立法者運用簡單的立法技術，來完成其立法任務，在立法的落實上所產生的實際結果，便是使負責執行之機關或人員，反而因此得到幾乎不受約束的裁量空間，來適用與解釋法律。

例如，本法第 16 條之新修規定，便讓得以執行本規定之國家圖書館，在毫無任何法規的約束之下，可以對所有國內的碩博士論文，為重製、透過網路於館內或館外公開傳輸，或其他涉及著作權之行為。國家圖書館之工作人員，可以任意解釋此規定中的「重製」與「館外公開傳輸」之字眼。

同樣的，本條此一新修規定，也讓學位授予學校之圖書館主管或管理人員，可以對於學生論文口試後，能否順利取得學位證書，在未有法律之

授權下，卻擁有絕對的裁量權。因為，學校圖書館可以依據此一新修規定，要求學生必須先將論文之電子檔繳交給圖書館後，再准其取得畢業證書並辦理離校手續。於是，學生能否畢業之條件，不再是論文口試委員對論文之口試是否通過，而是學生將電子檔送交圖書館時，能否符合圖書館之各種形式或非形式之要求。

未設計課責機制

最後，錯誤立法亦會有無效之立法效果，因為其立法上，未設計課責機制，以至於執行法律者若依自己之意志進行裁量，予以過於嚴格執法或不當執法，並無須為其行為負責。因此，在未設計課責機制之錯誤立法下，法律並未真正給予執法者行為與價值判斷之指引，而只是給予執法者依自己意志來解釋立法政策之充分授權；執法者之意志便可凌駕於法律之上，而成為實質之法律。

本條例第 16 條之規定，也同樣是完全未設計課責機制之無效立法之典型。本條例中，對於第 16 條規定有無執行，並未設有任何處罰或獎勵機制，更遑論課責機制，因此，例如以下各種嚴重違反本條文字意義之做法，亦完全無人必須負責，例如，取得博士、碩士學位者，未將其取得學位之論文或報告送國家圖書館及所屬學校圖書館保存之，但依然取得學位；取得博士、碩士學位者，將其取得學位之論文或報告送國家圖書館及所屬學校圖書館保存時，國家圖書館及所屬學校圖書館要求其更改內容；國家圖書館及所屬學校圖書館逕自修改取得學位之論文或報告；取得博士、碩士學位者，將其取得學位之論文或報告送國家圖書館及所屬學校圖書館保存後，國家圖書館及所屬學校圖書館遺失該論文卻稱取得學位者未送交。

以上種種情形，雖然未有取得明確之證據或文獻，證明曾發生過類似情形，但是，問題之重點在，其即使發生了，國家圖書館或學生所屬學校

圖書館之館員，無任何人必須為其違法或干涉學術自主之不當行為負責。

罪刑顯然不相當

錯誤立法，也經常表現為在法律中，對於受規範者之行為，其所犯的錯與所應負的責任，有非常明顯的落差，也就是罪刑顯然地不相當。

例如，曾經備受國人矚目的國安局特勤人員走私菸案，各方輿論從政治與道德的層面來看此案，都認為此案不應予以輕縱；而本案最先被羈押禁見涉案人員，雖只有訂 1 條 790 元的洋菸，但由於他是本案主要的訂購及聯繫人，故依違反「貪污治罪條例」第 4 條「以公用運輸工具裝運違禁物品或漏稅物品罪」起訴；因此，這位涉案人員依法最重可判處無期徒刑，或 10 年以上徒刑，刑責可謂相當之重[7]。

本案涉及了相當複雜的國家安全、國家元首幕僚行政、航空公司管理及海關稅務之問題，這些種種之問題，究竟是應總結為是特定政府高層之貪腐，抑或是國安人員之多年陋習？就此問題，不宜武斷評論，而需待司法調查完峻後，再由司法程序來做判斷。但是上開涉案人員因涉違反「貪污治罪條例」第 4 條第 4 款而可能被處以無期徒刑或 10 年以上徒刑如此之重刑，其便引發出本案的另一項問題，那就是「貪污治罪條例」此一規定之立法，是否有嚴重違反「罪刑相當原則」之問題？

「罪刑相當原則」又稱罪責刑相適應原則，罪刑均衡或者罪行相適應原則，是指刑罰的輕重，應當與犯罪分子所犯罪行和承擔的刑事責任相適應。也就是根據罪刑的大小，決定刑罰的輕重。罪重的量刑則重，罪輕的量刑則輕。此原則在我國憲法中，已被大法官會議解釋透過解釋文將其正

---

[7] 維基百科，自由的百科全書，2019 年中華民國總統府侍衛室走私香菸案，取自 https://zh.wikipedia.org/wiki/2019 年中華民國總統府侍衛室走私香菸案，本頁面最後修訂於 2019 年 8 月 25 日（星期日），最後瀏覽日：2019/08/30；【國安局私菸案起訴 3】買免稅菸數量不設限 原來是他下的令，《鏡週刊》，2019/08/23，取自 https://www.mirrormedia. mg/story/20190823inv008，最後瀏覽日：2019/08/30。

式納入我國憲法之內涵[8]。

「罪刑相當原則」之實踐，首先必須從立法上予以實踐。而在立法上實踐罪刑相當原則，依立法實務之經驗，僅靠立法者代表民意或專業，而其多數集結成共同意志，來制定出罪刑相當之法律，可以說是緣木求魚；甚至於，在民粹思想高漲的今日，由民選民意代表所組成之立法者，其所制定出之與刑法有關之法律，通常其罪與刑，只會與社會強勢輿論之意見相當，而不會有兩者間合理之相當。

「罪刑相當原則」在立法上之實踐，必須透過正確之立法原則對法律起草者與立法者提供指引，才能夠在立法上實踐罪刑相當。而其中最重要之立法原則，乃是對所欲規範之人、事與物做正確之分類。若無正確之分類，則必有可能制定出違反罪刑相當原則或其他公平正義原則之法律。

吾人若從「貪污治罪條例」第 4 條之立法，即可見當時立法者之錯誤分類。「貪污治罪條例」第 4 條所處罰者，為公務員犯貪污罪者中情節最重者[9]。而公務員犯貪污罪之情節輕重，應從其貪污行為對國家安全、公共利益、社會秩序及他人法定權益所產生之危害之輕重而論。而危害之輕重，又以其行為是否有明確之被害者，以及其被害者人數之多寡與受害財產損失之多寡。

---

[8] 我國司法院大法官於 630 號解釋中即曾指出「刑法第三百二十九條之規定，並未有擴大適用於竊盜或搶奪之際，僅屬當場虛張聲勢或與被害人或第三人有短暫輕微肢體衝突之情形，因此並未以強盜罪之重罰，適用於侵害人身法益之程度甚為懸殊之竊盜或搶奪犯行，尚無犯行輕微而論以重罰之情形，與罪刑相當原則即無不符，並未違背憲法第 23 條比例原則之意旨」；另司法院大法官於 2019 年 2 月 22 日做出第 775 號解釋，認定犯罪情輕累犯一律加重其刑違憲，過苛侵害人身自由，違反憲法罪刑相當及比例原則，法務部兩年內須修法。

[9] 於 1963 年 7 月 5 日「戡亂時期貪污治罪條例」制定本條款時，當時立法者認為，社會上貪污腐敗風氣嚴重，並且係因「懲治貪污條例」之廢止才導致政風敗壞，因此，本於「治亂世用重典」之原則，應以嚴刑峻法來懲儆貪污，同時回應望治心切之社會大眾，故而制定該條例。詳《立法院公報》，第 51 卷第 29 會期，第 11 期，1962 年，頁 75-76；第 30 會期，第 7 期，1962 年，頁 63；到在 1973 年時，當時觸犯第 4 條條文者還可處以死刑。

「貪污治罪條例」第 4 條所處罰者，既為公務員犯貪污罪者中情節最重者，則被處罰之公務員，應有足夠之證據證明，其貪污行為有明確之被害者，且被害者人數甚多，或其所受損害之利益甚大。

然而吾人觀乎「貪污治罪條例」第 4 條各款之規定卻會發現，其中某些條款之規定，被害人確實必須受有重大的法益受侵害，才能符合其構成要件；但某些條款，卻即使無被害人或被害人之法益未被證明已受侵害，仍能符合其構成要件。

例如，第 1 款之「竊取或侵占公用或公有器材、財物者」其必須有某公部門所持有之器材或財務，遭到竊取或侵占，且能證明確為被告公務員所為，方符合構成要件；而以該款而言，其被害者乃為持有該公用器材或財務之公部門，以及該公部門使用該器材或財務而得利之相對人。因此，本條款中，有明確之被害人，並且被害人受損之法益，可以依該被竊取或侵占之器材或財務之數量來客觀地衡量。

又例如該條第 2 款「藉勢或藉端勒索、勒徵、強占或強募財物者」，則其構成要件之舉證更為明確，必須能證明被害者確有一定之財務，遭被告公務員藉勢或藉端勒索、勒徵、強占或強募，方符合構成要件。因此，提起告訴者，無論是國家或自然人，必須證明公務員被告確有「藉勢或藉端勒索、勒徵、強占或強募」之行為；且所被勒索、勒徵、強占或強募之財務，有具體之數量。因此，在本條款之規定下，亦有明確之被害人，且被害人受損之法益，可以依該被藉勢勒索、勒徵、強占或強募財務之數量，以具體客觀地衡量。

但除了以上 2 款之外，其他條款，便未能從法條文字上，明確認知其被害人與構成要件，亦無法計算被害人所損侵害法益之客觀數量。例如該條第 3 款，「建築或經辦公用工程或購辦公用器材、物品，浮報價額、數量、收取回扣或有其他舞弊情事者。」除「收取回扣」較能具體舉證外，條文中所謂「浮報價額、數量」，依市場運作之現實，甚難舉證有無「浮

報」，以及其浮報之價額、數量之多寡；而所謂「其他舞弊情事」更為概括性之不確定概念[10]。

而本條第 4 款[11]，其法條文字所規定之構成要件，既無明確之被害人，更難以衡量被侵害之國家或個人之法益[12]。其所謂「以公用運輸工具裝運違禁物品或漏稅物品者」，其中，「公用運輸工具」之定義過廣；而「裝運違禁物品或漏稅物品者」亦未明定是為圖個人不法利益或為竊取、侵占或強募他人財務，因此，公務員若基於職務或為公共利益，而以公用運輸工具裝運違禁物品或漏稅物品者，在此條款之規定下，只要起訴人能夠證明被告公務人員有「以公用運輸工具」[13]來裝運之行為，且所裝運之物品為「違禁物品或漏稅物品」即可以本條款起訴[14]。

最後，本條第 5 款「對於違背職務之行為，要求、期約或收受賄賂或其他不正利益者」，則同樣的，除了「要求」收受賄賂可能有被害人外，其他「期約或收受賄賂」若為兩願合意，則無被害人法益之受損；至於所

---

[10] 陳志祥，2003 年 3 月，貪污治罪條例在內容上之評估與檢討，《月旦法學雜誌》，第 94 期，頁 25。

[11] 本條款之前身為「懲治貪污暫行條例」及「懲治貪污條例」中有關 10 年以上有期徒刑之貪污行為「以軍用舟車、航空器、馬匹、駄獸裝運違禁物品或漏稅物品者」；「懲治貪污暫行條例」及「懲治貪污條例」對於此行為處罰之重，係因當時立法技術及對日抗戰之時空背景，須著重於軍需及軍務之維持，防杜不肖官員挪用有限之作戰資源而設。

[12] 因此有論者認為，本罪欠缺保護法益，本質上應為行政不法行為，如余振華，2003 年 3 月，廢止貪污治罪條例暨回歸普通刑法之可行性，《月旦法學雜誌》，第 94 期，頁 82；張麗卿，2011 年 2 月，臺灣貪污犯罪實況與法律適用之疑難，《法學新論》，第 28 期，頁 20。

[13] 於我國司法實務上，本條例第 4 條第 1 項第 4 款所定「公用運輸工具裝運漏稅物品罪」中所謂公用運輸工具，採取較為廣義之概念，指凡供機關、部隊等公務單位使用之運輸工具，均應包括在內（最高法院 92 年度臺上字第 2106 號刑事判決），並不因其係有照、無照而受影響（臺灣高等法院 92 年重上更（三）字第 80 號刑事判決）。

[14] 因此，本條已有法律實務界人士主張應予刪除，因為，本款在現今臺灣適用機會極其有限。有關運槍輸毒情節重大者，多已制定有嚴峻之特別刑法足供制裁；至於一般裝運違禁物品或漏稅物品案件，依「貪污治罪條例」第 6 條第 1 項第四款圖利罪已足堪適用，故本款可考慮予以刪除。詳：就我國實務運作觀點，評現行貪污治罪條例，取自：https://www.ulc.moj.gov.tw/media/66490/7418182713101.pdf，最後瀏覽日：2019/09/11。

謂「其他不正利益」也是概括性之不確定概念，難以客觀具體之舉證與衡量。

本條之立法者，對於上開 5 條款應有之差別未能做有意義之分類，反而僅用本條第 2 項來將其予以區別，本條第 2 項規定，「前項第一款至第四款之未遂犯罰之」也就是立法者認為，除第 5 款罰未遂犯可能有不正當或違反罪刑相當原則外，其餘 1 至 4 款，連重罰其未遂犯至無期徒刑之重刑，都可謂正當。

「貪污治罪條例」第 4 條之立法者，於立法時未能對於公務員貪污行為所產生之國家或人民法益之損害，進行有意義之分類，對於公務員被認定為貪污之行為中，有明確被害者與無明確被害者，都給予同樣之待遇；對於公務員被認定的貪污行為所侵害之國家或他人法益之大小，亦無依其輕重，而給予不同之處罰。這樣的立法，即已違反「對類似的情況，給予相同之處理；對不類似的情況，應予不同之處理」的正義原則。

違反正義法則之立法，即易於執行及適用時，產生難解爭議，例如本書所探討之國安特勤人員私菸案之涉案主角，雖然自己只有訂 1 條洋菸，但僅因其為本案主要負責的聯繫人，就需其要面臨無期徒刑或 10 年以上之徒刑，這便有相當明顯的罪刑不相當之問題。因為，其負責承辦聯繫之走私進口菸行為，並非在「竊取或侵占公用財物」，亦非以「藉勢或藉端勒索、勒徵、強占或強募」之方法為之，因此，其行為於民眾看來雖屬不當，但實際上，除了國內必須依法繳稅之菸商可能少了一點營業額外，並未有明確之被害人，亦即國安局特勤人員走私近萬條洋菸之行為，似乎並沒有造成任何人有形或無形之利益受到侵害。而若起訴之檢察官在尚難舉證被告走私洋菸行為所侵害之國家或他人法益之大小的情況下，即要對被告提起重罪之訴，吾人認為，確有違反罪刑相當原則之虞。

總之，國安局特勤人員利用國家元首出國訪問通關免驗之禮遇，而走私大量洋菸，此行為確實反映出相關人員貪小便宜之人性，因而在要求公

務人員應有完美人格的民粹社會中，確實會造成相當負面之社會觀感。但其所引發的本案負責承辦之人員，僅因負責聯繫事項，而自己並未明顯有侵害國家或他人法益之情況下，即因「貪污治罪條例」第 4 條之規定，而必須面臨 10 年以上，甚至無期徒刑之重罪，其反映出的更深刻之問題，在於立法者對於公務員貪污之防制立法，未能運用正確之立法論對所欲懲罰之行為人及其行為，做適當之分類，以致於產生違反罪刑相當之正義原則的問題，而此問題，更值得我國法政學術與實務界警惕。

復仇性立法

　　惡質立法、有害立法者，除了上述錯誤立法，更有一種型態是立法者刻意制定，被民眾視為有利但實質有害之立法，那就是「復仇性立法」。

　　好萊塢電影「復仇者聯盟」系列，在全球影視市場上十分賣座，這反應了一個重要的社會現象，那就是人們對於強而有力的「復仇」之重視。在臺灣，當前社會同樣瀰漫著對強有力的復仇之崇尚，只是，在臺灣，扮演給觀眾帶來親痛仇快的復仇者英雄們的，是那些靠著選舉而得到其表演舞台的民選政治人物們。尤其是那些肩負立法重責的立法委員們，他們在立法院中行使立法權，便如同電影「復仇者聯盟」裡的各路奇異英雄們一樣，用他們手中握有的立法權，來為其所認定的選民們，報各種應報之仇。

　　於是，臺灣的立法院，近年來的各種立法，便以「復仇式立法」為其大宗。「復仇式立法」最強大的表現，便是其能夠超越政黨傾軋，受不同政黨的立法委員們之共同支持，而在許多可以適用的議題上，快速而有效地被運用。但正如同在電影「復仇者聯盟」裡的重要情節，即復仇者英雄們經常會為了實現迅速而有效的復仇而傷害更多無辜之人一般，復仇者們所熱愛的復仇式立法，也經常會傷害了無辜的社會大眾，只是，真實的臺灣社會中，被復仇式立法所傷及的無辜民眾，並沒有感人的電影來表達他們的可憐。

　　立法而可以「復仇」名之，乃是因其目的與內涵，乃完全以「復仇」為宗旨；以「復仇」為宗旨之立法，通常具有以下非常顯著的四項特性：

　　復仇式立法之首要特徵，在於其立法之辯論過程與最後議決之實質內涵中，皆顯然地具有將復仇之手段，視為立法之目的。例如，近年來臺灣最顯然的復仇式立法，是對於虐童者的處罰。例如，近年由於新聞報導多起虐童事件，激起社會大眾要求重罰的輿論，因此，立法院便在各政黨難得有所共識的情況下，三讀通過刑法部分條文修正，明定虐童致死者處無期徒刑或 10 年以上有期徒刑，致重傷者處 5 年至 12 年有期徒刑[15]。

　　此一修法於立法三讀過後，朝野各政黨紛紛於新聞媒體上表達自己身為一成功的復仇者之功勞，但他們於新聞媒體上所表達的言論，卻也表現出復仇者立法的首要特質，亦即將復仇之手段視為立法之目的。例如，立法院長曾說，政府有責任確保孩子在沒有苦難與傷害的環境成長，母親節前夕通過修法，是提前送給天下母親一份安心禮物。孩子純真的笑臉，是這個世界上最美好的禮物，我們要想盡一切的辦法，用盡所有的力氣去捍衛。確保孩子能夠在沒有苦難與傷害的環境中快樂成長，是政府的責任，也是每一個大人的責任[16]。

　　對於虐童犯，給予嚴厲的報復，只是犯罪治理的手段之一；給予犯罪者給予延長其監刑，更只是懲治犯罪者之一項手段，但立法院院長卻認為，給予犯罪者加重其刑，便可以達到立法上「確保孩子在沒有苦難與傷害的環境成長」之目的，這便是典型的復仇者立法之思惟[17]。

---

[15] 此次修法，對以往並未明確定義的「凌虐」做出解釋，「以強暴、脅迫或其他違反人道之方法，對他人施以凌辱虐待行為」。

[16] 虐童加重刑責 蘇嘉全：提前送母親一份安心禮物，Newtalk 新聞，2019/05/10，取自：https://www.cna. com.tw/news/ahel/201905100161.aspx，最後瀏覽日：2021/02/01。

[17] 刑罰的功能有「預防論」及「應報論」兩種。前者指通過對人身自由甚至生命的剝奪，對行為人（特別預防）及潛在犯罪者 （一般預防）產生威嚇作用，預防犯罪。而應報論則要求犯罪者必須付出比例相當的代價。許惠琪，2019，應報論、復仇觀與傳統哲學，《全國律師》，1 月號，頁 33。

　　而這種復仇者立法之思惟，其更重要的特性，在於復仇者們無論來自何政黨或原職專業，皆有共同的復仇心態[18]。而立法者們的復仇心態，其實其甚大的程度，是受懷抱著復仇者理想的利益團體代表之鼓勵而形成的。例如在上述虐童立法上，兒福聯盟重要幹部曾表示，過去法官在審理兒虐案時，主要都是引用傷害罪，在臺灣沒有廢死的狀況下，殺人罪最高可處死刑，但虐童致死最重只有無期徒刑，「兩者刑度的落差，是要反映什麼教化意義？」以保障兒童福利為專業的專家也認為，要改善問題，得從法官的養成教育著手，讓司法人員了解，傷害、虐待兒童對兒童的身心影響重大，遠重於傷害成年人。法官在判刑時，應將兒童人權維護置於凶手人權保障之上，並仔細思量判決結果對於社會民心的長遠影響。

　　兒福政策立法之主要壓力團體代表，對於兒童人權之維護，同樣也以加害者能夠得到嚴厲的處罰這種復仇者的心態來視之，當然，立法者也因此受相當之鼓勵，用立法技術相對簡單容易的復仇式立法，來表達其立法

---

[18] 各黨團也都肯定此次修法，不過多位立委表示，虐童致死者仍無死刑選項，令人感到遺憾。昨修正案三讀後，國民黨團書記長吳志揚說，民國 105 年兒少受虐致死 12 人，106 年更高達 23 人，顯見現行法令缺乏嚇阻力。國民黨立法院黨團書記長吳志揚表示，根據衛福部統計，民國 105 年兒童少年受虐致死人數高達 12 人，106 年變為 23 人，成長幅度近乎一倍，顯見國內保護兒童的相關法令，對於虐童者毫無嚇阻的力量，每次發生虐童事件，法務部的回應總是認為現行的刑責已達到嚇阻效果，事實上並非如此。吳志揚指出，審視這次通過的三讀條文，雖然各項內容都不如國民黨團所提案的內容這麼重，但是希望在修法完成後，還是能有一定程度幫助虐童、殺童的悲劇，不要再那麼地多；感謝朝野黨團的努力，希望今天能送給全天下的母親，一個最棒的母親節禮物。時代力量立委洪慈庸表示，原本法條缺乏加重結果犯的規定，又對「凌虐」判斷困難，導致過去七年只有 14 件個案適用起訴，僅一件判刑確定，刑度不到六個月。這次除彌補漏洞，也將保護範圍放寬至十八歲，與兒童權利公約施行法和兒童及少年福利與權益保障法的規範一致。親民黨團總召李鴻鈞說，目前殺人致死可判死刑，但虐童致死卻沒死刑，是這次修法可惜之處。司法及法制委員會召委、民進黨立委周春米表示，母親節前夕朝野黨團討論這項法案特別有重要性，這次修法把保護客體從十六歲拉高到十八歲；並明確、清楚定義「凌虐」行為；另外也增訂虐童致死、虐童致重傷的加重結果犯，來補足犯罪類型適用的不足，充分保障幼童的生命、身體法益。周春米說，過去凌虐的處罰只有 5 年以下有期徒刑，這次提高到 6 個月以上、5 年以下有期徒刑。對被害兒童做相關保護時，有更完善法律、更完備的構成要件做判別，盼能對社會對刑法不足之處的質疑，做出足夠的回應。

偏好。

復仇式立法之第二項特徵，乃是立法技術之相對簡單容易，而所謂之立法技術之簡單容易，乃表現在復仇式立法中，復仇之手段與復仇所欲達成之目標，通常其二者之間缺乏比例原則之審慎考量，而更多的是外國既有之復仇立法之模仿。

例如，臺灣近年來由於不斷出現各種食品安全新聞，因此，立法委員們便紛紛要針對造成民眾憤慨恐懼的黑心食品廠商，透過修法來給予嚴厲的處罰，以撫慰社會大眾需要受害後亟需復仇的心理。於是，立法院便於2014年通過「食品衛生管理法」修正案，在本次的立法中，通過一項具有典型復仇者立法特徵的第49條第一項之修正，其對於「攙偽或假冒」，不論情節嚴重與否或是否對人體有害，都直接可處7年以下有期徒刑，得併科新臺幣8000萬元以下罰金；若致人於死最重可罰7年以上有期徒刑，得併科2億元以下罰金。

這項修法，便是以最簡單容易的立法技術，來達到立法上的復仇效果，但卻因未能審慎地考量罰刑之間的比例問題，於是使本復仇式立法，成為開另一惡法之例。

因為，上開食安法修法前，食品或食品添加物如有攙偽或假冒，必須致危害人體健康，始有刑責；但立法者食安法修正時，將前述「致危害人體健康」之犯罪構成要件刪除，並增加「添加未經中央主管機關許可之添加物」罪。此修法於立法技術上十分容易，因為對於「攙偽」、「假冒」等重要辭彙未做精確界定，且於其處罰之量刑，更未顧及其罪刑是否相符。

於是，由於「攙偽」、「假冒」及「添加未經中央主管機關許可之添加物」等行為實際上有無侵害人體健康之危險發生，通常非短時間所能識明，於司法實務上有舉證、判斷之困難，致實務上對於「食安法」第49條第1項規定之適用發生歧異。但該法修改後的許多食安事件中，法院最後卻多是用「標示不實」、「詐欺」等罪刑開罰，而不是用罰則較重的「攙偽造

假」開罰，因為立法者於修「食安法」罰則時，未能詳慮比例原則，於是法院、檢察官反而會因為擬偽假冒刑罰太重，而選擇以罪刑相符的罰則[19]。

復仇式立法之第三項特徵，是當所欲報復的犯罪人或加害者是屬於某種特殊族群時，復仇式立法便會無所顧慮地對其用無視於比例原則與適當性原則之懲罰方法，來對其犯罪行為進行報復。

近幾年，在臺灣的立法實務中，最明顯的針對特殊族群之復仇式立法，便是針對食品加工業者及教育及托育工作族群之處罰。

立法院在 2014 年 11 月修正通過，針對食品加工業者所謂的黑心廠商提高罰金，情節重大有危害人體健康之虞，最高可處 8000 萬罰金，致人於死最高罰 2 億元，法人部分可再乘 10 倍，最高處 20 億元罰金，為舊法的 3 倍。

為遏止不當對待兒少的事件不斷地發生，立法院於 2019 年 4 月三讀通過「兒童及少年福利與權益保障法」部分條文修正案，其中針對托育工作者之管理，是明訂「托嬰中心應裝設監視錄影設備」，以及修正第 97 條，將罰鍰上限由過去的 5 倍提高到 10 倍，最高可處新臺幣 60 萬元。

立法院於 2019 年 5 月三讀通過教師法修正草案，針對外界最關心的不適任教師問題，明定各級主管機關應成立教師專業審查會處理教學不力或不能勝任工作的不適任教師案件，如學校教師評審委員會未依規定召開、審議或決議，主管機關認有違法之虞時，應敘明理由交回學校審議或復議；屆期未依法審議或復議者，主管機關得敘明理由逕行提交教師專業審查會審議，並得追究學校相關人員責任。

以上食品加工業者、托嬰中心業者及教保人員、教師，皆是具有特定職業之族群，他們在社會中是人數相對甚少之族群；他們因工作之性質，

---

[19] 非基改豆漿摻基改黃豆就要關七年，合理嗎？前檢察官揭秘《食安法》問題百出的真相！，風傳媒，2019/04/26，取自：http://m.match.net.tw/pc/news/politics/20190426/ 4876217，最後瀏覽日：2021/02/01。

亦與其他職業族群間之流動較少，因此，他們可以被清晰地界定為一個社會中因職業別而產生的少數族群。

針對能夠被清晰地界定的社會中之少數族群，當他們犯了「人神共憤」的大罪時，立法者對其透過復仇式立法予以處罰，便絕不手軟。

相對的，同樣犯了「人神共憤」大罪的加害人，若其未能被界定為屬於某一特定職業別或身分別之族群，則立法者便較不敢於貿然對其採取復仇式立法。

例如酒駕者，其身分可能是市井小民，亦可能是高官顯要，因此，雖然輿論媒體一致地期盼給予酒駕致死之犯罪行為人死刑處以極刑，但立法者之顧慮便顯得十分講求人性。例如立委提出針對現行的「道路交通處罰條例」修法，若來若通過酒駕罰鍰將加重 3 至 9 萬元，吊扣駕照 2 年，機車汽車罰則相同。但具法律專業背景之立法委員委即有憂慮，吊扣駕照 2 年，對於一些交通不便城市的民眾會影響到生活和工作，「酒駕加重處罰，杜絕酒駕，是大家都有共識的修法方向，但若要重罰，也需罪責相當，始符合憲合法，畢竟修法不能靠民粹意氣，修法後，國民都得受拘束，我們得負責任慎重其事！」[20]。

復仇式立法的第四項特徵，是立法上對於執行復仇行為的行政機關之依賴與大量授權。例如上開 2014 年「食安法」之修正，對違反「食安法」之業者給予嚴厲的行政罰鍰，並且讓負責開出罰單的行政機關享有極大的裁量權，來決定是否對其所認定的黑心廠商給予嚴厲的財產上之處罰。其修正第 44 條第一項：「有下列行為之一者，處新臺幣六萬元以上二億元以下罰鍰；情節重大者，並得命其歇業、停業一定期間、廢止其公司、商業、工廠之全部或部分登記事項，或食品業者之登錄。」並修正簡化同條

---

[20] 綠委稱酒駕修法不能民粹修法　遭網民恐嚇全家被酒駕撞死，中時新聞網，2019/03/21，取自：https://www.chinatimes.com/realtimenews/20190321002912-260407?chdtv，最後瀏覽日：2021/02/01。

第二項：「前項罰鍰之裁罰標準，由中央主管機關定之。」

　　此一立法，授權給主管機關對黑金食品廠商之處罰，裁量空間從 6 萬元到 2 億元；並且於此間的裁量判斷標準，乃是授權給主管機關自行認定。此外，本次修法更修正第 49 條第二項：「有第四十四條至前條行為，情節重大足以危害人體健康之虞者，處七年以下有期徒刑，得併科新臺幣八千萬元以下罰金；致危害人體健康者，處一年以上七年以下有期徒刑，得併科新臺幣一億元以下罰金。」新增「情節重大足以危害人體健康之虞者」文字，卻與「致危害人體健康者」無論在刑度、罰金相差不多，但卻將原新臺幣一千萬元以下罰金提高八至十倍，並且授權給主管之行政機關自行認定何謂「情節重大足以危害人體健康之虞者」的權限。

　　立法者在食安議題上，如此地仰賴執法的行政機關，並授予其如此大的行政罰之裁量權，同樣也是受到相關壓力團體之鼓勵。例如，連以司法人權之進步為其主要訴求的團體代表，都認為：「其實行政機關最清楚每一項食品的製造過程，以及當中可能存在的問題，⋯只要給稽查人員一個階梯，在合理懷疑情況下能運用行政罰，而又能夠免於可能國賠的壓力，稽查端才能更強而有力，行政裁罰越徹底、越敢做，對民眾的食安保障越高」[21]。而即使是專業的法律人，在面對「人神共憤」的食安議題上，也會認為對於那些黑心廠商，即時性的行政罰更能立竿見影，⋯行政機關的裁罰，比司法程序來的更立即、更有效。⋯「很多民眾不知道，行政機關的權力大到可以黑心廠商關閉工廠，對商人來說是坐牢三個月、一年嚴重，還是工廠被關掉嚴重？就我來看是工廠被關閉比較嚴重。」[22]

---

[21] 《食安法》加重、加嚴能解食安問題？重法卻罰不到的關鍵在於自由心證，2019/05/06，取自：http://m.match.net.tw/pc/news/politics/20190506/4885881

[22] 非基改豆漿摻基改黃豆就要關七年，合理嗎？前檢察官揭秘《食安法》問題百出的真相！，風傳媒，2019/04/26，取自：http://m.match.net.tw/pc/news/politics/20190426/4876217，最後瀏覽日：2021/02/03。

復仇式立法與鞭刑政策

　　復仇式立法如上之四項特徵，可有助於吾人檢視當前之諸多立法提議中，是否有復仇者心態之作用，同時，吾人也可以進一步地檢視許多潛在的復仇式立法之倡議，其可能於什麼的條件具足後實現。

　　鞭刑，便是近年來我立法輿論與實務界，不斷地被討論的議案。在2017 年 11 月 3 日，公共政策網路參與平臺上，一項名為「對酒駕累犯、性侵犯及對幼童傷害等增設刑法懲罰方式增加鞭刑制度」的政策提案通過網站附議門檻。由於法務部須在期限內對此議題加以回應，因此使得鞭刑議題在當時成為了新聞播報主題之一[23]。而如果在該平臺鍵入「鞭刑」後搜尋的話，會發現自 2015 年起，有關鞭刑的提案多達 53 筆。這些民眾期望以鞭刑做為懲戒手段的提案，其所涉事件類型相當廣泛，包含酒後駕駛、性侵案件、兒童虐待、吸食毒品、詐欺、貪汙、公然侮辱、空氣汙染、網路霸凌、不當評論事件、工作成效或品德不佳等等，其中，又以酒後駕駛為主的不能安全駕駛行為佔提案的最多數[24]。

　　鞭刑提案，在立法院中，也已經有許多立法委員提出相關建議，立法院於 2019 年 3 月亦曾針對如何有效杜絕酒駕與執法，召開公聽會，於會中有立法委員建議，酒駕肇事致人重傷者，除了原有刑責外，應再增加鞭刑一鞭，若酒駕再犯致人於死，死一個人就多加一鞭；立法委員並強調引進鞭刑是民間普遍共識[25]。不過，雖然有來自於立法院的壓力，但主管刑罰行

---

[23] 如：楊雅勻，「追加鞭刑連署成案！法務部：嚴謹看待討論」，TVBS，2017/11/03，取自：https://news.tvbs.com.tw/fun/805206。「對付酒駕、性侵等罪犯 網友連署追加『鞭刑』懲罰」，自由時報，2017/11/02，取自：http://news.ltn.com.tw/news/life/breakingnews/2241451，最後瀏覽日：2021/02/05。

[24] 公共政策網路參與平臺，https://join.gov.tw/searchSite/index?csrf=146526481&keyword=%E9%9E%AD%E5%88%91，最後瀏覽日：2021/02/07。

[25] 藍委提倡酒駕鞭刑、死刑伺候！蔡碧仲：不鼓勵報復主義，三立新聞網，2019/03/06，取自：https://www.setn.com/News.aspx?NewsID=507880，最後瀏覽日：2021/02/07。

政的法務部，卻對鞭刑立法，採耐人尋味的反對看法。法務部強調，鞭刑
報復主義；立法必須跟隨國際形勢、國際思潮、潮流才是進步立法，目前
採用鞭刑的國家已寥寥無幾，這並不是進步立法，而且鞭刑違反國際公
約，因此法務部目前不贊成採用。

歸納法務部之意見，以及依復仇式立法之四項特徵來看，鞭刑立法尚
未能在臺灣的立法部門順利通過，主要大約有以下二原因：

首先，鞭刑立法可能適用之對象，以呼聲最高的酒駕而言，其對象可
能是社會上的每一個人。因為，社會上的每一個人，都有可能自己或自己
的親朋好友觸犯酒駕刑責，殘忍的鞭刑若一旦執行在自己或自己親朋好友
身上，可能甚為難堪，因此，即使網路上支持鞭刑立法者很多，但仍尚難
撼動一切以民意為依歸的民意代表和民選行政首長。但是，若輿論大眾及
立法者，未來發現某特定職業別、身分別或種族別之族群，其成員之中有
人犯了人神共憤之大罪，務必去之而後快時，這時，鞭刑立法之正當性與
可行性，便會自然地被提升。

其次，復仇式立法必須採取極為簡單的立法技術，但鞭刑立法，卻並
不容易，以目前世界各國有採鞭刑而可為我國立法草擬者抄襲的國家，僅
有新加坡、馬來西亞、汶萊等國，我國立法主要模仿對象的日本和德國未
有鞭刑，因此，鞭刑立法之工作，若真要實踐，考驗著立法者的立法技術，
故而目前尚難推動。當然，此一問題較容易克服，一旦我們立法委員們得
到來自輿論的強大支持或壓力要推動鞭刑立法時，會直接將鞭刑二字寫入
法案之中，然後授權由執行鞭刑之主管機關去訂定行政命令來執行鞭刑。

復仇性立法之反思

立法，是否應該滿足人民的復仇情緒？這個問題，是探討復仇式立法
所要直指的核心問題。有論者認為國家沒有義務滿足社會成員的所有復仇
情緒，如果一個社會歧視特定少數族群，對該族群有強烈的厭惡情緒，顯

然國家不應該滿足這種情緒[26]。但也有人主張，國家既然收歸人民的復仇權，自然也有義務代替私人復仇；國家主權權力的成立始於否定被害人復仇的權利，由共同體代為科處刑罰來報復[27]。甚至亦有論者從務實的角度認為，就大眾復仇情緒的爆發一事，終究，無法對現實發揮作用的哲理，僅是空談而已」[28]；人們對於嚴重侵害生命行為，產生憤怒，由此而生復仇情緒。因此，刑罰「透過大眾的激情而被確認以及執行時」固然必須遵守比例原則，「抑制大眾情緒的爆發」，但完全排除復仇情緒，在現實上卻無可能性[29]。

國家之立法，不應全以滿足人民之復仇心理為業，但卻也不可能完全排除某種程度地使民眾的復仇心理得到慰藉；復仇式立法不應佔據立法工作之全部，但在重視順從民眾情緒的民主政治之氛圍裡，復仇式立法必然會在某些條件之具足下，領導立法。本書認為復仇式立法有四項特徵，這四項特徵也便是復仇式立法成形之四項條件，若以當前輿論呼聲極大的酒駕鞭刑立法來看，尚未找到特定的適合作為代罪羔羊的族群，來成為民眾復仇情緒發洩的出口，是鞭刑立法尚未能於臺灣立法中成功的主因。

吾人不在於鼓勵立法者或輿論各界去趕緊去尋找代罪羔羊們的群體，而是在警醒讀者們，一旦您自己或您的親友成為了代罪羔羊族群裡的一份子，那麼，復仇者立法英雄們，便會磨刀霍霍地在立法殿堂上，對您或您的親友展開堂而皇之的復仇行動。

錯誤分類與錯誤立法

如何避免錯誤立法，以及上述之無效立法、復仇性立法，都是「新立

---

[26] 許家馨，2014，應報即復仇？——當代應報理論及其對死刑之意涵初探，《中研院法學期刊》，第 15 期，頁 235。

[27] 森炎著，詹慕如譯，2018，《死刑肯定論》，新北市：光現，頁 164，轉引自許惠琪，2019，應報論、復仇觀與傳統哲學，《全國律師》，1 月號，頁 34-35。

[28] 李茂生，2015，應報、死刑與嚴罰的心理，《中研院法學期刊》，第 17 期，頁 297。

[29] 許惠琪，2019，應報論、復仇觀與傳統哲學，《全國律師》，1 月號，頁 33。

法論」必須探討的主題。近年來，我國在有關所謂「假消息」之管制立法，即是明顯的以錯誤之分類而產生錯誤立法，並因而產生諸多爭議之顯例。

所謂「假消息」、「假新聞」（以下姑且通稱「假消息」），近年來已經成為許多政治人物務去之以為快的事物；常見輿論上有許許多多對假消息對社會秩序的嚴重危害之評論意見；甚至於亦有消息指出，臺灣是全世界「遭受外國假消息攻擊」最嚴重的國家[30]。於是，仿效其他國家的做法，對假消息進行管制，便成為近日來臺灣立法領域中非常重要的議題。

但是，對於假消息的管制立法之構想，卻也在已經非常熟悉於新聞自由及言論自由臺灣社會，產生嚴重疑慮。論者多有擔心言論自由與新聞自由，將因政府的假消息管制立法而受到侵害。因此，究竟假消息之管制，是否有其必要？又如果其確有必要，應如何避免因其立法而使新聞自由與言論自由受到侵害，並且能夠實際地獲致管制所欲達到的目的？此兩問題，便是假消息管制問題上，無論在實務上或在學理上，都必須深究的問題；而探究此兩問題，也是立法上討論錯誤立法之甚佳實例。

假消息管制所必然遇到之核心問題，乃是假消息之界定問題[31]。但這個問題，對我國的立法草擬者及決策者來說，卻並不是一件困難的問題，因為我國的立法草擬者可以很容易地抄襲外國的既有立法，做簡單翻譯與文字調整後，即成為我國立法草案[32]。例如，新加坡「防止網路假消息與操控

---

[30] 羅正漢，臺灣已是連續六年遭受假消息攻擊最嚴重的國家，iThome，2019/04/11，取自：https://www. ithome.com.tw/news/129922，最後瀏覽日：2021/02/09。

[31] 歐美法學界，曾將「假消息」定義為「模仿新聞媒體內容的形式，卻無一般新聞的組織性採編流程及實質內容之捏造的消息，（fabricated information that mimics news media content in form but not in organizational process or intent）」David M. J. Lazer, Matthew A. Baum, Yochai Benkler, Adam J. Berinsky, Kelly M. Greenhill, Filippo Menczer, Miriam J. Metzger, Brendan Nyhan, Gordon Pennycook, David Rothschild, Michael Schudson, Steven A. Sloman, Cass R. Sunstein, Emily A. Thorson, Duncan J. Watts, Jonathan L. Zittrain, *The science of fake news*, available at http://science.sciencemag.org/content/359/6380/1094 .

[32] 我國目前主管此一議題之行政院政務委員，即曾媒體發表此類似之看法，詳：假新聞怎麼防？羅秉成：參考法國，48 小時內裁決是否下架，天下雜誌，2019/04/22，取自：https://www.cw.com.tw/article/article.action?id=5094844，最後瀏覽日：2021/02/09。

法」法案於 2019 年 4 月啓動立法程序，該法案若通過，惡意散播假消息者最重可判監禁 10 年、罰款 10 萬新加坡元（約新臺幣 227 萬元）；不願配合當局指示的網路平臺，最多可罰款 100 萬新加坡元（約新臺幣 2274 萬元）。於本法案中，假消息泛指虛假的事實陳述，不僅涵蓋所有的「捏造消息」，也包括改變其原本含意的「事實扭曲」[33]。

立法草擬者及決策者，可以在抄襲自其他國家之立法例或學術界之學術研究定義後，對「假消息」做出某種界定，但其實，無論假消息做如何之界定，都仍有可能曖昧不清，難以明確，理由很簡單，因為如果確能界定出何謂「假消息」，相對而言，便必然有「真消息」之存在，而此一世界若確有「真消息」之存在，那麼，人類近現代文明中的各種科學哲學或物理學之辯論，便可以告終；而所謂的後現代哲學，也便將成為虛假無意。

一切的消息，都沒有絕對之真與絕對之假；一切的消息，都是基於消息的發出者、傳播者、轉達者個人之經驗、意志、情緒及一切複雜因素而產生；而消息的接受者當然也會依自己的經驗、意志、情緒及一切複雜因素，來解讀所有其見聞的消息。

因此，消息絕無真假可言，只有能否被信以為是或為真，以及視為有害或有益之區別而已。是以，對假消息之管制立法，不宜試圖去界定何謂假消息，並從而試圖去抑制假消息之產生與傳播，而應該是去抑制真正對個人法定權益之維護、人群之永續生存、或社會之和諧秩序有害之惡性消息之產生與傳播。

正如前述，對於假消息之管制，其實質之立法目標，應是對惡性的有害消息之產生與傳播之抑制。也就是說，所必須立法予以管制之假消息，應有主觀動機上之「惡性」，以及客觀效果上之「有害」。而立法上，要

---

[33] 新加坡推新法嚴懲「惡意假消息」最重判監禁 10 年、罰 2200 萬！，ETtoday 新聞雲，2019/04/22，取自：https://www.ettoday.net/news/20190402/1413987.htm#ixzz5qhDQukLG，最後瀏覽日：2021/02/10。

能確切有效地針對主觀動機上，有惡性之消息，以及客觀上確能產生危害之消息進行打擊，則必須對於消息之產生傳播之動機，以及其所可能產生之效果，進行正確而有意義之分類，以於假消息管制立法上，剔除實質上無惡性且未能產生危害之消息。

對於消息的產生與傳播之主觀動機與其客觀效果進行分類，本書認為，就主觀動機而言，可由其發出時是以實名或匿名之方式產生或進行傳播，若為實名者，則表示該消息之發出或傳播者，願意為其行為負責；反之，若為匿名者，則表示其不願為其傳播之消息負責。本文認為，其願意為自己產生或傳播之消息負責者，其動機皆應予以尊重；反之，其不願意負責者，則其不願負責必因其有某種程度之惡性動機。

就客觀效果而言，若該消息之內容，在於要求其接受者去從事特定行為，例如購買某物、於特定地點集會、以武裝力量或言語批判攻擊某特定組織或個人等，則吾人便可較容易地舉證該消息會產生特定之危害；相反的，若某消息並無促使或阻止任何人從事任何特定行為之具體內容，則該消息若產生某種效果，其欲舉證該效果與該消息之間的因果關係，便有其困難。

因此，對假消息進行管制之立法，應對於消息之匿名與否，及其內容是否有對接受者具體之建議來進行分類，其分類如下表：

	無具體行動建議	有具體行動建議
實名	第一類訊息　一般言論	第三類訊息　廣告
匿名	第二類訊息　無意資訊	第四類訊息　應管制消息

以上依消息本身之匿名或實名，以及其是否對接受者有具體行動建議二向度之區別，吾人可區分出消息之四種類型：第一類訊息乃是一般之個人

言論，屬於憲法所保障之言論自由範疇之內[34]；第二類則是無意義的資訊，此所謂無意義資訊，並非指其內容毫無意義，而係指該消息之意義與效果，完全取決於接受者個人之自我因素，無人應為其效果負擔其法律責任；第三類訊息則可泛稱為「廣告」，其可依既有對於廣告內容之管制規範進行管制即可[35]；第四類訊息，才是近年來在政治及公共事務領域中，真正應該予以進行管制之訊息，也就是政府若要制定新法或修正現行法規，對當前網路時代才有的假消息進行管制，首要必須針對之消息，是那些匿名或以假名發出，且其內容有具體地建議接收者為或不為某特定行為之消息[36]。

---

[34] 此類訊息，即使有假，亦應在言論自由之保障範圍內。例如，在 2012 年美國的 United States v. Alvarez 一案中，美國最高法院推翻了「反軍事榮譽竊取法」（Stolen Valor Act），該聯邦立法規定，謊稱曾經獲得軍事榮譽為犯罪行為。本案被告 Xavier Alvarez 從未入伍，卻編造從軍經歷，更四處炫耀自己曾獲得國會榮譽勳章，其行為違反「反軍事榮譽竊取法」，應處罰金和一年以下有期徒刑。Alvarez 雖承認其說謊，但亦認為自己只是編造了離奇的故事，應屬其言論自由之範疇；美國政府則認為，Alvarez 的行為貶低了榮譽的價值，不但會侮辱真正獲得勳章之勇士，更可能使他們的榮譽受到假冒的質疑。本案裁定政府以公民虛報兵役或榮譽的言論而入罪的行為，違反言論自由，同時確立謊言並非直接被視為不受美國「憲法」第一增修條文受言論自由保護的類別，惟會造成「法律上可識別的傷害」（legally cognizable harm）之謊言，則不受言論自由保護。美國聯邦最高法院最後的結論為，言論自由除了保護受讚賞的言論，同時也保護社會所憎恨之言論，例如謊言。United States v. Alvarez, 567 U.S. 709, 729 (2012).

[35] 我國司法院大法官會議解釋針對廣告管制之法則，曾做明確之指示，釋字第 744 號解釋中認為，廣告係商業言論之一種，若其內容非屬虛偽不實或不致產生誤導作用，以合法交易為目的而有助於消費大眾做出經濟上之合理抉擇者，應受憲法言論自由之保障，而既然化粧品廣告的功能只是在誘引消費者購買化粧品，尚未發生對生命、身體、健康的威脅，則「化粧品衛生管理條例」第 24 條第 2 項及第 30 條第 1 項對化粧品廣告採取事前審查，違反比例原則。

[36] 我國「社會秩序維護法」第 63 條第 5 款規定之「散佈」，依照法院見解，「乃散發傳佈於公眾之意，是本條項款之非行，必須行為人須於主觀上基於將明知為不實事實散發傳佈於公眾之目的，並於客觀上先以語言或文字等意思表示將該不實事實捏造以謠言呈現，再以語言或文字等傳播方式將該謠言散發傳佈於公眾，且該散佈謠言之內容足以使聽聞者心生畏懼與恐慌，而有影響公共安寧之情形，始構成本條項款之非行」。臺灣臺北地方法院 101 年度北秩字第 43 號裁定、臺灣桃園地方法院 96 年度桃秩字第 477 號裁定、臺灣臺中地方法院 101 年度中秩字第 69 號裁定、臺灣高雄地方法院高雄簡易庭 101 年度雄秩字第 39 號裁定以茲參照。本文認為，此所謂「足以使聽聞者心生畏懼與恐慌」，即以聽聞者為或不為特定行為做為其客觀之表現。

　　針對第四類消息之管制，其重點便在於對匿名者的惡性之揭發，以及對於消息內容中具體建議消息接受者之行動，是否有違法，或破壞社會秩序或侵犯人民權益等。匿名之消息，若有建議消息接受者為違法或不當之行動，則對於該消息的違法或不當性之舉證，其判斷準據便較為明確。以上之分析，其實其目的乃是要提出對於假消息之管制立法，就其立法目的上，應有兩項重要目的：

　　首先，應防止他人善意之消息，被匿名者盜用及不當使用，而成為惡性假消息，以致於該消息之原產生者，反而必須為其善意之消息負擔法律責任。

　　其次，要防止政府或特定媒體大量傳播之消息，成為判定消息是否為真假之標準，以致於他人之不同內容同消息相對而成為假消息，而受到政府或特定媒體之箝制。

　　我國立法院曾經非常積極地進行假消息管制之立法，例如，於 2019 年 5 月間，三讀修正通過「災害防救法」第 41 條，明知災害不實訊息卻通報警消，可罰 30 萬到 50 萬，致人於死者最重判無期徒刑。

　　在此一新修規範中，主要之處罰條件為當事人之「明知不實」，但其實「明知不實」之舉證十分困難。若按舉證責任分配一般法則，由起訴者或執行裁罰者負責舉證，則其要證明當事人有「明知不實」之事實，根本毫不可能，因為任何人都無法證明他人心中之確信或不信，是從何而來。因此，由起訴者來證明當事人內心主觀上認定某一現象或事件為真或假，實際上並不可能。

　　而若在舉證上，由起訴者或裁罰者舉證當事人之「明知不實」為不可能，則予實務上，法院或裁罰機關便常將舉證責任予以倒置，要求當事人必須證明自己未「明知不實」，否則即為明知不實。如此，則當事人根本不可能證明自己「確知為實」，因為任何人都很難證明自己心中之確信之來源與強度，更難證明所相信或預判之事實為絕對之真實。例如，無論再

如何專業之氣象預報專家，都無法證明自己判斷之颱風預測路線，是否能絕對符合颱風之真實發展路徑。

因此，倘若某當事人對於某訊息之真實與否，基於個人之經驗研判為真實以及個人關心與預防災害之目的，而予以通報，若後來因某種間接或其他因素，而造成民眾之不滿或甚至於人員之傷亡，在媒體輿論所傳播之社會主流意見的壓力下，因該當事人甚難以證明自己非為「明知不實」，便易遭到政府嚴重且不當之處罰。

更有進者，當今臺灣政治領域全由黨同伐異之政黨政治所橫踞，政治人物對於消息真假之判讀，也同樣受到政黨偏好所左右，例如在災害防救資訊上，在朝政黨報喜不報憂，以取得社會大眾之信任，而在野政黨便傾向於報憂不報喜，以凸顯在野監督施政之重要性。於是，所謂消息之真假，其實僅取決於政黨之在朝與在野不同的政治利益之訴求。

若未能在假消息管制立法上，對於實名傳播與匿名傳播者之規範有所區別，並且從其所傳播之消息之內容，判斷其對於接受者有無任何具體行動建議，以及該行動建議是有害，來對各種消息進行分類，則在朝與在野政黨之政治人物，基於各自褊狹且對立的政黨偏好來審視彼此所傳播之消息，則此假消息管制立法，便容易被政治人物所利用，無論其為在朝或在野。

假消息管制之立法，是當今社群媒體及自媒發達的網路時代中之新興議題，對於有害於個人法定權益及破壞社會秩序、危及公序良俗、損害公共利益之假消息，確實應有公權力之介入來進行某種程度之抑制，但對於假消息之管制，卻不應侵犯「憲法」所保障之言論自由與新聞自由。

在言論與新聞自由之保障與假消息之管制間，要劃定出清晰合理之界限，便必須對所謂之假消息進行有意義分類。本書認為應針對消息產生或傳播者是為匿名或實名，以及消息本身之內容是否有對接受者提出具體行動建議兩面向，來進行區分。本書認為，假消息之立法管制，應防止他人

善意之消息，被匿名者盜用及不當使用，而成為惡性假消息；同時也應防止政黨政治人物基於自己褊狹之政治利益，來界定他人之傳播之消息，並利用假消息管制之法規，進行黨同伐異之處罰或訴訟行為，如此，才能使假消息之管制立法，能真正有益於社會公益與秩序之維持。

有益立法

正義之實踐

立法的功能、目的是什麼？在舊的立法論中，強調立法應能及時回應人民的需要；應能保護人民的利益；並且應該在法律被政府錯誤地執行前予以矯正[1]。

政治上之多數黨或少數黨，都會積極利用眼前之政治情勢，推動各種所謂符合社會多數民眾期待之立法。而這些立法是否真能夠符合所謂之社會多數期待，個人認為，其並無絕對正確之判斷依據，但是其能符合推動者個人或所屬政黨之政治利益，卻是肯定的。

這也就是說，符合社會多數期待，與符合政治上政黨或政團之利益，這兩者之間，在具有理性思考能力的一般公民眼中，是能夠予以區別的。至於此兩者之間，是否能夠等同？此一問題，只能留予社會科學界，做永無正確答案之學術性探討。

臺灣立法院過去各政團都曾有以「正義」為名，而提出各種法案。筆者個人，對於立法實務中能有「正義」一詞之高舉，感到十分欣慰。正義，若能夠脫離法學院系的教科書和法院判決，而透過立法過程，成為各行各業全體國民都能夠予以理解或必須予以討論的概念，這絕對是公民社會文化發展之重要表象。因此，筆者即使理解到「正義」一詞，在精確立法之實務上非常難以落實，但仍從未予以反對。

---

[1] Howard N. Morse, 1964, Theories of Legislation, 14 DePaul L. Rev. 51. Available at: https://via.library.depaul.edu/law-review/vol14/iss1/3

　　但是，若高舉「正義」之立法，依法學上之常識與市民大眾可簡單理解之概念，卻明顯無法矯正過去嚴重之不正義；甚至有直接之因果關係，將對未來產生顯著之不正義時，那筆者就必須嚴正予以駁斥。

　　例如，就筆者所見立法院各政團所提出之有關轉型正義之立法中，便明顯地，便毫無矯正過去原住民所遭到之嚴重不正義，並積極地促進正義之功能。

　　因為，其立法草案中，處處可見起草人草率抄襲其他法案條文之劣跡，例如，目前多數黨利用其於大選時獲得的多數優勢，而要對與其敵對的政黨進行財產上的剝奪，於是用「促進轉型正義」為名，立法賦予行政部門設立特別機關，並且有權要求任何人配合其進行調查工作。甚至於其草案中規定，不配合調查者，最高可以重罰達 30 萬元。這種多數黨利用多數優勢所進行的立法，已經相當明顯地違反憲政精神。但是，其他政黨黨團竟然完全抄襲其他黨團有關促進政治上之轉型正義相關條例草案之結構與相關條文文字。這種做法，顯然地表現出我國現今立法院之各政黨黨團，其於立法草擬工作上之草率、輕視之心態。

　　正義之實踐，是所有法律的制定者之責任；但正義，卻在法律的制定者以草率而輕浮的態度來草擬法律時，便已失去其可能。筆者體察我國目前的政治形勢，早已對透過立法來實現正義的理想，不敢奢想，但是仍由衷地建議所有已經或即將提出各種立法草案的立法委員們和他們的幕僚員，莫以輕浮無所謂、草率無人知的態度來看待立法，而要審慎、認真地看待立法中所涉及的每一字、每一句。

兩種法學典範與立法

　　而要如何審慎地看待立法中的字字句句呢？則首先要認識到，於立法時，對於法律的性質與功能，必須有正確之認識。然而，對法律的性質與功能之認識，卻因為不同時代中不同的認知典範，而有不同的見解。吾人

認為，可歸納出兩種對法律性質與功能之認識典範[2]，對於立法政策之選擇，以及立法品質之判斷，是非常重要的：一是傳統的「裁判法學」（legal theory for judgment）；二是結合政治學、經濟學等其他學科所發展出的「賦能法學」（legal theory for empowering）。兩種不同的法學典範，對於法律之性質，及其於社會與經濟發展上之功能，有著截然不同的看法。

首先，在價值取向上，一般傳統的裁判法學認為法律的主要功能，在於當人與人之間遇有爭議時，做為裁判用以解決爭議之依據。因此，裁判法學為社會及市場所設定之主要價值，在於爭議雙方或多方之當事人，能夠接受解決爭議所做出之裁判。

在這種法律功能之界定下，法學發展之主要內容，便在於如何讓人們在爭議中做出可為人所接受的裁判。其包括裁判的依據、裁判的方法、裁判的程序、以及裁判的組織與人事。而以裁判能為爭議當事人所接受為主要目的的法學，其所最崇尚之價值，乃是公平與科學。公平是指在裁判程序中，各方當事人都能擁有相等的時間與機會，來為自己之主張而努力；科學，則是指裁判所依據的各種參考資訊，必須儘量能經由科學方法之檢證，並且為人類共同感官經驗所能理解與接受。

而賦能法學在價值取向上，則強調法律之功能，在於賦予當事人必要之能力，來完成公共政策之目標、或實踐當事人自身之權益、或於遇有爭議時能與爭議他方達成協議。因此，以賦予當事人能力為目標的賦能法學，其所必須之價值，即不在於公平與科學，而在於溝通與學習。因為人類的能力，主要表現為溝通之能力；而溝通能力之提升，必須經由不斷地學習。

---

[2] 所謂「典範」（paradigm），係科學史家兼科學哲學家孔恩（Thomas S. Kuhn）所提出的著名概念。「典範」觀念雖源自於對自然科學史之探討，然其後續效應仍廣泛地影響了經濟學、企管、法學、政治、傳播、文學等等學門，促使各學科對自身後設（meta）的反省。簡單地說，典範是常態科學時期科學家從事科學活動的「最高指導原則」，科學家不會去質疑典範是否能成立，他們在典範的指導下進行「解謎」（solving puzzles）的活動。詳見 T. S. Kuhn, 1962. *The Structure of Scientific Revolution*, Chicago: The University of Chicago press.

就個人權益之保障而言，裁判法學之重心在於事後之保障；而賦能法學則著眼於事前之預防。所謂事後之保障，係指當個人權益受到破壞後，透過各種司法或準司法之程序，來予以救濟，而救濟的方法，則是透過公正的裁判者之裁判，要求破壞者提供補償或予以回復。為使上述個人權益之事後保障得以實踐，裁判法學就個人權益保障之立法，著重於制定出可令裁判者予裁判時引以為據的法條。這些法條多具有「指令—控制」之內涵，也就是文字中明確地規範行為人應遵守之行為指令，用以控制行為人之行為，以及裁判者之裁判取向。

著眼於事前預防的賦能法學，則強調個人權益欲獲得保障，其條件在於個人擁有特定之能力，使當個人權益有受到破壞之可能時，行為人本身即有能力來予以防止。此外，賦能法學也認為可以引進更多具有特定能力之行為人的參與，來使原來互動之雙方因為加入了新的參與者，而無法恣意破壞彼此權益，或在彼此權益有受破壞之虞前，即被新加入之參與者阻止。

在調適機制上，當事人之間相互的調適，在裁判法學中，強調的是當事人所擁有之平等權與自由，也就是讓當事人擁有平等地使用各種形式或非形式之制度，來與他方當事人進行溝通或協商；而這些溝通與協商，乃是在可依自己之自由意志的前提下進行。

此外，在裁判法學中，也認為由司法機關或具有準司法裁判性質的行政機會介入，做為當事人間相互調適的中介，是可信且可行的。例如勞動法規中規定由政府的勞動部門，來做為勞資雙方遇有爭議時之協調機關即是。

賦能法學則相當重視讓當事人具有充分之誘因與能力，以就法律上之互動做雙方之協商與調適。賦能法學認為當事人之間的相互調適，其基礎在於信任，因此，賦能法學重新檢討裁判法學所建構出之各種決策程序或裁判程序，將其中不利於當事人相互信任感之建立的敵對性程序予以變革，企圖透過軟化的規範，來降低各種程序中的敵對性。

　　最後，賦能法學認為，讓更多人參與，尤其讓那些在法律程序上與雙方當事人都無敵對關係，但是在該領域上，卻擁有適切的專業或利害關係之人的參與，相當有助於提升各方當事人之能力。賦能法學強調當事人之學習，而學習乃必須有學習的對象與試誤的機會，因此，賦能法學在法規範之設計上，強調要善用各種可資行為人學習的資訊；並且，在行為人的學習過程中，硬性的指令與控制管制應儘量退出，以給予行為人試誤與成長的空間。

　　而基於上述兩種法學典範之區別，立法實務而言，立法之目標基本上可又分為兩種不同取向，一是政策宣示取向；二為問題解決取向。

問題解決導向立法

　　政策宣示取向之立法，乃立法者為宣示其所抱持之政策價值偏好，於是將其偏好之政策價值轉化為法律性之文字而寫入立法程序中。這種取向之立法所產出之法律，通常亦多為修辭性之法律，其實際之可執行性或可操作性較低，但相對而言，只要該政策價值於政治或公民社會間具有某種程度之共識，其爭議性亦較低，但反之亦然。

　　相反的，問題解決取向之立法，則純為解決某特定之政治、社會或經濟問題；當公民社會出現特定問題無法解決，於是經由壓力團體向立法者提出問題解決之需求與相關立法之提案，立法者基於公民社會解決問題之需求與提案而進行立法，即為問題解決取向之立法。

　　為解決問題為取向之立法，其必須確實有助於問題之解決，因此著重於解決問題過程中之實際可操作性。以解決問題為取向之立法，其立法內容中所定之規範、程序、獎懲與組織、預算等，若確實對於問題之解決有所助益，則其爭議較少；但反之，其方法若無助於問題之解決，將因可能產生更多之問題而導致更嚴重之爭議。

　　以上兩種不同的立法取向，其適當運用之時空環境各有不同。基本上，

當社會問題所涉及之面向多元，因而尚難以界定問題之來源及適當之問題解決方法，甚至各方所持之立場與價值尚為紛歧而對立時，宜採取政策宣示性之立法，由立法者向多元紛歧的社會確立國家主權者所欲偏好的價值。

相反的，當社會問題之來源及適當之對策已經易於釐清，且已有公民社會中之其他部門對於解決該問題有所經驗或資源，只是社會上對是否要採取相關所擬政策尚有疑慮時，宜採取問題解決導向之立法，由立法者將該解決問題之方法予以合法化、明確化及普遍化。

因此，從立法目標之此兩取向來看，當社會上對某一議題之價值尚呈現多元而紛歧的意見，也尚未能清楚地認知到問題之所在時，立法者若要立法，宜採政策宣示取向之立法；而政策宣示取向之立法，其立法過程中，對於不同的政策偏好與意見，應能廣納而綜合，並透過立法來加以進行各種政策價值的優先順序之排列。

而當一個社會對某一議題其實早有其價值之共識，只是在遇有特殊問題時，對於問題解決所應採取之手段或方法尚未能有所共識時，立法者宜透過立法過程，來尋求對問題之來源與解決對策之明確方法，並從而促成社會對其達成共識。

因此，要理解什麼是好的立法，首先，必須理解立法並不是解決一切社會或政治問題的萬靈丹；並非任何一切的議題，都可以透過立法來處理。立法，其本質是以制定或修改法律的形式，來解決社會問題或處理政治問題，因此，只有適宜用法律來解決的社會問題，才適合走向立法程序；也只有適宜用法律來進行的政治工作，走向立法程序，才不會治絲益棼。因此，立法之首要步驟，在於界定問題。

界定問題

大多數立法工作上之爭議，都源自於問題界定之錯誤。當問題界定錯誤時，於後續的立法準備與立法程序工作，都容易出現嚴重的爭議；而立

法後的落實，更容易產生立法結果與立法執行之間的高度落差。因此，立法工作中的各階段，不斷地對問題界定進行其正確性的探勘工作，乃是確保立法品質與價值之必要前提。

而立法上要有正確的問題界定，首先必須先避免常見的錯誤。而最常見的錯誤，通常在於忽視了立法上必須界定的問題，通常多因眾人之事出現矛盾，也就是公共事務上，出現需眾人多數支持或同意才能解決之矛盾。在公共事務上，無須眾人支持之事，便不需立法；無須眾人同意之事，則立法亦是多餘。

而於立法論之構成上，亦可如此理解，立法若非在尋求眾人之支持，或取得眾人之同意，則如此之立法並無須進入學術領域進行探討，學子更不需花費時間學習這種立法，因為這種立法之本質，或在於實現獨裁暴政，而獨裁暴政之實現，不需要學子之學習，更不需要高等學術殿堂之研討。

只有在公共事務上出現重大矛盾，因而需尋求眾人之支持或同意為目的之立法，才是值得青衿學子學習的立法；而必須尋求眾人支持與同意的立法，也才是有意義的立法論所必須探求的內涵。

以尋求眾人之支持與同意之立法，首先必須非常清晰地認識，在公共事務上，什麼樣的問題之解決，宜透過立法程序？亦即處理什麼議題之公共政策，必須尋求眾人之支持或同意，方能得以落實？

例如，曾經有執政黨提出的「反滲透法」，在朝野黨團無人提出異議的情況下決議逕付二讀，反對黨則認為「反滲透法」逕付二讀完全是執政黨在操弄選舉，於是不進議場表決，並提出「反併吞中華民國法」草案進行對執政黨「反滲透法」草案之反制。究竟，於此關於臺灣國家安全與人權保障之重要立法上是要解決何種矛盾？又應採取政策宣示取或問題解決導向？

就此問題，首先可能以確認的是，維護臺灣主權之獨立、完全與安全，應是全民無庸置疑之共識；即使曾有少數人主張臺灣目前的主權未定；或

認定臺灣之主權應屬中華人民共和國；或幻想臺灣主權歸屬於美利堅合眾國之美好；或對日本殖民統治時期之治理成績念念不忘。無論這些政治主張如何，都無法否認大多數臺灣民眾認定無論我國在國際舞台上名稱為何，我國都是主權獨立、完整之國家，且此一主權之獨立與完整，值得予以守護。

其次，臺灣做為一個在政治制度上相對民主而開放的主權國家，受到境外各種力量之影響，亦屬必然，因此，防止臺灣獨立而完整之主權受到境外勢力之破壞，也應是政府與全民無庸置疑且不可或缺之政策目標。

但是，境外勢力究竟可能以什麼手段來破壞臺灣獨立而完整之主權？又在什麼情況或條件下，臺灣主權獨立下之憲政秩序可能受到破壞？以及當有人利用境外勢力而企圖破壞我國主權與憲政時，又如何予以防範？就這些問題而言，其實目前我國公民社會仍莫衷一是。

因此，在「反滲透法」之立法上，應採取問題解決取向之立法，因為，我國社會已經不需要再有執政黨或在野黨透過立法之提案與行為，來告訴民眾我們的主權是獨立的，以及維護此獨立主權之完整性有多重要。但是，民眾需要立法者來告訴我們，究竟關於國家安全，我們真正遇到的問題在哪裡？以及這些問題該如何解決？以及如何予以預防？

以問題解決取向來分析目前之「反滲透法」等涉及維護國家安全之法律，吾人認為，對於國家主權的獨立性與完整性受有破壞之虞的問題之所在，多未能有正確之釐清。

吾人依人類政治史之全局觀之，主權之傾倒、國家之崩壞，其真正主因，無不在於「蕭牆之禍」，也就是內亂。外國之武力，無論如何之覬覦本國資源，若國家團結，上下一心，未曾聞有被亡被滅者。

相反的，若國內之政治家、野心家、軍事家各自懷抱理想，互不相讓，相互牽制，以謀大位，一旦發展到他們皆以家事大於國家，乃至於黨益高於民益時，這個時候，共利之心不再，妥協之風難行，必有其中某

方，欲以勾結外國勢力來強化自身實力，並從而企圖顛覆強權，取而代之。

歷朝歷代、古今中外，政權之顛覆，國家之敗亡，莫終於斯。因此，吾人若確要從解決問題之取向來看待「反滲透法」相關立法，吾人便必須深刻認清，唯有臺灣島內自亂，境外勢力才有可趁之機；更只有臺灣烽火四起，對岸武裝力量才有可能以「祖國護民」之藉口，趁虛而入。

因此，「反滲透法」相關立法真正必須解決之問題，而且是當前迫切之問題，乃是國內參與政治競爭的政黨與政治人物，每每藉境外勢力來提升自己於各種政治競技場中的爭鬥實力之問題。而此問題，其來已久，自我國步入選舉政治之後即開始。出訪美國、友好日本、親近大陸等等種種，其實皆為此問題中之局部。只是美國、日本、大陸等境外勢力，無論其對臺灣是如何敵意或友好，都無法透過主動力量，不必有內呼內應，即能滲透入臺，甚至對臺灣主權造成破壞。唯有臺灣內部的各政黨，尤其是有能力掌握統治資源及媒體輿論之政黨，為尋求自己之黨利而與境外勢力合縱連橫，然後於取得政權後，以國家公器做為謝禮，出賣部分主權，才有可能在公民社會的無言抗議下，讓我國的憲政法治受到破壞。

依此分析，吾人認為，「反滲透法」應有之本質，乃是一部掌權者自省及競爭者自律的立法：因為，國家大政的掌權者與競爭者，才是真正有可能與境外勢力做有效結合，從而於掌握政權後破壞主權的人。若掌權者與競爭者能自識於此，然後自省與自律，吾人認為，則國家安矣、憲政安矣、社會安矣。

總之，依立法之目標而言，立法可分為政策宣示與問題解決兩種不同取向，兩種取向並非相互排斥，但卻各有其適當之運用時機與背景。依國家安全與主權維護為目標之「反滲透法」相關立法，其核心之價值在於強調臺灣主權之獨立與完整，以及維護此完整獨立主權之重要性。就此價值而言，相信臺灣公民社會早已有共識，不需立法者再做宣示。但如何解決當前國家主權之完整與獨立有可能受境外勢力干預而破壞之問題，全民卻

需要立法者帶領公民社會認清問題並解決問題。

而真正有可能破壞國家主權之獨立與完整者，乃在於國家政權之掌握者與競逐者為追求其維持政權或取得政權之政治利益而與境外勢力合作，藉以強化自身實力，並打擊競逐者。因此，「反滲透法」相關立法乃是一政權之掌握者與競逐者自省與自律之立法，唯有政權之掌握者與競逐者之自省與自律，臺灣主權才能永保獨立與完整，臺灣社會也才能常保和平與自由。

產業發展問題之解決與立法

除了主權獨立與國家安全外，對臺灣而言，產業發展在任何時代，對任何執政團隊而言，都是十分重要的。產業發展一旦停滯，經濟活動即逐漸萎縮；而經濟活動一旦日益萎縮，人民之基本生存所需便會遭受威脅；而人民之基本生存所需一旦不足，便會產生人口流失或社會動亂，而這乃是任何人都不能接受，也不應接受的悲劇。

然而縱觀史冊，一個社會的產業能夠持續發展，並非必然，其必有相當主客觀條件之支持，在這些條件之缺乏下，我們即曾見人類歷史上許多族群的絕滅、文明的崩壞載於史冊，令後人無限唏噓。當然，我們更曾見人類歷史上，某些地區上的某族群，在某個時代中創造了產業發展上的重要成就，使其族群本身享有比其他族群更優越的生存條件，也為其他族群的生存發展，帶來可資學習模仿的典範。

「法與發展」（law and development）乃是法學上一特殊學門，我國身為東亞民主法治與經濟發展典範之一，對於法律與社會或經濟發展關係之研究，卻尚未從自己的經驗與所累積的學術能力中，對全世界法學界做出必要之貢獻[3]。我們的臺灣曾經是世界上產業發展的典範，在資源貧瘠且天

---

[3] 張英磊，2010，發展經濟學思潮與法制變遷：以臺灣公營事業相關法制之變革為例，《財經法暨經濟法》，第 23 期，頁 1-54。

災不斷的小島上，我們曾經創造出世界上最具經濟效能的製造業與服務業，然而，今天我們也看到了臺灣的產業正走向能量逐漸趨疲的黑洞中。尤其是筆者生活與服務所在的南臺灣，這種產業能量趨疲的現象，已經造成南臺灣莘莘學子從大學畢業後，很難於本地找到適當的工作。

我們由衷地期望南臺灣的產業能動，能夠重新點燃；產業發展空洞化的惡性循環，我們希望能透過法學教育的推陳出新，來予以阻斷。在此期望下，究竟立法應如何有助於產業的發展？這也是「新立法論」的重要探討課題之例。

產業發展之條件

任何一個地方或時代的產業要得到發展的能量，都必須有許多主客觀條件之配合，而歸納各種主客觀條件，我們認為，可歸結為一項最關鍵之條件，那就是：在該地區，市場上交易的產品或勞力，其所創造之價值（value）與其所能獲得之價格（price），愈能夠一致，或落差愈小，產業發展的能量愈大；反之，亦然。

價格是指消費者為了獲取產品所必須支付的金額[4]；而價值則是指消費者基於所得到和所付出的認知，對產品整體效用之評估[5]。價值更可以進一步地定義為：消費者自產品獲得的知覺品質（或利益）相對於價格支出所知覺的犧牲兩者間的權衡（Tradeoff）[6]；或價格支付所交換的知覺價值（Worth）[7]。當一個地區，在市場上交易的產品或勞力，其價值與價格能夠相當一致時，人們便會更願意在市場上提供勞務或物品，來換取同等價

---

[4] D. I. Hawkins, R. J. Best and K. A. Coney, *Consumer Behavior: Implication for Marketing Strategy Revised*, Business Publication Inc, 448 (1983).
[5] V. A. Zeithaml, Consumer Perceptions of Price, Quality and Value: A Means-End Model and Synthesis of Evidence, *Journal of Marketing*, 52, 2-22 (1988).
[6] K. B. Monroe, 1990, *Pricing: Making Profitable Decisions*, New York, NY: McGraw-Hill.
[7] J C. Anderson, D. C. Jain and P. K. Chintagunta, Customer Value Assessment in Business Markets: A State-of-Practice Study, *Journal of Business-to-Business Marketing*, 1,3-29 (1993).

格的財務，此時，產業發展便得到其最為根本的能量。從交易成本論來說，價格與價值一致，也就是市場上雙方進行交易時，進行交易之行為所付出的代價，也就是交易之成本，相當低廉。而交易成本是一種額外並且可避免的社會成本損耗，交易成本越低，對雙方交易愈有利，社會整體也因此能獲得最大福祉[8]，而此福祉便能激發人們在生產與消費上之信心。

信心，是人類活動能量之源，因此，消費者的信心成為經濟發展的重要指標[9]，然而人們對於生產與消費要具有信心，卻並非偶然即可輕遇。人們的信心來自於自己對自己所付出的勞力與精神，與所能獲得之利益，能夠取得平衡，甚至於所得能夠大於付出，如此信心才能夠持續或增強。當然，就個體而言，人們對自己的付出與所得，其間之衡平得失，乃完全由自己主觀之界定；然而就總體而言，在某種環境下，人們較易認定自己的付出與所得能夠平衡；而在某種相反的環境下，人們總會覺得自己付出與所得不成正比。前者環境，便是人類社會所樂於建構並予以維持的環境；而後者，則多為人們所厭棄[10]。有利於人們對於自己的付出與收穫相比感到滿意的環境，通常具有下列特性：

---

[8] 有關新制度經濟學上述交易成本論，參見 R. H. Coase, The Problem of Social Cost, *The Journal of law and Economics*, Vol. 3 (October 1960).

[9] 消費者信心（Consumer Confidence，也有人稱為消費者情緒 Consumer Sentiment）是指消費者根據國家或地區的經濟發展形勢，對就業、收入、物價、利率等問題的綜合判斷後得出的一種看法和預期。在許多國家，消費者信心的測度被認為是消費總量的必要補充。消費者信心指數（ICS）是反映消費者信心強弱的指標，是綜合反映並量化消費者對當前經濟形勢評價和對經濟前景、收入水準、收入預期以及消費心理狀態的主觀感受，預測經濟走勢和消費趨向的一個先行指標，是監測經濟週期變化不可缺少的依據。

[10] 因此，亦有經濟學者將發展的定義，由經濟發展擴張至全人的自我實現能力與機會的增進（capacity building）。Amartya Sen 在其名著 *Development as Freedom* 一書中認為，發展不能只觀察所得與財富的增加與分配，而應該是個人自我實現能力之提升，為其核心之意義。自由與法治不是為了促使自由市場機制發揮的功具，而是自由市場使人得以發揮其創業精神，行使其規劃自己生活方式的必要制度條件。詳參 Amartya Sen, 2000, *Development as Freedom*, New York: Anchor Books.

1.價值取向明確

在任何環境中，人們若能很輕易而明確地獲知某種價值取向，便能夠將該價值與其所付出之價格做比較，而決定自己是否願意繼續為留在該環境而付出相當的財務價格。例如，在一個裝潢布置十分高雅而清潔的旅館中，或食物用料及烹飪非常講究的餐廳中，人們能夠很清楚地得知如此類旅館或餐廳所訴求的價值取向，因此，即使在物價飛漲、所得降低的時代，這種訴諸於高級的設備及食材的餐飲業，仍能創造出傲人的產值。

2.交易安全性高

當人們在一環境中，其所付出的勞力或財務之價格，與其所能回收的價值，得以具有高度的明確性，乃致於可預測性，那麼，人們就會自行去衡量應投入多少的勞力或財務，來取得相當之價值，而這便是交易安全性高的環境。相反的，在交易安全性低的環境中，人們無法預測自己所付出的勞力或財務，能取得多少的價值，或是否能與上次一樣，獲得等同價值的回收；在這種環境下，人們即使曾經有過一次的交易經驗，體認到其所付出之價格與價值能夠相當，但也無法保證類似的交易能持續若干次地進行，因此，此種環境之產值難以維持或提升。

3.具調適功能

不具交易安全性之環境中，若能夠具有交易雙方、或多方彼此相互回饋、或自行修正之功能，則此環境亦能夠漸具有交易安全性，並且達到具有明確之價值取向的境地。

大部分具有明確而被人接受的價值取向，或具有高度交易安全性之環境，都不是一日造成的，多是日積月累逐步發展而成的。但是逐步發展的過程中，有些環境不具有讓交易當事人彼此回饋與調適的機會；有些則予以容許，甚或鼓勵。前者的環境，便會令交易雙方或多方當事人無法使其

付出的價格與所得的價值得到平衡，因此而離開該環境，此便造成該環境產能之逐漸空洞化；相反的，在容許甚或鼓勵的環境中，當事人所付出之價格與其從相對的當事人中所獲得的價值，能夠在不斷反饋、調適與修正的動態過程中，逐漸取得平衡，於是在取得平衡的過程中，已經產生了發展的動能，取得平衡後，更能夠維持其產能。

立法於產業發展中之功能

產業發展，需要價值取向明確、交易安全，且具有反饋與修正功能的環境，而法律對於這種環境之構成而言，有時候具有正向之功能，有時則產生負面之結果。具正向功能的法律與負面功能的法律，在價值取向之設定、交易安全之保障及反饋與調適功能之立法上，有不同之規範。

在價值取向之設定上，法律有時因其明確性與穩定性之特質，而有助於一個環境發展成具有明確價值取向之環境，有時則因其對環境之功能與特性做了錯誤或不切時宜的規範，而使該環境之價值取向難以明確[11]。

例如，當立法將必須營利才能夠維持其生存的組織，界定為非營利組織，規範其營運之模式，不得具有營利之性質，並將其營利行為界定為犯罪，便使得這類之組織。多半其價值取向不明，因此使投入該類組織之人員，無法將其所投入之價值與所能獲得之價格，予以適合之比較，於是這類組織在我國社會中，通常不具有永續經營發展的能量。

相反的，立法若將某一區域界定為某種特定產業生產、加工之基地，給予該特定產業於該區域中設置廠房相當之租稅上優惠，便使該區域中，能夠吸納該特定產業之業者進駐，而特定產業業者進駐該區域後，由於其

---

[11] 論者或謂「法律的精確性可減少糾紛處理的成本，在某種程度上，是促成財富極大和公平正義的手段…然而精確性使人們易於遵循確有其益處，但也其缺點，…法律過於精確也代表彈性低，在適用於特定個案時，有時將違反公平正義或財富極大的追求。」謝哲勝，2001，法律經濟學基礎理論之研究，《中正大學法學集刊》，4 期，頁 37。

周遭有相關之上下游產業可資合作，又能在較低營運成本下，將自己之產能發揮致極，於是該區域便成為產業發展動能之主要基石。

在交易安全之保障上，立法對於交易安全被破壞時，提供爭議解決之依據，並且對於破壞交易安全者，予以制裁，因此，法律向來是市場上保障交易安全最重要的工具，尤其是在現代資本主義法治社會中，法律更被視為是保障市場上交易安全的唯一良方。

然而，法律卻不見得一定能夠保障交易安全。在某種情況下，法律反而會成為交易不安全的保障，例如，在勞動市場中，勞力的提供者與購買者兩者之間，同樣必須在彼此交易時，價格與價值能夠相符，勞力市場才能夠永續發展，而如果法律一味地偏向於保障某一方的權利，削弱另一方的議價權，這個時候，便有可能使勞力市場上勞力的提供者所付出的價值，與其所能夠得到的價格，也就是薪資不相符；無論價值或價格的任何一方高於他方，都會使人們愈來愈不願意在此勞力市場上交易勞力。在此情況下，我們就會看到企業外移或人才流失這兩種明顯的產業負成長之現象。

在調適功能之設計上，立法或許無法對市場中的各種產業做正確且明確的界定，也或許無法直接就交易中應有的安全性，透過文字性的規範，給予直接強而有力的保障，但是法律卻有可能設計出某種機制，讓市場中的各方當事人，比在沒有法律的情況下，更願意彼此相互反饋與調適。而當市場中的相關當事人之間，能夠彼此反饋與調適，有時候，便能夠對交易之安全給予最大的保障；甚至於從某些方面來說，這種當事人可以相互溝通與調適的感受，或許就是一個交易環境中，能夠給人最明確而有實質意義的價值。

產業發展需求與立法論典範之選擇

如前所述，產業發展之條件，在於創造一個生產價值與其市場價格相符的環境。而上述兩種不同的法學典範，究竟何者對於創造如此之環境較

為有利？吾人認為，這與時代產業環境之變遷及產業發展之需求有關，而以目前我國在全球化的產業發展局勢下，產業發展有如下之需求：

1.提升在地性之價值

在全球化發展下，我國和全球各地一樣，產業發展都因全球化而獲利，但也因全球化而產生致命風險。全球化之發展，使社會之貧富差距日益嚴重，而這種貧富差距日益嚴重的現象，便會產生富者所創造之價格，逐漸大於其價值；而貧者的生產與勞動在市場上所能得到之價格，遠低於其價值。這種情況若未能予以改善，任其惡性循環，則會讓許多已經逐漸趨貧的地區，最終將成為全球產業發展的邊緣地區，而後破產而成鬼城。

因此，提升在地性之價值，乃是世界各國、各地區產業發展的共同課題，我國亦如是，尤其以南臺灣地區為甚。南臺灣地區產業發展目前呈現停滯的現象，若未能積極地翻轉，未來在兩岸的產業發展中，終將成為凋弊地區。為避免此一問題，吾人亟需尋求如何透過公部門之政策，以及法規範之力量，來使在地性之價值能夠得到提升。

2.降低非經濟性之交易風險

在產業發展走向衰退的地區，通常伴隨著較高的交易風險，法律在此地區便特別必須發揮其降低交易風險的功能。然而，在法律欲發揮其降低交易風險的同時，卻有可能反而產生許多非經濟性、非市場性的交易風險，例如官僚體系介入生產與市場之交易過程，但卻因追求自身之利益而藉由執行法規範時可裁量之空間，課予行為人各種法律所未規定之義務，造成額外之交易成本。

產業發展低迷的地區，中央或地方政府決策人物通常基於自身政治利益，而要求官僚體系介入市場經濟，以期透過公部門資源之挹注，來振興產業發展。此種做法在許多地方能夠得到良好成效，甚至成為經濟發展的

奇蹟或典範，但卻也有可能反而使產業發展更形惡化。而其主要之差別，就在於官僚體系之介入市場經濟，經常有其自身之利益，其若為追求自身之利益而忽略市場交易上，其追求自身利益所可能帶來之負面效應，便很有可能對市場上之行為人產生生產與交易以外之額外成本負擔；而此成本負擔在市場交易者必須將本求利的需求下，必然會提高價格或降低其價值，如此便將加劇市場上物品或勞務之價格與價值不相符之現象。因此，在產業發展低迷之地區，立法之功能，應特別留意於如何讓行為人自身擁有確保交易安全的能力，並且降低官僚體系之介入反而造成價值與價格扭曲的問題。

3.強化中小企業之調適能力

最後，在產業發展衰退之地區，要提升在地性之產業價值，必須仰賴充滿彈性與活力的中小企業之再發展，才能夠使產業重新振興。對中小企業而言，其經營上之彈性與適應力，乃是其主要競爭力來源。因此，應賦予中小企業在遇有爭議時，更具彼此適應的彈性與能力。

中小企業自我調適與彼此調適之能力，最主要之阻力，首先即來自於法律規範，例如法律對於中小企業提供其雇傭之薪資，如同對於大型企業一般，予以硬性之規定，將使中小企業之資方與勞方成為無法彼此相互調適之敵對雙方。

中小企業在市場上活動，其於市場中所販售的產品或服務，如果其價值與價格不相符，便會很快地被市場所淘汰。相反的，其所提供之產品或服務，若符合消費者之需求，同時其價值與價格又能夠相符，則該中小企業便對於該地區的產業發展，能夠做出相當之貢獻。一個產業發展正值起步或步入衰退的地區，對於中小企業與市場上之其他行為者，包括上下游供應商、顧客、以及員工之調適能力，應特別予以重視。

總結以上分析，吾人認為，為符合產業發展之需求，立法之價值典

範，應有所調整。對於在地性價值並未特別予以重視，且對中小企業與大型企業一視同仁之法學典範，應排除其適用。立法之目標，應更重視如何運用法律，來讓社會上的各種行為人，能更有意願學習提升自身之特殊價值、更願意透過彼此之調適、學習與合作，來強化交易之安全。

傳統法學之主流典範為所謂之「裁判法學」，其研究與教學之重心置於對於行為人違法與否之裁判；而其於立法政策上，則著重於透過制定法規來限縮有權對違法與否進行裁判之人的之裁量空間。這種法學典範，對於社會上各種行為人的公平權利之保障，有其形式上之效用，但是其對於一個產業正值起步或衰退的社會，除非有其他來自於宗教、信仰、文化或社會體制之支持，否則對於該社會之產業，並無助益。甚至於，在過度著重事後裁判的法學價值之推行下，人們容易在社會遇有重大危害社會及產業發展之事件時，僅強調對於有違法或犯罪者之課責，而忽略賦予各種行為人學習如何遵循法律之精神，或免於犯法之能力。

在產業需求發展、加值或轉型的地區或社會，人們所需求的，不只是爭議事後公正的裁判或課責，更是預防爭議情事發生的能力，因此，立法對於法律功能，以及法律人應扮演角色之界定，應不僅在於立法而更在於透過法律規範之設計，以及法律人之運用，來使人們有意願接受立法者所期望之價值，並願意不斷地進行自我調適與學習，來使自己的生產或服務，因而提升其於市場上之價值。而這乃是賦能法學之主旨，更是吾人期望持續為新立法論賦予更充實內容的目標。

產業發展之動能，取決於民眾之信心，而民眾之信心，則由市場上各種被交易的產品或勞務之價值與價格之相符與否所決定。市場上產品與勞務的價值與價格要能相符或減少落差，則必須有明確之價值取向、交易安全有所保障、以及市場上各種行為人間，能夠具有相互調適之能力。

法律對於市場上價值取向之確定、交易安全之保障及行為人相互調適能力之提升上，有其關鍵之影響力。然而，在產業發展的不同情勢中，不

同的法學典範，卻可能產生不同的影響。吾人歸納當前法學，約可總結為兩種不同的典範，一是以裁判當事人之行為是否違法為核心的「裁判法學」；二則是以賦予當事人遵守法規範精神為目標的「賦能法學」。

在產業發展處於亟需發展、加值或轉型的地區或社會，僅著重於爭議事後公正的裁判或課責之「裁判法學」，較無助該地區民眾對產業之信心的建立或提升。因為民眾之信心，必須要透過立法，以及法律人功能之發揮，來讓人們更願意自主地進行自我調適與學習，來使自己的生產或服務，從而提升其於市場上之價值。

海洋臺灣應有之立法政策取向

除了在地的產業發展外，近來，中美貿易大戰等國際局勢，也給臺灣帶來之經濟上之衝擊，絕對是全體國民皆無法忽視的。美國與中國世界上兩大強國，皆擁有甚多的國土和人口，而我們臺灣，位處太平洋西岸，於地理上處於兩大強國之間，做為一個小島型國家，我們究竟應如何因應東西兩大強國之對抗？以及如何在兩大強國的對抗中，不但沒有損失，還能從中得利？這個問題，應是所有關心臺灣立法實務者所必須共同關切的問題。

而這個問題，我們也以從近來立法實務上的一則時事，見其問題之癥結所在。我國遠洋漁船在公海捕魚被國際組織發現違法捕魚，歐盟於 2015 年 10 月對臺灣遠洋漁業舉出黃牌，分三階段審查改善情況，最後期限為 2016 年 3 月底。

為避免臺灣的遠洋漁業貿易被舉紅牌且遭歐盟制裁，危急到新臺幣 70 億元的漁業商機，我國立法院乃於 2016 年三讀通過「遠洋漁業條例」，明定若違反包括無漁業執照從事遠洋漁業、未裝設船位回報器及電子漁獲回報系統而出港、未經核准進入他國管轄海域從事漁撈作業、故意捕撈或銷售禁捕魚種等 19 項重大違規行為者，將依照漁船噸位分成四級處罰；總噸

位 500 噸以上漁船最重將處新臺幣 3000 萬元罰鍰、總噸位未滿 50 噸漁船若違法，也可處 100 萬以上 500 萬以下罰鍰，累犯者，將加重處罰，最高可處 4500 萬罰鍰。除了處罰鍰外，最重並得收回或廢止漁業證照、漁船船員手冊及幹部船員執業證書。但上述之漁業管制，卻引來漁業從業人士大聲撻伐，認為此修法所帶來的管制作為，無異於政府之滅漁政策[12]。

此一重大爭議暴露出臺灣立法、司法與行政實務領域上的共通問題，那就是，立法的政策方向明確，但在法律的執行與適用下，卻產生與民眾日常經濟生活習慣之重大矛盾，而此矛盾無法從法律的各種釋義方法來解決，只能訴諸於更高的決策目標之層級，來探討如此之立法，是否有其正當性。而此更高的決策目標之層級，即涉及到立法者於立法時，是否有無正視我國做為一個海島型國家的特性與需求之問題。

我國位在臺灣島上，無論國際政治格局和兩岸政治恩怨如何地界定我國，任何人都無法否認，今天和未來的我國，都是位在海洋之上；我國，是海島型的國家[13]。海島型國家，位在大洋之上，相對於位處陸地的大陸型國家，有以下項特性：

首先，海運成本較陸運成本低廉，因此，海洋型國家天然資源較缺乏，但卻更易於運用其他地區之資源。其次，由於海運與空運成本皆較陸運成本低廉，因此，海島上之人民較大陸國家人民更易於對外移動。第三，海島上之人民，由對外移動較為容易，皆易於接觸外來資源與價值，因此其對國家或政權之忠誠度較低，且較能接受新的有利於己之權威。最後，大陸型國家較海洋型國家，更易於透過對土地之控制，來控制人民；而人民在陸地上，也較於海洋上，更不容易脫離集權政府透過對交通工具

---

[12] 反彈漁業三法！政府挨批無視漁民心聲，農委會盼有緩衝期，中央社，2016/05/18，取自：https://www.setn.com/news.aspx?newsid=147793&p=0，最後瀏覽日：2021/02/18。

[13] 韋傑理，臺灣「海洋國家」本不同於中國，民報，2017/07/09，取自：http://www.peoplenews.tw/news/f77ffe00-b4aa-4c59-99c4-240776dd3be1，最後瀏覽日：2021/02/18。

與路線對人民所產生之管制力量。

由於上述相較於大陸型國家之四項特性，因此，從海洋型國家之永續發展之需求來看，吾人認為，海洋型國家之法制建設，必須較大陸型國家更重視以下三項政策目標：

首先，海洋型國家天然資源較為貧乏，但人民運用外國資源之海運成本較低，因此，國家應降低人民運用海外資源時所遇之非自然障礙。

其次，海洋型國家之人民，對於離鄉背井、遠渡重洋而言，較為容易；海洋型國家之人民對於土地與國家認同，亦較缺乏絕對之忠誠感。因此，海洋型國家雖易吸收外來資源，但其人才亦較易於流失。故海洋型國家相較為大陸國家，更必須重視透過法律或政治體系之設計，來讓本國人才留下，或吸引外來人才挹注。

總之，海洋型國家之法律與政治制度，必須較大陸型國家更著重於人才之吸納與留下；一個能夠吸納與留住各地人才之海洋型國家，便可以像過去之希臘城邦，近世之西班牙、大英帝國、荷蘭，以及今日之美利堅合眾國、日本、為亞洲四小龍之首時的臺灣，以及今日之新加坡等，曾經在經濟與社會、文化上發展成績斐然的國家，她們在高度發展的時代裡，都有一個共通的現象，那就是舉國上下，無論政治治理、文化創作或企業經營上，都人才濟濟。

而人才濟濟，其實是正確的政治與法律體制運作之結果，吾人若歸納海洋國家之立法特性，可以得出如此之立法原則：即，海洋國家之立法，自由主義思想常較集權主義或干涉主義更為強勢。而自由主義思想在立法上之運用，則是國家之立法者除非有社會遇有重大之公共議題發生而有立法之必要，否則，即將立法權保留給地方或人民，而不由國家中央政府之立法者制定法律來規範社會。

合作性管制之立法建議

前面曾經說過，由於管制性立法太容易運用，尤其太容易被用於政治性目的，因此，公共政策與公法實務界與學務界，紛紛提出各種新的管制理論與方法，試圖能在某種程度上，取代指令控制性管制，或做為其補充措施或補救措施。其中，合作性管制（collaborative regulation）[14]，便是重要的發明。合作性管制所強調的四點，與指令控制性管制截然不同：

首先，合作性管制認為管制所欲處理之社會問題，其原因複雜而變化，必須透過公部門與相關私部門通力合作，才有可能正確找到社會問題之根源，並進而予以解決。

其次，合作性管制決策者認知到，要解決複雜的社會問題，必須問題的產生者、直接受影響者、間接受影響者、以及公部門之間合作才有可能實現；更有進者，合作性管制決策者甚至認為，能夠讓相關人員有意義之合作，已經不只是解決社會問題之手段，甚至是解決社會問題之目的。也就是說，合作性管制於某種程度上認定，公部門與私部門中之相關利害關係者，能夠於欲處理之社會問題上合作，該社會問題即能迎刃而解。

第三，合作性管制為能促使公私部門相關當事人能通力合作，於客觀環境上，立法之目標應在於規範公部門本身資源為私部門當事人運用之合法性與義務性。亦即，公部門進行自我管制，將資源與民間共享，透過自我管制措施，成為私部門願意與公部門合作之誘因。

最後，合作性管制為使公私部門之合作成為可能，其管制之措施乃進一步將公部門之高權位置予以下降，與私部門成為夥伴關係。原本於法規

---

[14] 關於合作性管制之理論與實務，詳參 Karin Buhmann, 2017, *Power, Procedure, Participation and Legitimacy in Global Sustainability Regulation: A theory of Collaborative Regulation. Routledge;* Brett Merrit, 2013, Collaborative Regulation: Cooperation between State and Federal Governments is Key to Successful Immigration Reform. *Oklahoma Law Review.* Vol. 66, No. 2. P. 401-43.

範中，公部門基於高權而享有的裁決、處罰之權限，皆予以限制，而容許公私部門於平等的地位上，試誤並自我更新。

合作性管制，可以說是對指令控制性管制直接而有力的反省，從指令控制性管制之決策者看來，合作性管制可能陳義過高；將私部門之人性視為善良，可能不符社會現實。但其實，當指令控制性管制在實踐上所需之前提要件，已經在近百年現代國家的實踐中，被證明是虛無而脆弱時，合作性管制雖然具有其理想性，但其理想性卻更足以做為檢討指令控制性管制之判準。

我國政府為避免臺灣遠洋漁業被歐盟舉「紅牌」貿易制裁而三讀通過「遠洋漁業條例」、「投資經營外國籍漁船管理條例修正案」及「漁業法修正案」等遠洋漁業三法，即是仍以大陸型國家的思惟，來看待我國的海洋事務，並以「指令控制性管制」來進行漁業管制[15]。

而這種以大陸型國家的管制思惟，於現實的管制實務中，便會產生諸多嚴重的矛盾。立法者雖然以美麗的立法說詞來解釋其立法宗旨[16]，但是，主要代表漁業事業從業民眾的意見領袖們，卻對此修法怨聲載道，認為「漁業三法」修法多罰鍰過重、政府全聽歐盟的，彷彿變成其下屬單位。

例如，臺灣區鮪魚公會理事長、臺灣區鮪魚公會總幹事、屏東縣東港

---

[15] 農委會副主委沙志一的見解，便頗有呈現大陸型國家的管理思惟，例如，他認為「公海是全世界人類遺產，不是只有臺灣獨享，因此必須遵守國際規定。」因此臺灣必須制訂「遠洋漁業管理條例」。「臺灣是遠洋漁業大國，卻不等於管理大國，我們船多，管理上需要改善。」沙志一表示，國際間兩大趨勢，一是資源管理，另一比較少談論的是公平合法的競爭。「若有人不合法作業，而讓他的漁貨在市場上賣，對合法者就是不公平；打擊 IUU 的用意在此，目的是永續漁業。」而業界期望公平、不要扼殺遠洋漁業的生計，牽涉到法令調整。他舉鯊魚資源管理，全世界通用的標準是 5%的比例，而非鰭綁身。「臺灣法令採取高標準，如果做不到，就要退到我們可以執行又符合國際的標準，免得一堆人違規。」
[16] 參與修法的國民黨立委廖國棟表示，修法主要還有將處罰船隻的分級從三級改為四級，區分出小型船的處罰，不僅維護海洋資源，更保障合法捕撈。他說：「（原音）這次的修法可能很多漁民會覺得怎麼處罰的這麼重，事實上我們不是在處罰漁民，而是為了維護海洋的資源，保障合法的捕撈，可以說這是一個進步而且健康的修法。」

區漁會總幹事、宜蘭縣議會副議長等皆曾經質疑，漁民有可能在一堆漁獲中誤撈或誤捕到黑鯊（中西太平洋禁捕魚種），就與故意犯受到同等重罰，罰鍰動輒新臺幣 200 萬到 2000 萬元起跳，對中、小型漁船而言，等於宣告破產。「臺灣的農委會漁業署好像是歐盟在管的，沒有在聽漁民的心聲跟真正狀況。頭痛醫頭，跟『滅漁』一樣」。宜蘭縣近海漁業運銷合作社理事主席也說，「罰鍰太重，以後沒有漁業，子孫要怎麼生存？」他們強調 99%漁民是守法的，不該為少數違法者訂這麼重的刑罰[17]。

依據新修「漁業法」，外籍漁工若勾錯魚上船，有如犯滔天大罪，導致漁民傾家蕩產，擔心修法會影響漁民生計；另外，遠洋漁船定位系統（VMS）有兩套，若損壞無法定位回報，等於無法出船。他們認為，付費給漁業資源國每天 1 萬多元美金，還要繳政府資源使用費，有如一條牛剝好幾層皮。

「漁業法」相當嚴格，從 2005 年遠洋漁船 1800 艘到 2010 年 1400 艘、2014 年 1100 艘，逐年減少中可見經營困境。中國等幾個國家，漁船都大量成長，被取代後，他們的漁業經營管理未必比臺灣優。蘇澳區漁業理事長指出，漁業發展讓臺灣能在國際增加能見度，臺灣漁業退場，只會讓其他國家的漁業前進，主張不該限制漁業，讓漁業發展朝法規化。

但亦有學者贊成此重罰之修法，例如，有學者認為，「一個人會考量違規、犯罪可能獲得的利益，以及為此付出的成本，若獲利遠大於成本，違規行為就會大增。」「遠洋漁業執法不易，加上過去違規行為的定罪率，當業者估算獲得的利益遠大於所付出的成本，違規行為就會產生，重罰則有遏止犯罪的作用。」[18]

---

[17] 反彈漁業三法！政府挨批無視漁民心聲，農委會盼有緩衝期，中央社，2016/05/18，取自：https://www.setn.com/news.aspx?newsid=147793&p=0，最後瀏覽日：2021/02/20。

[18] 漁業三法修法祭重罰，漁民組織大嘆吃不消，環境資訊中心報導，2016/05/19，取自：https://e-info.org.tw/node/115473，最後瀏覽日：2021/02/20。

當漁業主管單位認為自身在某一社會問題之解決負有公共責任時，其可選擇兩項路徑，來表現自身對此公共責任之承擔，一是選擇讓自身處於絕對高權之位置，透過發布高權指令來控制私部門之行為，來解決該社會問題；二則是使自己之位置稍稍下降，與所涉私部門處於平等之地位，並與之合作來共同解決該問題。而這兩條路徑之選擇，就其學理和技術層面而言，決策皆已十分容易得到相關參考資訊，以資佐助。因此，決策者之選擇，便僅在一念之間。

若漁業管制政策之決策者選擇與私部門合作來解決問題，那麼，便必須審慎地在立法上，設計其所發布的管制措施之內容。合作性管制之架構，便十分適於願意與私部門通力合作之政策決策者做為選擇參考。以當前漁業三法修法爭議為例，實踐合作性管制，可有下列立法：

1.處罰歸零

處罰措施，是公私敵對之開始，合作之終結，管制政策之立法者若認為私部門之合作，對於其達到所欲的政策目標是重要的，那麼首先必須將各種形式的處罰予以歸零。合作性管制之首要任務，便是要提醒決策者，指令控制性管制所著重處罰機制，只會造成公私之對立、破壞合作之基礎。例如，歐盟的懲處機制是採記點制，3 年內記滿 28 點，禁港（不得出海）2 個月，且先有輔導與教育，不是一開始就以處罰為主。

但我國遠洋漁業三法修法，執法機關之處罰作為，執行非常嚴格[19]，引起漁民嚴重不滿，目前已有立法委員提出處罰歸零之政策，即為降低漁民

---

[19] 例如海巡署執行的「護永專案」，對於轄區海域生態進行嚴密之保育及巡邏，嚴格取締破壞海洋生態環境之漁業行為，2019 年迄今取締 14 件 16 艘違規作業漁船，海巡署強調，「護永專案」將持續嚴格取締破壞海洋生態環境的各種違規作業行為，呼籲漁民切勿以身試法。違規拖網破壞資源，海巡取締 14 件 16 艘漁船，ETTODAY 新聞雲，2019/09/20，取自：https://www.ettoday.net/news/20190920/1539547.htm，最後瀏覽日：2021/02/20。

與政府敵對狀態之必要做法[20]。

2.專業協助

私部門之無法遵守法規以符合管制要求，經常是因為其未具有專業能力來符合法規要求，因此，若立法者欲私部門能夠符合管制規範，必須準備足夠之人力，對於相關私部門進行專業協助。目前政府為遠洋漁業每年需付出 5000 多萬會費或配額管理費以及 5000 萬配合國際資源研究，都是為了盡遠洋漁業國際漁業組織會員的責任，才會有配額，國際趨勢都是使用者付費，資源研究則是撈捕額度分配的基礎，但主計部門卻傾向這些錢花在遠洋漁業上，應由業者負擔，這便缺乏合作性管制之精神。

3.培育人才

主管機關若能協助私部門培育專業人才，將相當有助於私部門落實管制政策。對於私部門而言，缺乏充分之經營管理及法律遵循人才，通常是其無法配合政府施政之主要原因。以漁業管制為例，漁產業便相當缺乏漁業法遵人才；並且由於中央及地方主管機關未能正視此問題之嚴重性，對於漁業法遵人才之培訓課程，供給量遠不符需求量，於是具法遵專業之主

---

[20] 近 50 名東港、琉球漁民於 2017 年 9 月向立法委員陳情，指嚴刑峻法已讓漁民無法出海捕魚，要求「漁業署收購漁船救漁民」。東港、琉球漁民抨擊新的行政命令嚴刑峻罰，新法案規定船位回報從四小時一次縮減至一小時，電子漁獲回報器若在海上故障，原本可到下個航次再返港維修的條件取消，並要求一定要十五天內進港，未體恤漁民出海艱困且實務上窒礙難行；漁民極為不滿地指出，許多漁船船長只是行政程序上小疏失，如電子回報晚報，就會被重罰，漁民出海被當賊，漁業署只會用歐盟規定搪塞，傷害漁民權益。例如，有位船長怒嗆，他的漁船被外國漁業觀察員「觀察」，事後竟收到 60 萬元罰單，理由竟是漢字船名有污漬不清楚，被罰得莫名其妙。接受陳情之立法委員也認為，最具爭議的船位回報、電子漁獲回報及罰款分期付款等事宜，已要求漁業署檢討，這幾項規定確實不合理，應予取消。該委員於立法院經濟委員會審查中央政府總預算農委會及所屬單位預算時，便提案將漁業署罰款及賠償收入項目歲入預算，全數刪減。漁業三法再修法祭重罰，漁民怒吼，自由時報，2017/10/01，取自：https://news.ltn.com.tw/news/local/paper/1139894，最後瀏覽日：2021/02/20。

管人才員甚少。因此，協助漁業界培訓法遵主管人才，降低其於人才培育上之成本，乃是合作性管制立法之要務。

4.獎勵學習

　　私部門若自行提升其遵循管制政策之能力，主管機關給予其適當之獎勵，將形成有效誘因使其願意不斷學習。合作性管制認知到，私部門之自我學習乃是公部門實踐管制政策之先決要件。私部門之自我學習應給予誘因，使其自我學習能夠有助於其永續營運。以漁業管制為例，對於未能遵守法令之業者予以開罰，其效果將遠不如給予正確法遵之業者適切之獎勵。當然，獎勵私部門必須公部門動支其經費與人力，因此勢必排擠公部門原本之經費與人力，而此問題便端賴主管機關決策者之施政心態。

　　從漁業管制立法所造成之爭議，吾人可以認知到，傳統大陸型國家所慣用之管制性立法，因為其對於管制政策之目標與方法過度之簡化，並且忽視指令控制性管制下主管機關對於被管制之私部門進行處罰，所造成的敵對效應，因此，吾人可以理解，運用指令控制性管制來試圖解決漁業領域中之國際性問題，可能會緩不濟急，甚至產生負面效應。此負面效應，便是相關之私部門不願意在實踐管制政策上，與主管機關充分合作。而主管之公部門若失去私部門之合作，是否仍能夠有效地落實管制政策的目標？此一問題，並無絕對正確之答案，僅能有賴於決策者之價值判斷。

　　若立法者認為，欲落實政策目標，必須有相關私部門之合作，則「合作性管制」之概念與基內涵，對於決策者調整管制政策而言，便十分重要。以漁業管制為例，主管機關對於業者採零處罰政策，是建立彼此合作之基礎；主管機關亦應協助業者加強在法令遵循上專業之知能；此外，主管機關亦應協助業者培育具有法遵職能之主管人才；最後，主管機關對於業者自我學習與合作，亦應給予適當之鼓勵。

結論

　　立法論是一門知識，但卻是一門吾人必須從其於知論上的價值，來重新檢討與建構的知識。因為，我們所生活的當代世界，是一個完全不同於以往的世界。在這個世界裡，一切的知識之型態與價值，都不同於以往。立法論若是一門真正的知識，當然，它本身做為一門知識的功能及價值，也必須因應當代世界之變化，而有所變化。

　　在法學或社會科學領域中，知識論向來不受重視。因為，在法學與社會科學的研究、教育與傳播上，人們向來離不開傳統上對知識的發展、記載與傳播的工具與場域。而所謂「傳統」的知識發展、記載與傳播的工具及場域，不外乎專家、學術、紙本、學校。也就是專家運用學術的方法發展出知識，並透過紙本，於學校中傳遞。

　　這種傳統知識論之發展與傳遞方法，在今天當然仍在大量地使用，但是，卻已經不再是知識真正被發展與被傳遞的方法了。

　　真正發展出知識的人，不是那些所謂的專家，而是為某種私人利益而使用或操作知識的人；

　　真正用以傳遞知識的媒介，是可以輕易地予以剪貼、複製、刪改、甚至於造假的數位網路訊號；

　　而真正傳遞知識的地方，則是無邊無界、虛空飄渺的網路世界。

　　發展知識的人、傳遞知識的媒介與場域有如此的改變，使我們在任何領域中，都必須審慎地檢討該領域的相關知識之真實內涵與價值。而與我們每個人的生活息息相關的法律與政治領域中的相關知識，我們更必須嚴謹且深刻地去檢討許多固有知識的本質上之變化，以理解其應有的意義與

功能。

本書的目的，是要倡導一種對立法論之學習，甚至對一切法學、政治學之學習的新方法，這個方法，並不是要重建對事實的理解，而是重塑學習者或研究者對自我學習與研究目的之認知。

在過去，理解這個世界的真實，並進一步地掌握這個世界，可以說是思想界與教育界的共同目標。即使是科學發達後，喜於追隨自然科學腳步的社會科學，也同樣總是試圖想理解人類社會生活的真實，並企圖掌握人類社會生活的秩序。

但其實，關於人類社會問題之研究與學習，包括價值分配之政治活動與解決爭端之法律事務，若研究、教學與學習者，未能抱持著正確的學習心態、未能對研究與教學的目標抱持正確之認知，則即使能部分地理解了社會現象的真實，恐怕想進一步地予以掌握時，將造成更嚴重、更負面的社會問題。

也就是說，當發展知識或掌握知識之人，具有驕傲的心態時，便有可能利用其知識來遂行自己的私利，並且將自己所欲之自利，託言為社會大眾或國家未來的利益。如此一來，知識之創造與傳遞將反而有害於人群、不利於社會。

任何一門學問，尤其是在學校裡被教授的學問，都應有其做為一門學問的應有價值，而此價值是有對個人的主觀價值，與對人群的客觀價值。

立法論，若在臺灣的大學裡是為一門值得被教授的學問，那麼，它當然也應該有其對個人的主觀價值和對人群的客觀價值。

對於一門學問應有的主觀價值與客觀價值，若未能有正確的理解與設定，則這一門學問，便終將失去其學習的意義，甚至於最後產生不利益的負面價值。

就好像吃飯的主觀價值與客觀價值，若未能正確地理解與設定，例如將吃飯的主觀價值，設定在炫耀自己的財富；將其客觀價值，理解為人與

人之間利益交換的過程，那麼，這樣的吃飯，最後終將損人害己、勞民傷財。

後憲政危機下之立法論之重建

面對後憲政危機，人人都必須知道，三權分立憲政所建構的以行政權、司法權、立法權三者之間的分立與相互制衡，使得沒有任何一權都能夠濫權，並且保障人權之機制，已然不再能夠有效地運作了！我們每個人的基本權利，必須靠我們自己對政治與法律的認識，運用自己的知識與智慧，來保障自己的權利。

而在立法的領域上，只有我們每個人都能夠認識立法、了解立法，並進一步地理解立法的實務上，如何在對多數決的迷信之下，使我們的基本權不會悄悄地被立法部門中的多數決所剝奪或出賣，我們才有可能去選出適當的立法委員；並且透過我們自己在立法論上的知識與智慧，去鼓勵立法者在制定法律或進行各項政策選擇時，為不在場的、無聲的、弱勢的沈默大眾發聲；或至少不要鼓勵他們不負責任地將立法權交付給不需負責的行政官僚。如此，我們的人權，才有可能受到日常的立法、日常的行政及日常的司法所保護。

也就是說，只有知識，才能發揮影響力；只有理解，才能成功與人溝通；更只有智慧，才能夠使自己立於不敗之地。認識後憲政危機，並理解後憲政時期立法運作之現實，才能夠使你得到智慧，讓自己無論在中央政府、地方政府或自己所屬的機關或社區進行立法之前後，都能夠立於不敗之地。

政治上之多數黨或少數黨，都會積極利用眼前之政治情勢，推動各種所謂符合社會多數民眾期待之立法。而這些立法是否真能夠符合所謂之社會多數期待，個人認為，其並無絕對正確之判斷依據，但是其能符合推動者個人或所屬政黨之政治利益，卻是肯定的。

這也就是說，符合社會多數期待與符合政治上政黨或政團之利益，這兩者之間，在具有理性思考能力的一般公民眼中，是能夠予以區別的。至於此二者之間，是否能夠等同？此一問題，只能留予社會科學界，做永無正確答案之學術性探討。

新立法論之建構與研究，其核心目的之一，便在於探討如何使立法者在立法過程中，嚴謹地在立法政策之目標與立法所選擇之手段間做適當選擇，成為義務與習慣。

是不是除了多數決外，即無其他能夠做為判斷立法之正當性之標準？抑或是吾人可以從立法之本質與其對人類政治生活之實質意義中，歸納推理出其本身應有之價值取向取向或標準？

有意義的立法，亦即受人認可的立法者於具正當性的立法機關中，依據具有正當性的立法程序規範進行立法工作，是社會秩序得以維持，並且能夠與時俱進之充分條件，也是掌握政治權力之統治集團，得以不需要仰賴武力之威嚇而對民眾進行和平統治之充分必要條件。

廣義之立法，係指一名或一群擁有權力之人，透過特定程序之作為，制定具有約束力之法規，來規範或約束自己或他人；而此具約束力之法規，其約束力乃基於被規範者自己對該制定法規之程序與作為之認可。

依此對立法廣義之界定，吾人可以理解，立法中至少包含了四組結構性之二元對立單位，那就是「擁有統治權之人－擁有立法權之人」、「政府－立法部門」、「制定法規之程序－制定法規之作為」，以及「立法程序中的多數－少數」。這四組結構性之二元對立，使立法具有其必要之功能與意義，同時也使立法成為自古至今，有人群即有政治，有政治即有立法之必要活動。當然，也是因為這四組概念，皆具有其結構性及對立性，也因此使立法成為具有諸多邏輯上之矛盾與現實上之衝突的政治活動。

結構二元對立論之觀點，用於剖析立法，可以使立法者或參與立法工作之任何人，都能夠立法過程中，本質上之結構二元性與對立性，體察立

法工作所必須謹慎關照之價值二元性與其對立、衝突之本質。

立法二元對立結構之反思

前面說過，在立法中，必然存在多組二元對立結構，例如主權者與有權者間的二元對立。主權者，是立法權存在之基礎，其擁有主權，卻未必是執行立法權之人；相對的，則是有權者，其執行立法權，但其權力卻非自身所有，而為主權者之賦予。

若擁有主權之人與執行立法權之人，其二者合而為一，則其實此一單元根本不需要立法，因為，在這個時候，主權者單方之意志，無論以何種方式形成與表現，即可以統治與規範他人。因此，無須另有立法者、立法機關或立法程序等概念之存在。一切的威權封建專制政權，其本質上便是主權者與立法者合而為一，而非二元對立之存在，因此，在威權專制統治下，其實不需對立法論有特別之關注，因為，統治者自身之意志與偏好，便是立法之本質。

而在立法權獨立，並且成為政治實務之重要環節之民主法治國家中，主權者與有權者兩概念乃是二元存在且相互對立之概念下，也就是擁有主權或代表主權，卻未執行立法權之人，與執行立法權卻未擁有主權且無法代表主權之人，此兩種人並存時，才有可能有立法之需求。

當主權者本身缺乏自我規範與管理之能力及權力，因此，必須賦予一群有權者來制定規範，以維護群體生活之秩序與合作共生之可能。而主權者與有權者，彼此皆有此共同認知，同時此一共識同時存在，才能產生有權者之立法活動，否則若主權者認為他人無權制定規範干涉自己、自己也都有權立法規範自己與他人，那麼立法之活動，一開始便會遭到阻礙，即使透過暴力或脅迫來使立法活動得以進行，則立法工作也不過是虛假：暴力與脅迫的威嚇作用，才是本質。

然而，誰賦予有權者權力而來行使立法權，以規範他人？誰是主權者，

而願意自己放棄權力，讓他人行使立法權來規範自己？這個問題，又涉及到誰行使權力之作為，能夠獲得他人之認可與同意，而可以繼續行使立法權？以及誰能透過何種程序，來表明自己放棄了立法權，將約束自己的權力讓予立法者？這些問題，基本上，不可能從任何學術之學理建構或真實發現，去找到其標準答案。

然而，正因為這些問題之標準答案的欠缺，使得立法論做為一門社會科學領域中之知識學門，於民主法治社會中具有永存的實質價值。因為，這些立法實務中所必然存在的二元對立結構，使我們能認清立法就其本質而言，並不可能存在著單一、絕對、至上的價值。在主權者與有權者之間，不存在著共知共見、同心同德的價值，因此在立法過程中，便沒有能輾壓其他價值的至高價值。

主權者與有權者之二元對立概念，於具體政治實務上之意義，延伸出政府與立法部門這組概念之二元對立。

在人類的政治活動中，無論政府之人數、規模或型態如何，大體上皆為有權力立法之部門。但是，政府乃由諸多部分所組成，各部分並具有不同的組成成分，扮演著不同的功能。隨著人類政治活動的日益多元與複雜，政府部門之分化與功能之分殊，亦日趨複雜與多元。

日趨分化的政府部門中，便出現了專責職司立法行為的立法部門。立法部門是政府的一部，卻不是政府的全部。政府可以做為於日常公共事務上，代表主權者之部門；而政府中的立法部門，卻只是職掌立法權之部門，而不是主權者之代表。也就是說，執掌立法權的立法部門，只是執掌主權的政府之部分，而不是全部。

做為政府之一部，立法部門的立法行為，對於政府其他部門的運作，會產生一定之規範作用；同樣的，政府內的其他部門，也會以各種形式及管道，對立法部門之運作產生影響。政府對社會之統治，期望能依自己之自主決策來進行，但立法部門卻給予政府自我約束之義務；同時，政府對

社會之統治，又必須透過立法部門之立法工作，來進行對社會大眾之規範，因此，政府與立法部門之間，存在著二元對立之結構關係。而此二元對立關係，其實於實務上，又會以立法程序與內容之二元對立，而對國家社會之治理，產生相對之作用。

立法之程序與作為，此二概念本身之必然共存與對立性，也是使立法成為可能，並且成為必須的主要條件之一。立法程序，可規範立法者之作為，使立法者無法恣意而為；相對而言，踐行立法程序，也可能即是立法作為之實質內涵。但是為了踐行立法程序，卻可能使立法者無法按自己之意志執行立法作為，甚至於由於依立法程序規範而進行立法，反而使立法之結果與原來立法者之意志背道而馳。

因此，在有意義的立法中，程序規範與內容，便成為二元存在而對立之概念。立法若僅有程序性規範，而無實質之內容，則立法程序是為多餘；相對的，立法若僅有其內容，但未能踐行特定之程序規範，則任何人之任何意志與偏好，都可能在任何條件之下成為法律之內容，此時，該等法律亦不可能具有其正當性，亦即不可能受被規範者多數之同意。

立法之內容，經由特定立法者於特定條件下，經由遵循特定之立法程序而成為法律，排除其他未能經由特定立法者於特定條件下，且未遵循特定立法程序之強制規範。此一排除之作用，使經特定立法程序後制定出之法律，成為能被受規範者所接受的法律，也成為主權者願意認可的規範。

而對立法程序性規範之重視與遵守，則是區分立法與規則制定差別之主要判決。立法與規則制定，經常被混為一談。但其實，立法若與規則制定是同意詞，那麼立法論便毫無意義，也不可能產生有意義的內容。因為，規則制定不需要遵循程序性規範，其過程中並無程序與內容之間的二元對立。只要能將有權者之意志轉化為規則之形式，便是規則制定之主要內涵，是以規則制定與立法最大之差別，即在於規則制定不需要踐行任何「法」之精神，只要有權者之意志能形成能被接受或慣用的技術即可。

因此，可總結而言，若要真正學習立法，便必須認識立法中所言之「法」，其意為何？

立法中所言之「法」，一般以為，便是立法機構三讀通過，後經國家元首公告之法。但其實，若以此「法」之意義來界定立法之法，那麼，立法即無學理可論，立法論亦無知識可學。因為，以立法機構所制定之「法」為立法之「法」，則一切取決於立法過程中多數之選擇與意志，而立法過程中多數之選擇與意志，並未能發展出有價值之學理或知識值得於高等教育學府講授。立法中所言之「法」乃包含一切既成、現成或將成為約束人們行為之規範。這些規範所立之條件與過程，即為廣義立法論內容之總成。

而從以上廣義之立法與狹義立法之對比，吾人可再簡略之，即廣義立法論中所言之法，乃包括成文法與不成文法二種類型。而由立法機關有意識地依特定符合法之精神的程序規範所制定出之成文法，與其他具有約束人民作用之不成文法，這組二元對立之內涵與作用，乃是激發立法論相關學理主軸之一。

因為，從成文法與不成文法之二元對立結構中，我們首先必須理解到不成文法之無限，及其相對的成文法之有限。不成文法之無限，意指不成文法之範圍無限乃作用無限。不成文法之範圍，可意指一切對人類的行為具有約束作用，卻未見諸於形式性之文字的法律。而毫無邊界的不成文法，亦對於每個人產生難以界定且難以抗拒的約束作用。

不成文法，若對每個人都會產生某種約束作用，則對於參與制定成文法之立法者，亦同樣產生約束作用。而對立法者產生約束作用的不成文法，便有可能成為成文法之源頭，也有可能成為成文法背後之政策基礎，當然，更有可能為成文法制定施行後，真正決定成文法施行效果之環境因素。所謂無效立法，就是立法者所立之法，並無其實際效益，也甚至並無實際效力。而立法論中討論無效立法主旨，在於揭露出「無效立法」產生

之理由。「無效立法」並不是立法者在立法上的疏忽或錯誤，相反的，無效立法經常是政治角力、算計與妥協後的結果；並且，更多是掌握立法權的政治們為滿足人們的報復心理而刻意操弄而成的。

人們的報復心理，其實，是人類立法行為的重要源頭。對於侵害他人權益的人，予以適當的報復，可以使人們不再敢於隨意侵害他人權益。所謂殺雞儆猴便是此意。殺雞儆猴是原始人類社會保障社會秩序的重要方法，而時至今天，它仍被從古至今未曾改變過的一般人性，視為是保障社會秩序、維護社會公益最高明的手段。

人類的報復心理，是不理性的，也是理性的；不理性的，是因為無論是受害者或旁觀者，能看到加害人也有很悲慘的下場，能夠滿足自己渴求公平的情緒；理性的，是因為讓加害者受到適當的懲罰，是最經濟而實惠的維持社會秩序、撫慰社會人心的方法。

因此，在立法上，我們必須永遠正視人們心理中必然存有的報復心理。因為，正是此一報復心理，將使立法反而容易成為暴政的工具；也正是此一報復心理，讓暴政得以透過立法來實現，而且取得正當性。

立法論最重要的應有內容，並不是探討如何透過困難的立法，來實現什麼偉大的社會政策；而是首先要提醒人們警覺到，立法者如何運用最簡單的立法手段，來實現某些社會政策，但這些簡單的立法手段，卻潛藏危機。

前面說過，立法者所運用的簡單的立法手段，可以歸納為三，一是報復立法；二是無效立法；三是授權立法。美國制憲元老麥迪遜對此問題之見解，是為典範，在《聯邦論》（*Federalist*）一書中，他即描繪了一般人民，在自然狀態下，自私與容易受情緒所左右的景象。他說：「自由，就像是天空著火了的一種假象」[1]，因為政治上某一力量的自主生成，必然會同樣生成另一力量來予以摧毀。自私與情緒化，會讓我們每個人都想占盡

---

[1] *The Federalist,* No. 10. at 78 (j. Madison) (Clinton Rossiter ed., 1961).

自由的便宜，並結黨營私，試圖將國家的力量用來成就個人的私慾，而國家的公器，必然將淪為黨派營私的工具，因此，國家最終將失去其正當性。

麥迪遜早已警告世人，贏得多數的政黨將會控制一切，而民眾終究也會拒絕多數的控制，然而，骯髒的多數，卻還是可能短暫地壓抑我們的脆弱與對政治的厭惡。直接民主，無法節制一般社會大眾的短視近利，與容易受情緒左右的問題；同樣的代議民主，也很難減少一般社會大眾的短見與褊狹之影響，除非民選立法者，能夠在立法過程中深思熟慮。

立法自律

立法的型態隨著時代的演變，而有不同的特性。當今我們所處的社會，是人類文明史上相當具有特色的社會，除了科學技術的發展極為快速，對人類的生活與生產方式，帶來徹底的改變外，更有一項重要的特色，就是以歐美法律體制為主的法治觀，幾近於壟斷地獨佔了地球上大部分社會的立法型態。

這百年來，我們華人所學到的法治觀，乃是過去我國留洋學生從所謂「西方列強」各國－尤其以英國、美國和德國為主的大學校園中引進的法治觀。

歐美大學校園裡教授的法治觀，其最主要的內涵，在於強調由民意代表所組成的立法機關所制定出的法律，是治理一個社會最好的工具，也因此是唯一值得被法律界認可的工具。

在此法治觀之流布下，現代社會的人們，被教育凡事皆應依法而治；並且依法而治的目的，主要在於排斥「由人而治」的治理型態。

「絕對的權力，會使人絕對地腐化！」

在這種對人性一旦擁有權力後的結果之不信任感，使得西方的法治觀一直相信，必須讓人性在權力的運作中，不致於絕對，也就是能夠相對地

予以制衡，如此才能保證建立一個不致於腐化的政治環境。

　　「立法」於現代法治社會下的運作，便被視為是為建立一個權力不致於集中於單一個人或少數人的制度。

立法之惡性循環

　　自由可以說是人類所使用的辭彙裡，最具有吸引力，卻也是最具爭議的文字。對某些人來說，自由是為對抗集權暴政而產生的專有名詞；對許多人來說，自由就是可以選擇某些更好的事物，而不受他人影控制；而有些人認為，自由只不過是受自己同種族的人所統治，不受他族政權管理而已。歷史上曾經有一民族認為，自由便是可以自己留長髮或短髮。在民主體制中，人民較可以隨心所欲地生活，因應這種體制下所構成的政府，似乎最能保障民眾的自由。

　　雖然民主政體似乎最能保障民眾的自由，但自由卻不是毫無限制的。在一個由法律做為規範的社會中，自由僅侷限在我們有做我們可以做的事的權力，以及我們不會被要求去做我們不該做的事之範圍內。

　　在我們的心中，我們必須永遠都能了解「獨立自主」與「自由」之間的差別，自由，是有權從事法律所允許的一切，如果人民可以做他們所被禁止的事，那麼，自由將不復存在，因為，如此一來每個人都將擁有此一權力。

　　民主政治與階級政治，其本質都不是為自由而生。政治自由，只有在維持中道的政治中才能出現，但即使在維持中道的政治中，也經常不見。只有在沒有權力的濫用的政治中，才能保障民眾的自由。但經驗告訴我們，一個人只要擁有了權力，便有濫用的傾向。因此，為防止權力的濫用，便必須讓權力受到制衡。一個政府應該如此地構成，讓任何人都不需要被迫做法律不允許的事，也不會被禁止做法律所允許的事。

　　關於人性之必然，有唯物史觀與唯心史觀兩種不同史觀。兩種史觀不

可能相互排斥、截然對立；兩種史觀必然相輔相成，因為物質的因素，必對人性之心理產生作用後，在人性的作用下，構成人類之歷史。

人性是否會因為物質的改變或進步，而有所改變或進步？此一問題大概無法透過科學的方法取得科學的證據，來得到絕對正確的答案。以本書而言，從人類政治史之發展軌跡來看，人性並不會因為物質與科技的進步而有所改變。而由於江山易改、本性難移的人類共通現象，因此，人類歷史總會不斷地重演。因為，人類歷史上的各項重大事件，無不源自於人性的作用。人性中的愛與嫉妒、性與獨佔、慾與不足等等，都是讓中、外歷史得以寫出一篇又一篇戲劇張力極強的故事的主因。如果人性中的愛、慾、嫉妒與不知足，不會因為人類所創造的物質文明而改變，那麼，我們便無法否定歷史會不斷重演的命題。

若歷史會不斷地重演，那麼，我們學習歷史，以及與歷史有關的一切學問，便有其非常深刻的意義。此一深刻的意義，就是透過教學與研究，來阻止歷史上令人痛苦不已、無比難堪的事件，盡可能不要再發生，或即使發生，其嚴重性也能儘可能降低。

就立法而言，立法論之建構、研究與教學，其主要的目標，也在於讓人類政治史上，因為立法的錯誤或不當，而造成人類生存的重大威脅、社會秩序的嚴重破壞、環境資源的嚴重流失等問題，能夠予以避免，或至少減少其嚴重性。對本書而言，避免因立法的錯誤與不當，而造成戰爭、屠殺，是立法論的教學與研究，最首要的目標。

而立法如何可能錯誤或不當，而造成戰爭，甚至於屠殺呢？吾人綜觀人類政治史，這種悲劇確實是可能發生、曾經發生、甚至於容易產生的，因為，當不公平與不必要之事，積少成多、積非成是時，爭戰便必然產生，悲劇便一定形成。

人類是政治的動物；我們必須在組織化的團體中才能夠求生存、才能夠謀福祉；由於我們對某個人或某些人天縱英明的智慧或超凡獨具的能力

無法信任，因此，我們人類的文明，便產生出「法」之概念，來使人類的組織化團體生活，得以和平持繫、長久發展。而人類社會則有一種人，發展出一種專業，在於發現「法」及運用「法」，並從而負責從事團體中爭議之預防與解決之工作。這種專業，在當今社會，稱之為「法學專業」；這種人，則被稱為「法律人」。

對一般人而言，「法律人」代表從事某種特定行業之人，例如從事律師職業，或是擔任法官或檢察官職務之人。但其實，以此來界定法律人，其範圍太過於於狹隘，「法律人」不應只專屬於從事操作法律事務工作之人，相對的，以操作法律為主要生計來源之人，也不見得都是法律人。

在本書中，所謂的「法律人」是指曾受過特殊的專業訓練，並因而具有某種特殊素養的人，這種特殊的專業訓練，稱之為法學訓練；而這種特殊的素養，便是因為精實的法學訓練，加上人格上之自我惕勵，因而特別具有的謹慎、無私與講誠信的法治素養。

也就是說，法律人應以其應有之素養而得其名，法律人更應以其應有之價值懷抱與行為準則而享其名。本書認為，法律人應有謹慎的素養，方有其值得令社會大眾尊敬之令名。

謹慎是法律人在其法學訓練過程中，首先必須養成之習性。而法律人在法學訓練過程中所必須學習的謹慎，大概能從以下幾種情形之注意而表現：

1.對不公平之注意

「秤」總被用以象徵法律，其真意即代表法律的首要功能，在於維持人與人之間權利、義務關係中應有之公平。如果法律無法維持人際間之公平，則法律即無存在之必要；然而，由法律文字、法律組織與程序、以及法律人三大要素所共同組成的廣義之法律，其中的法律文字及法律組織與程序，卻不見得經常都能具有維繫公平的作用；相反的，由於前面章節所

曾經提過的，在立法中多數與少數之二元對立結構下，法律文字、法律的組織與程序，經常反而都是源起於不公平，並且以維繫社會的不公平為目的。

但是，當具有相當法律專業素養的法律人，能在立法的過程中，以及法律的文字及法律組織與程序的實際運作中，審慎地察覺到相關當事人已在有知或無知之間，處於不公平的情形時，透過妥善地運用法律文字，並適當地操作法律組織與程序之各項可資運用之資源，卻可以在不同的個案、不同的情勢、以及不同的人情世故中，去除那處處潛藏的不公平。

也就是說，法律人的素養，首先表現在能夠謹慎地注意到因為法律的文字、法律的組織運作與程序規範，所可能對人們產生的不公平，尤其是這些法律的文字、組織與程序，是如何地在立法過程中出現。

2.對不必要之注意

對人的不公平，經常是在無意之間產生的，當不必要的手段、不必要的規範、不必要的價值判斷產生，卻未能予其形成的初期即能予以警覺並制止，這些不必要的手段、規範與價值判斷久而久之，即會給某些人帶來相當程度的不公平待遇，並且，這些不公平之待遇，還會以合法、正當之形式存在於社會中。

然而，當一個團體或社會面臨某種重大的衝突或困難時，人們為了尋求最為快速而有效的解決之道，往往會對擺在眼前的各種解決方法之選項，未能深入而務實地思考其必要性，便選擇了其中看似最能快速有效地解決問題的方法；然而，這些方法雖對眼前問題之解決有其效益，但在大部分的情形下，當這些眼前之問題消失，或以其他問題之形態出現時，此原來最為快速而有效的解決方法，卻會成為毫無必要。而這種在眼前看似有效，在未來可能毫無必要的方法，一旦經由立法程序而成為法律，那將成為社會上不公平的主要來源。例如，在某種特定時空背景下給予某特定

族群的福利優惠，通常在該特定時空背景轉變後，便成為社會上最不公平且浪費公共資源的制度。

法律人，因為在法學的訓練上處處都被要求必須熟悉「比例原則」，以及在各種案件中，進行手段與目的間之因果關係與必要性之檢驗，因此，對於不必要之手段、不必要之規範、與不必要之價值判斷，應有其特別之注意能力與敏感性。而法律人在各種立法、裁判與執法的場合中，發揮這種對不必要的注意能力，給社會帶來的貢獻，將不止是公平，更是潛藏的經濟與效能。

3.對不誠實之注意

不必要之事物，包括不必要的手段、不必要的規範，其所以被人們接受，並繼續使用，必有其必要之理由，只是此些必要之理由，或許是不可告人，或未能以其真實之語言而告人，也就是欺騙。

不可諱言地，大部分的人都會在某種情況下欺騙他人，欺騙他人的行為也並不完全都是必須絕對予以杜絕的罪惡。但是，當欺騙是以傷害他人為手段，以遂行自己利益為目的，尤其以依法或立法之名而行之時，此種欺騙所可能造成的危害，重則可能使國家社會經濟的發展陷入萬劫不復之境地；輕則可能使某些人、某地方、甚至是某行業遭受重大損失。

法律人在其長時間的養成訓練中，被要求必須以科學方法、循正當程序來蒐集各種現象之實證證據，並嚴格地依證據來做為價值判斷之依據，其目的，即在於讓不誠實的言論，從嚴謹的證據法則之運用中被過濾出來。

任何人，無論其是職位、身分或境遇如何，法律人都應用嚴格的證據法則，檢視其行為是否誠信、言論是否誠實。任何人上了法庭，都會以各種語言，來企圖獲取法庭中的判策者，對自己做出有利之判斷；任何人在決策與立法的過程中，也都會用各種文字與言論，來企求自己的意志得以

被實踐。許多立法者的言行是誠實的，於是他們在立法過程中，會讓自己的政策判斷與利益訴求趨向一致；同樣的，也有許多立法者，在立法過程中的言行，內外並不一致，所行有違於其所想，或所想遠非其所行，法律人對這樣的立法者所做出之決策，必須慎思明辯，以免惡人所定之惡法亦為法，而危害國家、社會與自身長遠之發展。

素養學習

記得在一次的會議上，有一位女士舉起了右手，投下反對的一票，她說：「雖然我贊成大家這做，但是當事人今天沒有到場，我們不能現在就做決定，如果我們今天就這樣做了決定，此例一開，以後，說不定每個人都有可能人不在現場，自己的命運卻已經被決定了。」

那次的會議，究竟在討論什麼，筆者已經不大記得，但在那會議中聽到這位陌生的女士講了這一段話，筆者從此決心改變筆者在學校「立法論」這堂課的上課內容。

筆者認為，這位陌生女士的這段發言，是真正值得在大學的法學院裡教的「立法論」之內容；而大學裡「立法論」這堂課的教學目標，也應該是在培養出更多像這位女士這般素養的人。

過去傳統的「立法論」，一直位在政治學的邊緣、法學的對立面。它是大部分的人在大學裡學習過程中，或許耳聞過，但必然陌生的一堂課。除非授課老師以嚴格的考試和高超的不及格率來規範選課同學，否則，即使是政治系的學生或是法學院的學生，也大多對這堂課抱著輕視的態度。

身為一位在法學院裡教授「立法論」的老師，當筆者看到學生們以輕視的態度來面對這堂課時，筆者長期以來，都是抱著理解與寬容易的心。因為，對於法學院的同學們來說，還有太多讓他們頭痛不已的課程，就像他們寶貴而困難的未來一樣，迫使他們必須緊張且慎重地重視它們。但是，隨著年紀之增長，筆者工作歷練也愈加地多元而豐富，便愈能認識到

「立法論」這堂課對每個人的重要性。

因為，工作經歷愈多，便代表參加的會議愈多；而參加過的會議愈多，便代表愈常面臨到必須自己為自己或他人立法；同時，也常必須自己為自己解釋法律，或基於某種目的與角色，為他人解釋法律。

也就是說，當你的工作歷練愈豐富，你就愈容易發現，立法與法律解釋，就像開會一樣，不是某種特定職業族群的工作，而是每個人都必須承擔的任務，也是每個人都必須面對的考驗。

而在開會中，你可能要面對許多會議中所必須處理的問題。面對各種會議中的問題，當今世界與過往世界，最大的差異，在於網際網路的大量使用與快速發展，使人類雖然心性和欲求與過往並未有什麼差異，但是在開會時所能隨手得到的資訊，以及由這些隨手得到的資訊對會開會中的自己所可能產生的作用，與過往有著極大的差別。

在過往世界中，一切資訊之取得，皆有其特定之方法與管道，同時，這些方法與管道，也都受限於時間與空間環境之天然或人為阻隔。例如，過去的人們要知道他的國家即將制定什麼樣的法律來規範他們，他們只能夠透過耳語相傳；而這耳語相傳的源頭，可能是某決策者的放話，或某決策者身旁的人的洩密，更有可能是某試圖參與決策卻無法參與決策之人的杜撰。而在今天，我們有網路、有 wifi、有智慧型手機，更有手機和電腦裡的大量搜尋及社交軟體，於是，我們的國家如何訂定法律？那些法律的內容如何？以及從哪裡可以獲知那些法律實際上是如何地運作？人們都可以透過隨身在手的手機，或大家都有的電腦，迅速地知道這些問題的答案，並且迅速地傳遞給在開會時，需要這些資訊的其他參與會議人員。

但在面對問題時，我們從網路上找到的那些答案，是不是都是好的答案？又如果我們以為那是好的答案，那麼，那些我們以為的好答案，是否真能給我們帶來好的幫助或影響？這樣的問題，便是我們在當前的網路社會，所必須審慎思考的知識論之全新問題。

尤其，關於國家重大的公共政策或法律的制定過程之種種，網際網路更使得一切原本人們難以取得的資訊，現在大家都能唾手可得。當原本只有決策者才能掌握的資訊，現在即使路人甲、乙、丙也能同步取得；當原本只有參與決策的人才能夠提供的參考資訊，現在則是無論有無權限參與決策的人，都能夠大量地提供給決策者參考；當原本只有決策者所認可的所謂專家才能提供的專業意見，現在任何人都可以用自己的方法，來讓自己取得某種專家的身分。這個時候，立法，若要具有知識的含量，那麼，我們便必須重新去審視，究竟什麼樣的知識，才是現在或未來參與立法過程的人們所真正需要的？探討這樣的問題，我們可以用當今很流行的網路影音視訊製作軟體之運用來做比喻。

過去，我們若要將我們自己拍攝下來的生日宴會上大夥兒群聚歡樂的錄影畫面，剪接製作成一齣活潑可愛的影片，我們必須擁有許多稱得上專業的製片技巧；現在，運用網路上隨手可得的 APP，點點按按，幾秒之內，就可以製成；然後再點點按按，就可以快速地讓大夥兒回憶生日宴會那天的精彩或爆笑。如果，網路上幫人家製成影片的軟體，會不斷地推陳出新，使得製作影片，愈來愈不成為一門專業，那麼，若還要學習製作影片，該學習的是什麼呢？又什麼樣的知識，才是值得想學習影片製作的人所需要的知識呢？

以影片製作的知識來做比喻，人們或許可以更容易地去理解，在網際網路時代，與人類活動有關的學問於知識論上應有的典範之變化。當製作影片的技巧，可以用網路上下載的影片製作軟體一指搞定時，學習影片製作，那些一指搞定的技巧，就不是重點，而是我們製作影片的目的為何？以及我們如何經由影片的製作與播放，來達到那些目的。

我們同樣也可以用烹飪做菜或烘焙點心做比喻，過去，不具有烹飪或烘焙專業的人要在家裡做幾道好菜或好點心，必須先到各地開設的廚藝班、烘焙班拜師學藝。在那些廚藝班、烘焙班裡，向扮演老師的銷售員購

買大量的材料後，學習扮演美食家的老師們教你品嚐的美食；或在電視上看著長得像廚師的演員，表演做菜或烘焙的方法，然後從電視上學會製作並品嚐美食應有的味道。因此，在沒有網路及網路還不發達的時代，你對美食的製作與品嚐能力，是必須靠學習而來，而且，這種學習，與取得製作美食技術的相關資訊，幾乎是同步。

但在網路相當發達及普及的今天，你要學會製作任何美食，你只要會上網、肯購買材料，並且願意伸出你的雙手，感受廚房的火力與熱力，你甚至就可以成為一邊上網學他人做菜，一邊上網教他人做菜的網紅。也就是說，當我們很容易地，就能從網路上獲得許許多多處理各種事務的技巧之相關資訊時，對這些資訊的吸收本身，便不再是學習的重點。你學會應該基於什麼目的、採取什麼態度來吸收這些資訊，才是學習的核心。

你如果從手機上或電腦上，隨手可得剪接製作溫馨生日聚餐影片的軟體；而製作一個專於你的溫馨生日聚餐影片，也只要你的手指或滑鼠滑一滑、點一點即可，這個時候，關於製作影片這件事，什麼是值得你學的呢？又，如果你要製作一組非常好吃的布丁，在你的愛人生日的時候，獻上你的甜蜜與殷勤，而你可以在網路上找到很多很多教人製作超級好吃布丁的資料和影片，這個時候，關於製作布丁這件事，什麼是你應該學的呢？

什麼都是你該學的！也什麼都值得你學！但你必須先知道，你為何學習？以及為誰學習？當你不知道你為何學習時，你做的溫馨生日聚餐影片可能溫馨到逼人熱淚，但是，你只逼出了自己一人的熱淚，別人被你所逼出的是什麼，你渾然不知；當你不知為誰而學時，你製作出的布丁也的確像網路販售的網紅布丁一般，具有帝王級的美味，但在你的美味帝國裡，也只有你孤單一人。

網路的速度與廣度之不斷提升，使我們所能得到的資訊之量，也不斷地暴增；而資訊的量之暴增，其實便預設了其質的驟降。你所知道的東西

愈多，你就愈必須妥善地篩選你所知道的，否則，那些你所知道的東西，終究會讓你一無所知。而你篩選你所知道的，以及學習如何有意義地篩選你所知道的，才是當今網路時代最需要學習的內容。

在愈來愈發達的網路世界中，學習篩選你所知道的知識，已經不再像過去一樣，將篩選的重點放在分辨真與假之上；而是應在於區別對自己與人群之有益或無益。例如，對於我們吃下肚子的東西，究竟對我們的身體有害，抑或是有益？與此問題有關之資訊，浩繁如我們的欲望、龐雜如我們的飲食。從美國進口的豬肉與牛肉，有添加似乎只有化工系的老師或學生才聽得懂的藥物，那藥物有每一個人都聽得懂的名字，那個名字看不出來有什麼毒性，或對人體有什麼害處。但我們每一個人都可以上網去查詢那藥物是什麼，吃進肚子後對人體會產生什麼副作用，以及要連續吃幾年，才會吃出我們的病痛或吃掉我們的生命。那些關於美國進口的豬肉及牛肉添加的藥品之資訊，比我們每個人一生中所能吃進肚子的豬肉和牛肉更多。但是那些資訊，卻無法真正有助於我們決定是否要吃進我們存有疑慮的肉品，因為那些資訊，對掌握是否開放美國豬肉及牛肉進口的人來說，他們於做決定的時候，並不會因為那些添加在肉裡的藥物是否對人體有害，而做出決定，而是根據他們於做決定的時候，是不是有人逼他們吃些什麼。

如果，他們在做決定的時候，被人逼著要吞下些什麼，他們就會認為，民眾在不知不覺中所吞下的，有毒無毒、有害無害，都無所謂；相反的，當他們在決定的時候，並沒有人逼他們要吞下什麼，而是他們期望民眾吞下那些只對他們有利的東西時，他們就會認真而激切地，坐在決策的地方，或站在通向決策的街道上，大聲疾呼：你們所吞下的，都是有毒的，只有我餵你們吃的，才是健康的！

你是民眾，或是決策者？你有無權力決定你吃進了什麼或吞下了什麼？如果你有權力決定，你要依據什麼理由來做決定？這樣的問題，是時事新

聞的問題，也是立法論的問題，更是立法論所必須理解的知識論之問題。無論你是無決定權的民眾，還是擁有決定權的政治人物，對你而言，豬肉和牛肉裡究竟添加了什麼？以及那些所添加的藥物，究竟對人體有沒有害？面對這樣的問題，你可以在網路上找到很多很多的資料，來告訴自己答案。但是，其實你找資料回答自己的過程中，重要的根本不是那些資料是對或是錯，也根本不是那些資料是真或假，而是那些資料是否對你早已放在心中的答案有意義。

你的心中早有答案，只是你需要許多資料，來證明你早有的答案是對的。那些能夠證明你早已有的答案是真或是對的資料，便成了對你而言有用的資訊，而那些資訊成為知識的價值，是來自於你的需要，而不是那些資料本身是否正確、科學或接近真理。

也就是說，在網路極度發達，發達到你宅在家與行遍天下，其差別只有一個手機或電腦或電視的螢幕之大小時，你必須知道，一切你閱聽取得的資訊，其是否能成為有益的知識，取決於你是否抱持有益的需求。當然，即使是在沒有網路的時代裡，資訊能否成為知識，其關鍵也取決於閱聽吸收者的需求。只是，在沒有網路的時代裡，錯誤的需求而造成錯誤的資訊產生錯誤的知識之危害，可能較小，除非這錯誤的資訊所引發的，是戰爭與殺戮。然而，即使是有錯誤的資訊，例如敵人已經大舉入侵，或是某一種族之基因會危害他人…等，如果沒有殘忍的決策與殺戮的欲望，其實，也不一定會引致戰爭與殺戮。必是因為決策者有殘虐生靈之心與荼毒害人之欲，才會引致大規模的戰爭與殺戮。正如同豬肉、牛肉裡的添加藥物，究竟對人體有害或無害，實在有太多正反方意見紛歧之資訊可供參考，然而一旦決策者重視他國政治人物對自己之支持，更勝於本國國人對自己之信任，那麼，關於添加於豬、牛肉品內的藥物之有害或無害相關資訊，就只有符合決策者決策取向者有益，而與之反對者即為有害。因此，當決策者反對添加瘦肉精之美國豬肉進口時，她／他便引經據典地引用大

量的資料，來強調添加瘦肉精之美國豬肉對民眾健康有害；而當決策者因時空情勢變化轉而支持添加瘦肉精之美國豬肉進口時，她／他也會引經據典地引用相關資料，來佐證強調添加瘦肉精之美國豬肉只有一再地食用、不斷地食用、如晉患帝般地食用，才會對身體健康產生害處。

而這些被決策者引用的資訊本身，並未傳達任何具體的決策意見，也未能產生任何實際的決策力量，但決策者本身的利益訴求與政治欲望，卻使這資訊，有時如吃肉對人體一樣地健康，有時又如吃肉對人體一般地有害。因此，在網路高度發達，且會不斷地繼續發達的今天與未來世界中，你如何理解各種從網路上隨手得的資訊，才真正決定了你擁有多少有意義且有用處的知識。

過去，「知識就是力量」，當知識不容易獲得的時候，獲得了他人所未有的知識，似乎的確能產生他人所無法擁有的力量；但今天，知識極度容易獲得，於是，知識不再直接產生力量，而必須再經由你的腦中或心中的無數且無名的作業軟體，才能產生力量。而那些在你腦中或心中的作業軟體，其實，正是一種屬於你自己的立法論。

屬於你自己的立法論，首先要你自己決定：你要在你的人群之間，成為一個什麼樣的人？你要成為一個正直、講信用的人，還是一個唯利是圖的人？你要成為一個為官位、權勢或財力而汲汲營營的人，還是一個願意為公平與正義付出心力的人？

你在自己的腦中或心中，對這些問題的回答，那些只有你自己知道的真實答案，便成為你吸收各種資訊時，將資訊轉化成知識的作業軟體。立法論，首先必須理解的是，在任何與立法有關的場域或時刻之中，你要成為一個什麼樣的人。那些與立法有關的傳統知識，都可以非常容易地，就出現在你的手機或電腦上，但是那些知識，卻不見得有益於讓你成為立法現場中自己所期望的人。因為，那些知識的作用，與你自己的外在言行所產生之結果，不一定一致，更不一定總能相符。例如，當你在立法的現場

中，期望自己成為一個能夠率領團體、擊敗對手的政黨領袖時，傳統與立法有關的知識，例如議事規則與原理，可能對你而言毫無益處，群體武藝的提升、拳腳功夫的學習，可能對你而言，更加有用。

同樣的，當你在立法的現場中，想讓長官看到你的忠誠與優秀時，傳統與立法有關的知識，例如立法提案的程序和格式，便不再重要，重要的是理解長官的意志如何表現在你的提案動作中，以及學習如何運用各種媒介，來讓你的提案動作緊湊地出現在你的長官眼前。那些從傳統的眼光來看，與所謂之「立法」有關之學理與知識，無不能在網路世界中點指而得，但那些讓你在立法的現場中成為所欲的自己之知識，卻必須在你對你自己的反省與認識中，才能夠滋養而生。

知識論，一切與人文活動、社會科學有關的知識，其內涵與價值，都在網路科技不斷發展的時代中被徹底顛覆。學術界、思想家無法告訴各位，在網路不斷發展的時代裡，知識應有的內在或外形，更無法去肯定任何與「知識就是力量」相類似的命題；但是，你卻必須在這樣的時代中，自己去吸收並塑造對自己有益的知識。

素養教學，是近年來在教育領域上之流行詞彙，這個詞彙的使用，讓我們意識到教育的一項重要目標，那就是要提升學習者的素養。立法論做為一門於高等教育學府中傳授的學問，其研究與教學之宗旨，應是在提升學習者於面對立法實務工作時所應有之素養。

而素養，是一抽象的概念，它無法用操作性或公理性之定義來予以界定；它由人的行為來表現，但卻由人的行為之相對人所肯認。

人類立法史，可以歸納出其惡性循環，此惡性循環首先乃源自於人性中必然的偏見。此一偏見，正如同法國社會心理學家古斯塔夫・勒龐所指出的，我們以為自己是理性的，我們以為自己的一舉一動都是有其道理的。但事實上，我們的絕大多數日常行為，都是一些我們自己根本無法了

解的隱蔽動機的結果[2]。

　　人性中必存在偏見，也就是個人對自身以外的外在世界之所知與所感，皆十分有限。無論科學技術如何地發達，一般人的一般見識與經驗能力，都有相當侷限。而此知識與經驗能力之侷限，乃是人性偏見的必然存在之理由。人類歷史上，每個社會都有其經濟狀況的起起伏伏，當社會經濟狀況崩壞時，每個人都能或多或少地感受到其影響，但幾乎沒有任何一個人，能有完全的知識來說明經濟崩壞的原因。即使是現代社會科學發展下的經濟學家，恐怕也無法以其學術研究之方法，來分析出某一社會經濟崩壞的主要原因。

　　每個人對於自己經驗中所面對的各種問題，都會基於自己有限的知識與認識，來界定其問題產生的主因，這便是偏見的來源。然而，正因為如此之可能，所以，在高等教育的學習中，需要有一門學問，在反省與檢討此一問題。而這一門學問，吾人認為，便可命名為「新立法論」。

　　學習「新立法論」，不是為了成為一個立法者或立法助理之職前準備，而是為了在新的網路時代中，成為一個具有優秀的法律素養的人。一個在政治的場域中汲汲營營，並且能夠攻無不克、戰無不勝的立法者，可能並不具有優秀的法律素養；相反的，甚至一個掌握立法大權的成功政治人物，可能正是最不具有法律素養之人，並且可能成為破壞法治社會秩序最強大的劊子手。因為，運用立法權來逐行自己在政治上的私利，其實，自古至今，都是政治人物的專利。

　　立法，無論其程序性或實質性規範如何，其最後結果，通常都是掌握立法大權的政治人物彼此之間較量與妥協後的結果。「新立法論」的目的，首先是要讀者知道，法律，是立法者之多數的政策性決議；而立法者

---

[2]　古斯塔夫·勒龐，2017，《烏合之眾：為什麼「我們」會變得瘋狂、盲目、衝動？讓你看透群眾心理的第一書》。臺北市：臉譜。

之多數所偏好的政策，有時以道德性的法規範形式產出，有時則以對人的行為之管制與命令管制規範來表現，但無論如何，立法者多數所做的政策決議，都不是真正能夠維持社會秩序、延續人類文明、創造精神價值的要素。甚至於立法者的多數所做出之政策決策，連真正解決社會問題的能力都不夠資格。

「新立法論」要告訴讀者，既然法律只是立法者的多數之政策決議，那麼，便不應被認定為法治社會之最高原則或規範，在法律之上，更有憲法的精神，以及各種民主、自由與開放的社會所應抱持與闡揚的各種思想與信仰。這些精神、思想與信仰，可能會被立法者的多數所忽略；更有可能被立法者的多數所糟蹋。因此，我們必須學會真正的尊重少數；我們必須體察到群體總是對強權俯首帖耳，卻很少為仁慈善行感動！[3]我們更必須察覺，在立法的過程中，正如同當代管理大師韓第曾說的：「我們藉以謀生的方式無法代表我們這個人；你是誰，比你做什麼更重要[4]。」

因此，「新立法論」之新，並不在於其內涵之不同於往，更不在於其文字之新穎奇異，而在於其相對於一般人們心中可能理解的立法論，它承載了完全不同的價值與功能，而此功能，是期望您作為本書讀者，在您未來的生活與工作中的立法現場上，您在面對不公平、不必要與不誠實之時，您所表現的選擇與言行，成為「新立法論」之內涵。

---

[3] 古斯塔夫·勒龐，2017，《烏合之眾：為什麼「我們」會變得瘋狂、盲目、衝動？讓你看透群眾心理的第一書》。臺北市：臉譜。
[4] 查爾斯·韓第，2020，《你是誰，比你做什麼更重要：英國管理大師韓第寫給你的 21 封信》。臺北市：天下文化。